Kathrin Schön
Reinhold Lehmann

Pfaffenwinkel

50 ausgewählte Wanderungen im bayerischen Voralpenland
zwischen Lech und Loisach

AF903076

ROTHER
BERGVERLAG

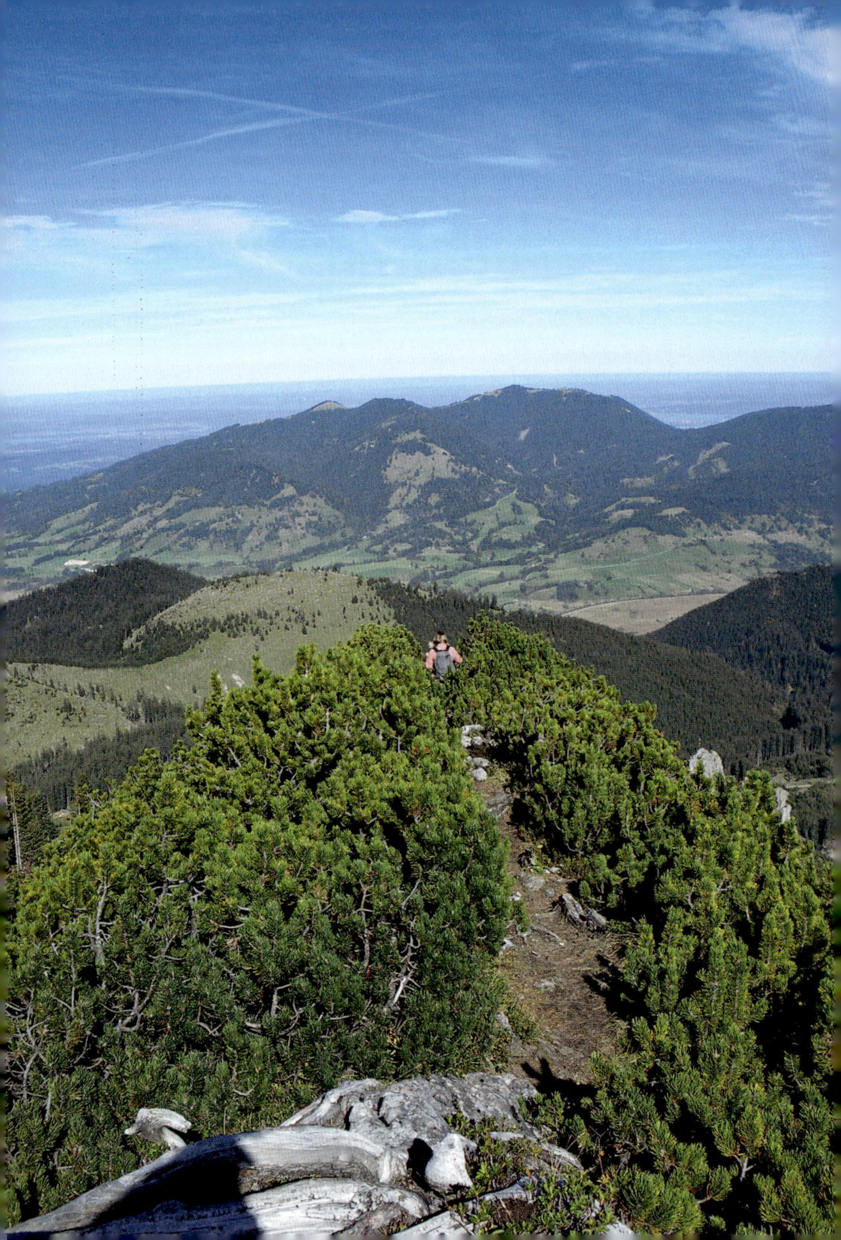

Vorwort

Hört man vom Pfaffenwinkel, so denkt man gleich an Klöster und Wallfahrtskirchen. Doch diese hügelige Landschaft zwischen Lech und Loisach ist nicht nur reich an Kulturschätzen, sondern auch an landschaftlichen Besonderheiten. Geformt von der Hand des Gletschers ist sie geprägt von Wiesen, Wäldern, Mooren, Flüssen und Seen. Es ist eine sehr abwechslungsreiche Landschaft, deren Faszination uns, zwei Diplom-Geografen, schon lange nicht mehr loslässt. Die nahen Berge, die kleingliedrige Landschaft mit ihren zahlreichen, teils seltenen Tier- und Pflanzenarten und die reiche kulturräumliche Ausstattung fügen sich zusammen zu einer Welt, in der zwar auch nicht mehr alles in Ordnung ist, die aber Raum für erlebnis- und erfahrungsreiche Ausflüge und Wanderungen bietet.
Beim Draußensein und Wandern in der Natur kann man die Seele baumeln und den Alltag hinter sich lassen. Ob es sich nun um gemütliche Spaziergänge am Ufer von Seen, aussichtsreiche Wanderungen über Höhenrücken oder anspruchsvolle Gipfelbesteigungen handelt, in diesem Büchlein ist für jeden etwas dabei. Auch Familien mit Kindern und Wanderanfänger finden hier zahlreiche geeignete Touren.
Bei der Wegbeschreibung wurde nach dem Motto vorgegangen »So viel wie nötig und so wenig wie möglich«. So konnte oftmals auf eine detaillierte Auflistung sämtlicher Wegverläufe verzichtet werden, etwa bei zuverlässiger und genauer Beschilderung im Gelände oder auf Abschnitten mit einfacher und logischer Wegführung. Eine genaue Wegbeschreibung ist aber nötig und wird auch geboten, wenn die Wegführung kompliziert oder nicht eindeutig ist. So bleibt auch Platz für Hinweise auf das, was es am Wegesrand zu sehen gibt. Mit offenen Augen durch die Welt zu gehen, ist sehr bereichernd, da man ständig, auch in Gebieten, in denen man sich vermeintlich wie in seiner eigenen Westentasche auskennt, etwas Neues entdecken kann.
Beim Wandern spielt natürlich auch die Sicherheit eine große Rolle. Sich bewusst in der Natur zu bewegen, bedeutet auch, auf Faktoren wie Wetter, Gelände und die eigene Konstitution zu achten und sich immer wieder damit zu beschäftigen. Auch umweltschonendes Verhalten sei jedem ans Herz gelegt, denn wer möchte sich schon auf eine Bank setzen, um die Aussicht zu genießen, wenn dort Abfall herumliegt. Dazu gehört auch, das Auto, so oft es geht, stehen zu lassen. Die Touren wurden deswegen so ausgewählt, dass sie mit öffentlichen Verkehrsmitteln (Bus, Bahn oder Schiff) zu erreichen sind.
Nun wünschen wir Ihnen viel Freude mit diesem Wanderführer, sowohl beim Auswählen und Planen der Touren als auch bei der Durchführung.

Nördlingen/Weilheim,
im Frühjahr 2024 — Kathrin Schön und Reinhold Lehmann

Abstieg vom Teufelstättkopf zur Küh-Alm (Tour 39).

Inhaltsverzeichnis

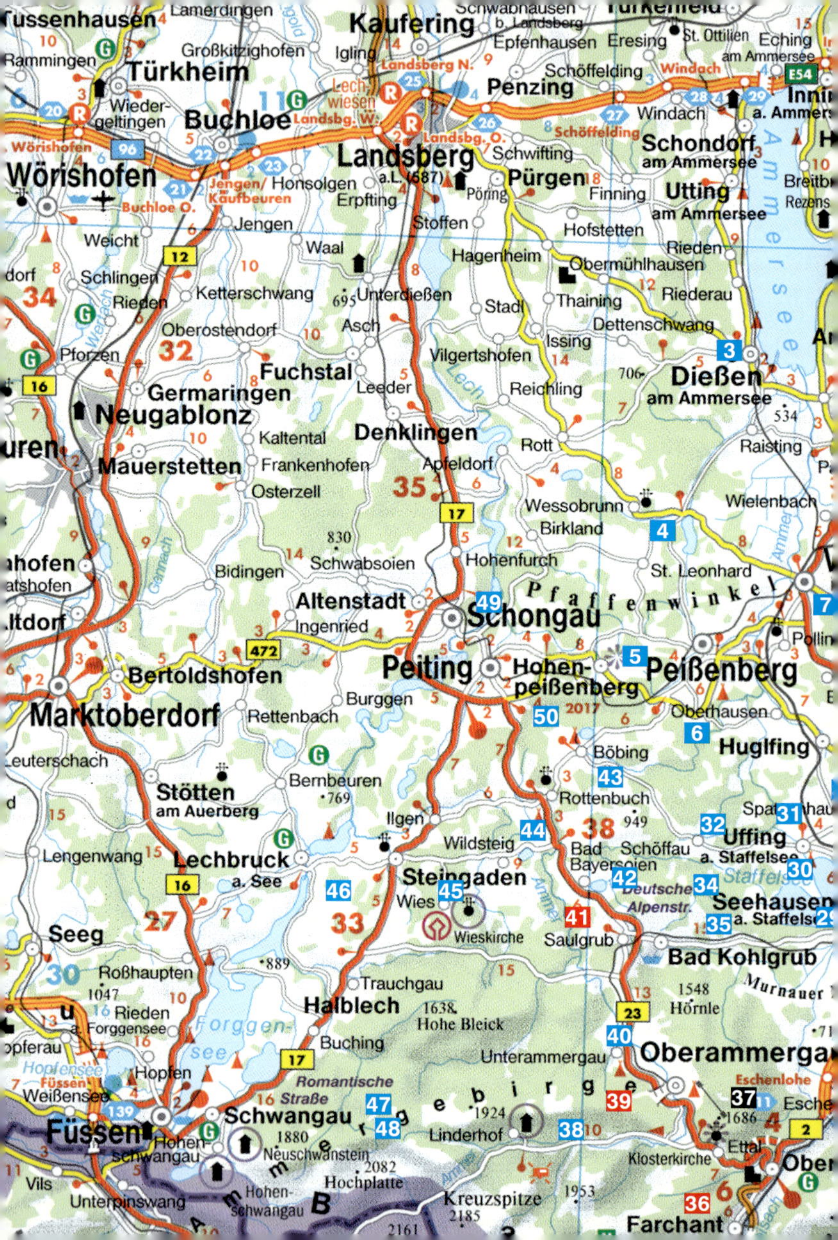
Tussenhausen
Lamerdingen
Kaufering
Schwabhausen b. Landsberg
Türkenfeld
St. Ottilien
Eching am Ammersee
Rammingen
Türkheim
Großkitzighofen
Igling
Epfenhausen
Eresing
Landsberg N.
Schöffelding
Windach
E54
Wieder-geltingen
Buchloe
Lech-wiesen
Landsbg. W.
Penzing
Windach
Inning a. Ammersee
Wörishofen
Landsberg a.L. (587)
Landsbg. O.
Schöffelding
Schwifting
Schondorf am Ammersee
Jengen/ Kaufbeuren
Honsolgen
Erpfting
Pöring
Pürgen
Finning
Utting am Ammersee
Breitbrunn
Rezens
Buchloe O.
Jengen
Stoffen
Hofstetten
Weicht
Waal
Hagenheim
Obermühlhausen
Rieden
Schlingen
Rieden
Ketterschwang
Unterdießen
Stadl
Thaining
Riederau
Wertach
Oberostendorf
Asch
Dettenschwang
Ammersee
Pforzen
Vilgertshofen
Issing
Dießen am Ammersee
Fuchstal
Leeder
Reichling
Germaringen
Lech
Neugablonz
Denklingen
Rott
Raisting
Kaltental
Frankenhofen
Apfeldorf
Mauerstetten
Osterzell
Wessobrunn
Wielenbach
Birkland
Ammer
Gennach
Schwabsoien
Hohenfurch
St. Leonhard
Bidingen
Altenstadt
Schongau
Pfaffenwinkel
Ingenried
Peiting
Hohen-peißenberg
Peißenberg
Bertoldshofen
Burggen
Oberhausen
Marktoberdorf
Rettenbach
Böbing
Huglfing
Leuterschach
Bernbeuren
Rottenbuch
Stötten am Auerberg
Ilgen
Uffing a. Staffelsee
Lengenwang
Lechbruck a. See
Wildsteig
Bad Bayersoien
Schöffau
Staffelsee
Steingaden
Deutsche Alpenstr.
Seehausen a. Staffelsee
Wies
Wieskirche
Seeg
Saulgrub
Bad Kohlgrub
Roßhaupten
Trauchgau
Murnauer
Rieden a. Forggensee
Halblech
Hohe Bleick
Hörnle
Forggensee
Buching
Unterammergau
Oberammergau
Hopfensee
Hopfen
Romantische Straße
Eschenlohe
Füssen
Weißensee
Schwangau
Ammergebirge
Linderhof
Füssen
Hohenschwangau
Neuschwanstein
Klosterkirche
Ettal
Vils
Hochplatte
Unterpinswang
Hohen-schwangau
Kreuzspitze
Farchant
Ober

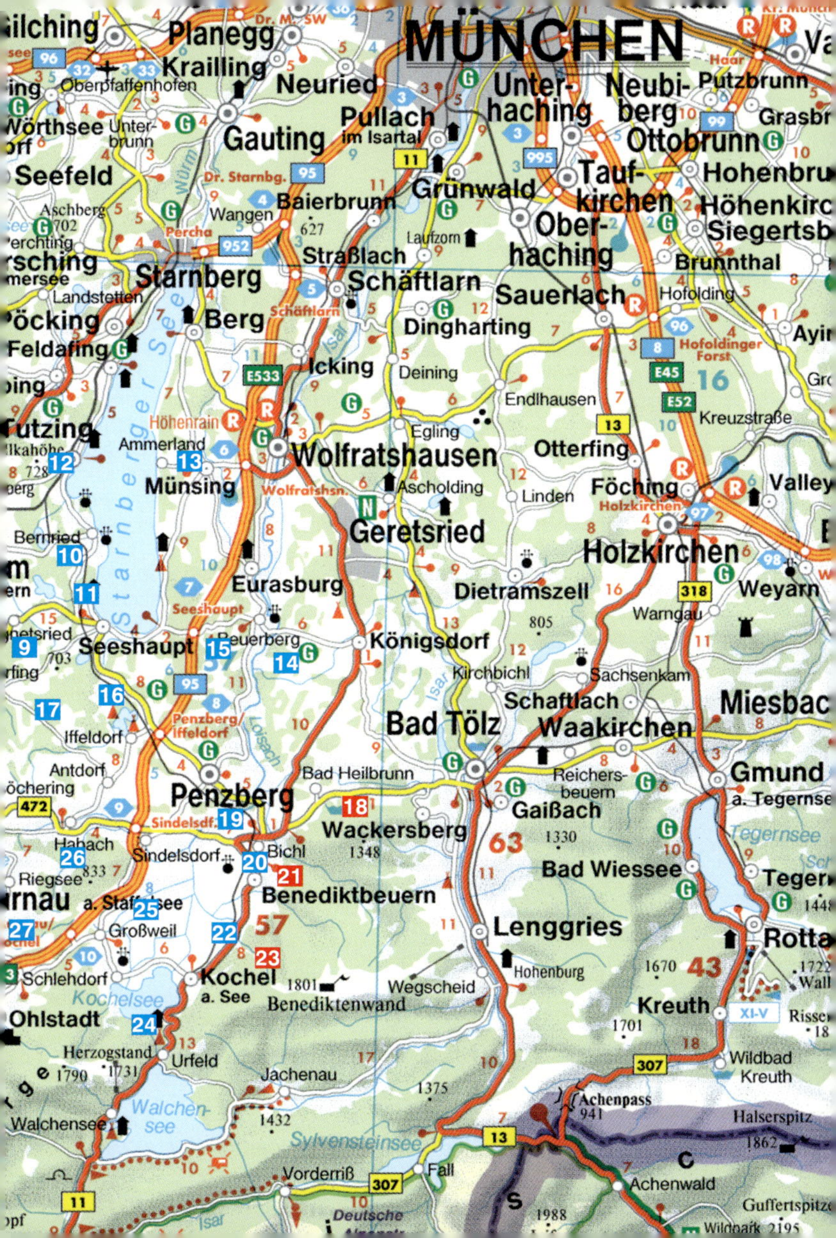
MÜNCHEN
Planegg
Krailling
Neuried
Pullach im Isartal
Unterhaching
Neubiberg
Putzbrunn
Ottobrunn
Gauting
Grünwald
Taufkirchen
Hohenbrunn
Höhenkirchen-Siegertsbrunn
Oberhaching
Brunnthal
Seefeld
Baierbrunn
Wangen
Aschberg
Percha
Starnberg
Straßlach
Laufzorn
Schäftlarn
Sauerlach
Hofolding
Landstetten
Berg
Dingharting
Pöcking
Feldafing
Hofoldinger Forst
Icking
Deining
Endlhausen
Kreuzstraße
Tutzing
Höhenrain
Egling
Otterfing
Ammerland
Wolfratshausen
Münsing
Ascholding
Linden
Föching
Valley
Holzkirchen
Bernried
Geretsried
Eurasburg
Dietramszell
Weyarn
Warngau
Seeshaupt
Beuerberg
Königsdorf
Sachsenkam
Kirchbichl
Schaftlach
Miesbach
Bad Tölz
Waakirchen
Iffeldorf
Penzberg
Bad Heilbrunn
Reichersbeuern
Gmund a. Tegernsee
Antdorf
Gaißbach
Wackersberg
Tegernsee
Habach
Sindelsdorf
Bichl
Bad Wiessee
Riegsee
Benediktbeuern
Lenggries
Großweil
Rottach
Schlehdorf
Kochel a. See
Hohenburg
Kochelsee
Benediktenwand
Wegscheid
Kreuth
Ohlstadt
Herzogstand
Urfeld
Wildbad Kreuth
Jachenau
Achenpass
Walchensee
Halserspitz
Sylvensteinsee
Vorderriß
Fall
Achenwald
Guffertspitze

Allgemeine Hinweise

Tourenauswahl und -planung

Einen Standardwanderer, der zu einem Standardwetter auf einer Standardtour unterwegs ist, gibt es nicht. Stets liegen unterschiedliche Voraussetzungen und Gegebenheiten zu dem Zeitpunkt vor, an dem man eine Wanderung unternimmt. Da ist einmal das Wetter, das zu den verschiedenen Jahreszeiten unterschiedlich ausgeprägt ist; ebenso gilt das für Sonnenstand und Tageslänge. Beispielsweise sind eine eventuelle Gewitterneigung an heißen Hochsommernachmittagen, die Kürze der Tage im Herbst oder die Exposition zur Sonne bei der konkreten Auswahl einer Tour zu beachten. Ganz eng mit der Temperaturentwicklung und der Ausprägung von Niederschlagsereignissen hängt auch die Beschaffenheit der Wege zusammen. Bei Nässe, Altschnee oder Eis können ansonsten gut begehbare Wege schnell unangenehm oder gar gefährlich werden. Zum anderen sind die Kondition, die Erfahrung und das Können des oder der Tourenteilnehmer von entscheidender Bedeutung. Eine alte Weisheit besagt, dass der Langsamste das Tempo bestimmt.

Aus diesen Gründen wurden in diesem Buch sehr verschiedenartige Touren zusammengestellt, die jedoch alle, und zwar jede auf ihre Art, attraktiv sind. Damit jeder sich die für ihn passende Tour heraussuchen kann, sind jeweils folgende, wichtige Informationen vorangestellt:

Gehzeit: Hierunter wird jeweils die reine Gehzeit für die gesamte Tour verstanden. Pausen und Sicherheitspuffer sind nicht enthalten. Dafür ist also in jedem Fall genügend zusätzliche Zeit einzuplanen. Auch kann die reine Gehzeit nur einen groben Anhaltspunkt geben, denn die tatsächlich benötigte Zeit ist von vielerlei Faktoren abhängig. Solche sind Trainingszustand, Tagesform, Alter, Wetter- und Geländebedingungen und die Gruppengröße. Die angegebe-

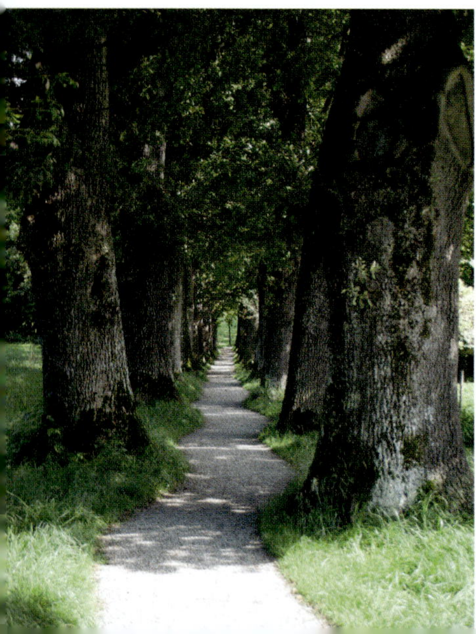

Vom Murnauer Moos durch die Kottmüllerallee nach Murnau (Tour 28).

ne Gehzeit kann dann wesentlich länger oder kürzer sein. Bei Lehrpfaden oder für den Gang durch Schutzgebiete mit artenreicher und seltener Pflanzen- und Tierwelt ist teils deutlich mehr Zeit zum Schauen und Entdecken einzuplanen.

Höhenunterschied: Der Höhenunterschied berechnet sich, indem sämtliche Höhendifferenzen bei An-/Abstiegen addiert werden. Die Höhendifferenz bei Zwischenauf-/abstiegen wird also ebenfalls eingerechnet. Dadurch kann sich ein deutlich höherer und damit auch aussagekräftigerer Wert ergeben, als wenn nur der reine Höhenunterschied als die Differenz zwischen höchstem und niedrigstem Punkt angegeben werden würde.

Anforderungen: Die Voraussetzungen, die man mitbringen sollte, können beispielsweise Kondition, Trittsicherheit, Schwindelfreiheit oder Orientierungsvermögen sein. Nur unveränderliche Größen wie Gelände, Höhenlage und die Art, Qualität und eventuelle Ausgesetztheit des Weges können für die Bewertung herangezogen werden. Daneben spielen aber auch zeitlich veränderliche Faktoren eine Rolle, wie Wetter, Nässe, Schneelage, Vereisung und aktueller Zustand des Weges. Diese Faktoren können die Anforderungen an den Wanderer sowohl in technischer als auch in konditioneller Hinsicht im Vergleich zu den angegebenen wesentlich erhöhen. Sie können jedoch nicht zur Bewertung herangezogen werden.

Setzt man normale Bedingungen voraus und berücksichtigt lediglich die unveränderlichen Größen, so lassen sich die Touren nach der Summe der Anforderungen in eine der drei folgenden Schwierigkeitsstufen einordnen:

Leicht Wanderungen und leichte Bergwanderungen auf unterschiedlich breiten Wegen und angelegten Pfaden. Griffige, stabile Schuhe sollten jedoch zur Standardausrüstung gehören, denn abschnittsweise kommen Steine und Wurzeln vor, die bei Feuchtigkeit – und das nicht nur bei Regen – glatt sein können.

Mittel Bergwanderungen und leichtere Bergtouren auf Wegen, Steigen und Pfaden. Diese können in Abschnitten schmal, steil und rau sein und stellenweise auch einmal Trittsicherheit erfordern. Kurze, gesicherte Stellen und einzelne Passagen können den Gebrauch der Hände zur Unterstützung des Gleichgewichts verlangen. Auf einigen schlecht markierten Abschnitten oder undeutlichen Pfaden kann etwas Orientierungssinn von Vorteil sein.

Schwierig Bergtouren – in diesem Führer ist eine enthalten – in alpinem, teils felsigem Gelände. Streckenweise können Markierungen und Wege fehlen. In felsigem Gelände sind klettersteigartige Passagen enthalten, jedoch keine freie Kletterei. Absolute Trittsicherheit, Schwindelfreiheit, ein guter Orientierungssinn sowie Erfahrung in der Einschätzung alpiner Gefahren sind hierbei unabdinglich.

Orientierung

Größtenteils sind die Wege im Gelände markiert. Wo dies nicht der Fall ist oder die ausschließlich gegenläufige Markierung Schwierigkeiten bereiten könnte, wurde hier im Wanderführer auf eine detaillierte Wegbeschreibung Wert gelegt. Allerdings kann keine Garantie für das tatsächliche Vorhandensein sämtlicher Wegweiser gewährt werden, weswegen die Mitnahme einer guten Wanderkarte unerlässlich ist. In den vergangenen Jahren hat der Tourismusverband Pfaffenwinkel in einigen Gemeinden Wanderwege neu beschildern lassen (siehe pfaffen-winkel.de, Touren). Diese Beschilderung wird nur dann erwähnt, wenn sich die Touren decken oder über längere Abschnitte hinweg übereinstimmen.

Einkehrmöglichkeiten

Nicht an jeder beschriebenen Tour liegt ein Gasthaus oder eine Hütte, oft aber in der nächsten größeren Ortschaft. Bei einigen abgelegenen Gasthäusern und besonders bei den Almen ist auf die saisonal eingeschränkten Öffnungszeiten zu achten. Da es sich ausschließlich um Tagestouren handelt, wurde kein Hinweis auf eine Übernachtungsmöglichkeit aufgenommen. Wer jedoch eine solche wünscht, kann sich unter den Internetadressen und bei den Tourismusbüros der Talorte informieren.

Da lässt sich's aushalten.

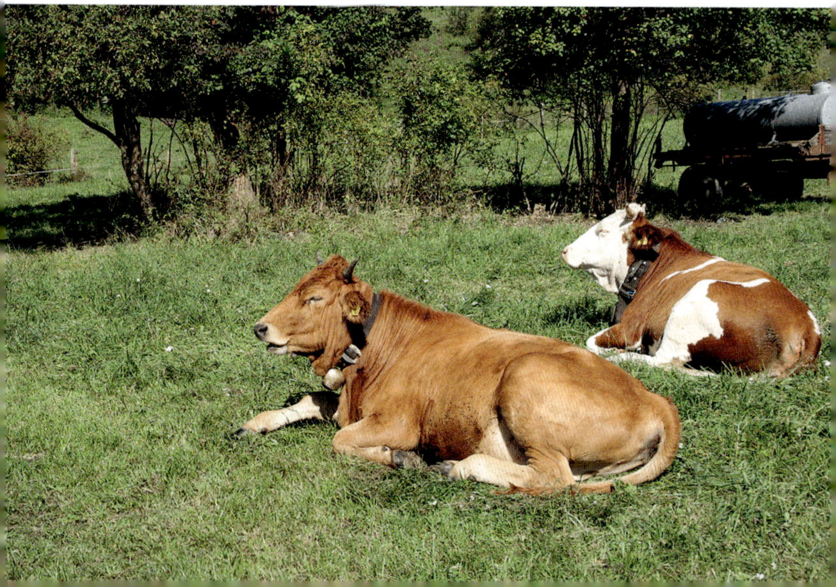

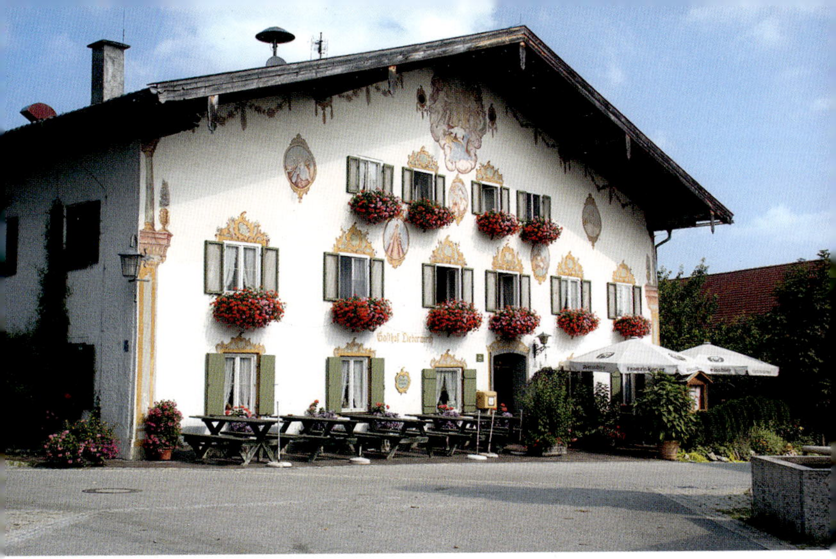

Das reich bemalte Gasthaus in Schöffau lädt zur Einkehr ein (Lüftlmalerei).

Wandern mit Kindern

Die meisten der Wanderungen sind als leicht eingestuft und somit auch für Kinder geeignet, besonders wenn ein Bach zum Spielen einlädt oder man ein Stück des Weges über eine Sommerrodelbahn abkürzen kann. Aufgrund des selten ausschließlich asphaltierten Untergrundes eignen sich die wenigsten Touren für Kinderwägen, doch ist das Tragen eines Kleinkindes angesichts der gemäßigten Höhenunterschiede und Längen oft möglich.

Ausrüstung

Auf sämtlichen Touren ist das Tragen von Trekkingschuhen zu empfehlen. Besonders auf den Touren der roten und schwarzen Kategorie sollten diese die Knöchel umschließen und eine griffige Profilsohle aufweisen. Für die blau markierten Touren genügen aber prinzipiell Leichttrekking- oder Geländelaufschuhe.

Für den Rucksack ist folgende Mindestausstattung zu empfehlen:

- Alu-Rettungsdecke
- kleine Rucksackapotheke
- Nässe- und Kälteschutz
- Trinkflasche
- einige Müsliriegel
- Mobiltelefon

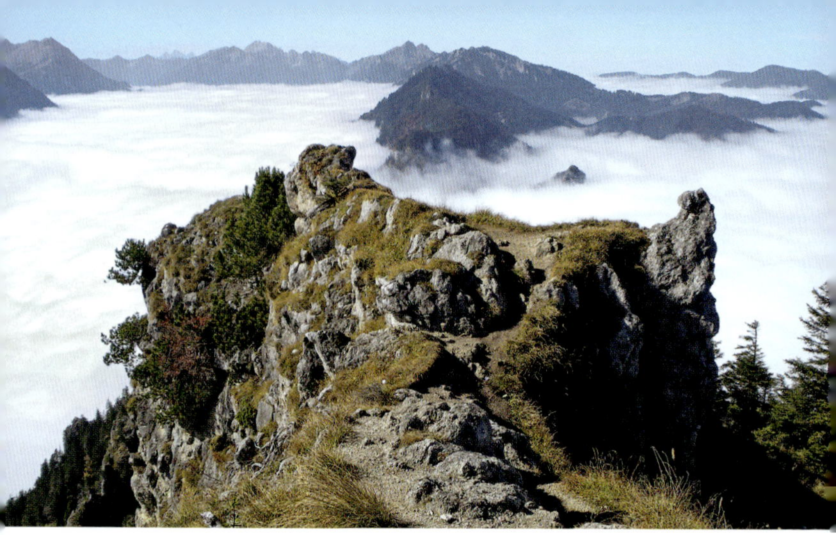

Blick entlang des unter Nebelbänken liegenden Lindertales auf das Ammergebirge (Tour 37).

Tipps für Weitwanderer

Wer eine längere Wanderung unternehmen und zwischendurch übernachten will, dem stehen im Pfaffenwinkel einige Fernwanderwege zur Verfügung. Der neue Pilgerweg Heilige Landschaft Pfaffenwinkel beginnt und endet mit seinen drei Schleifen am Hohen Peißenberg. Unterwegs gibt es auf den 96, 118 bzw. 76 km langen Mehrtagestouren zahlreiche Impulstafeln. Durch den Pfaffenwinkel verläuft ein weiterer Pilgerweg, nämlich der **Münchner Jakobsweg**. Er führt über den Starnberger See, Andechs und Kloster Wessobrunn nach Rottenbuch und weiter über den Auerberg Richtung Bodensee und ist mit der Jakobsmuschel markiert (Infos unter fernwege.de). Der **Meditationsweg** Ammergauer Alpen führt in 85 km von der Wieskirche zum Schloss Linderhof. Zu 15 Stationen werden in einer Broschüre besinnliche Texte und Hintergrundinformationen geboten. Daneben gibt es seit 2011 als Fortsetzung den Meditationsweg Ammergauer Alpen im Blauen Land, der über weitere rund 105 km Bad Kohlgrub mit Ettal verbindet. Auch hier wird zu den 12 Stationen eine ansprechende Broschüre angeboten (Infos auch unter ammergauer-alpen.de/meditationswege). Der **Lech-Höhenweg** verläuft den Lech aufwärts von Klosterlechfeld bis zum Lechfall bei Füssen (ca. 110 km) und berührt damit den westlichen Pfaffenwinkel. Der **König-Ludwig-Weg** schließlich verbindet auf den Spuren des Märchenkönigs Ludwigs II. Füssen mit Berg am Starnberger See und ist rund 123 km lang. Weitere Informationen zu Fernwanderwegen im Kasten »Literatur« (s. S. 22).

Top-Touren im Pfaffenwinkel

Über den Hohen Peißenberg

Der Bayerische Rigi ist der Aussichtsberg mitten im Pfaffenwinkel (Tour 5, 3.10 Std.).

Von Iffeldorf nach Seeshaupt

Die Eiszerfallslandschaft der Osterseen (Tour 16, 3.30 Std.).

Zwieselberg und Blomberghaus

Viel besuchter Aussichtsberg – aber der Weg dorthin ist wenig begangen (Tour 18, 5 Std.).

Vom Staffelsee über den Molasseriegel ins Murnauer Moos

Genusstour fürs Auge durch das Land des Blauen Reiters (Tour 28, 3.40 Std.).

Von Uffing nach Bad Kohlgrub

Durch die Staffelseemoore und über die aussichtsreiche Molasserippe (Tour 35, 4.45 Std.).

Brünstelskopf und Vorderer Felderkopf, 1928 m

Bergtour über grandiose Aussichtsberge – die längste Tour in diesem Führer (Tour 36, 7.50 Std.).

Laber, 1682 m, und Ettaler Manndl

Mit der Besteigung des Ettaler Manndls die schwierigste Tour dieses Führers (Tour 37, 5 Std.).

Von Bad Bayersoien bis zur Scheibum

Die wilde Ammerschlucht mit dem Ammerdurchbruch (Tour 41, 3.40 Std.).

Steingaden und Wieskirche

Der Klassiker auf einem Pilgerweg – Rückweg mal anders (Tour 45, 2.50 Std.).

Kesselrunde ab Kenzenhütte

Wunderbare Wanderung in die Bergwelt bei der Kenzenhütte – mit einer Besonderheit, dem Kessel (Tour 48, 2.30 Std.).

Notfall/Bergrettung

Wenn etwas passiert ist: Bewahren Sie Ruhe und handeln Sie überlegt! Sollten Sie alleine sein, versuchen Sie, Hilfe herbeizurufen, anstatt sich verletzt weiterzubewegen. Leisten Sie Erste Hilfe nach eigenem Können und Ihren Möglichkeiten! Sorgen Sie vor allem für Kälteschutz (Alu-Rettungsdecke)! Reden Sie dem Verletzten gut zu, lassen Sie ihn möglichst nicht alleine.
Alarmieren Sie den (Berg-)Rettungsdienst (Tel. 112).
Besteht keine Möglichkeit für eine Funk-/Telefonverbindung, verwenden Sie das alpine Notsignal, um auf sich aufmerksam zu machen. Es besteht aus einem hör- oder sichtbaren Zeichen – z. B. Rufen, (Triller-)Pfeifen, Blinken –, das innerhalb einer Minute sechsmal abgegeben wird. Wiederholen Sie das Signal jeweils nach ca. einer Minute Pause. Erhalten Sie darauf ein dreimaliges Zeichen innerhalb einer Minute, ist Ihr Notruf angekommen und die Bergrettung wurde/wird verständigt.

Gefahren

Die Wanderungen im Alpenvorland sind aus alpinistischer Sicht gefahrlos. Die Bergtouren in Ammer- und Estergebirge dagegen bergen vielfältige Gefahren, deren sich etwa ein Gelegenheitswanderer aus der Stadt oft gar nicht bewusst ist. Deswegen werden die wesentlichen Gefahren im Folgenden vor-

Wichtige Telefonnummern und Adressen

Notruf

112

Tourismusverbände

Tourismusverband Pfaffenwinkel, Bauerngasse 5, 86956 Schongau, Tel. +49 8861 2113200, pfaffen-winkel.de

Tourist Information Starnberg, Hauptstr. 1, 82319 Starnberg, Tel. +49 8151 90600, starnbergammersee.de

Tourismusgemeinschaft Zugspitz-Region, Burgstr. 15, 82467 Garmisch-Partenkirchen, Tel. +49 8821 751562, zugspitz-region.de

Tourismusgemeinschaft Das Blaue Land, Untermarkt 13, 82418 Murnau am Staffelsee, Tel. +49 8841 476240, dasblaueland.de

Geschäftsstelle Ammergauer Alpen GmbH, Eugen-Papst-Str. 9a, 82487 Oberammergau, Tel. +49 8822 922740, ammergauer-alpen.de

Tölzer Land Tourismus, Prof.-Max-Lange-Platz 1, 83646 Bad Tölz, Tel. +49 8041 505206, toelzer-land.de

gestellt. Erkennt man unterwegs, dass man oder auch nur ein Teilnehmer der Wandergruppe in der jeweiligen Situation mit den Gefahren nicht umgehen kann und den Anforderungen der Tour nicht gewachsen ist, so muss man – auch wenn dieses Eingeständnis sehr schwierig sein kann – umkehren.

- Abrutsch-/Absturzgefahr: Das ist wohl die offensichtlichste Gefahr. Um ein Stolpern an einer gefährlichen Stelle zu verhindern, ist es wichtig, sich genügend Zeit zu nehmen und stets ohne Hektik und konzentriert zu gehen. Neigt man zu Höhenschwindel oder hat man Kinder dabei, so ist auch bei ansonsten leichten Wegen im Steilgelände besondere Aufmerksamkeit geboten.
- Harte Schneefelder: Die Gefahr, die von harten Schneefeldern ausgeht, wird am meisten unterschätzt und stellt damit auch die häufigste Ursache

GPS-Tracks und Koordinaten der Ausgangspunkte

Auf **gps.rother.de** stehen zu diesem Wanderführer GPS-Tracks und die Koordinaten der Ausgangspunkte zum kostenlosen Download bereit. Dieser QR-Code führt direkt zum Download.

4. Auflage, Passwort: 441804sab

Die GPS-Tracks können in die **Rother App** importiert werden. In der App kann man unterwegs stets sehen, wo man gerade ist und wo es langgeht. **Anleitungen dazu: rother.de/gps**

Trotz sorgfältiger Prüfung können wir Fehler und zwischenzeitliche Veränderungen nicht ausschließen. Verlassen Sie sich für die Orientierung niemals einzig und allein auf die GPS-Daten, sondern beurteilen Sie die Verhältnisse vor Ort.

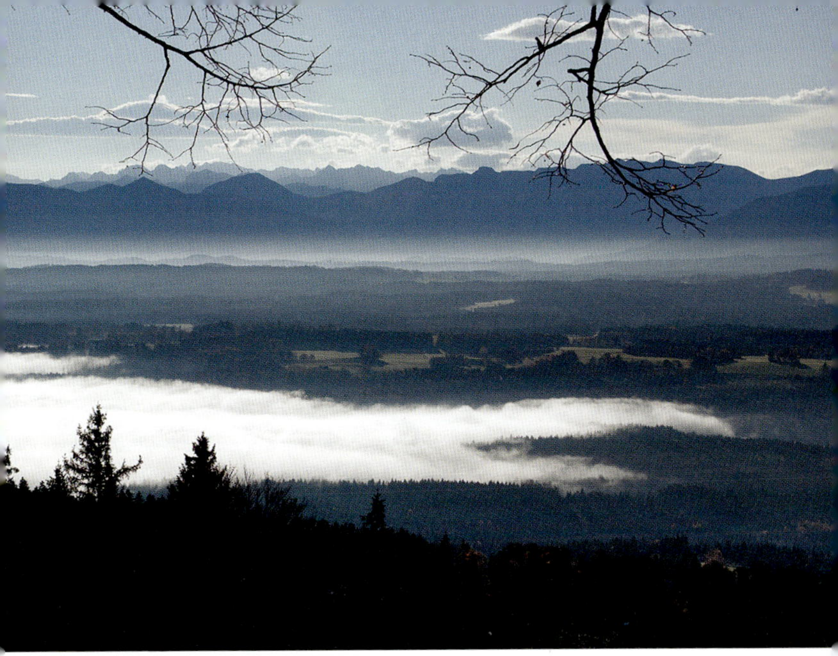

Malerischer Blick vom Hohen Peißenberg nach Süden in das »Blaue Land« – wie der Pfaffenwinkel auch genannt wird.

von tödlichen Wanderunfällen dar. Hier droht bereits bei nur mäßiger Hangneigung eine enorme Beschleunigung. Richtiges Verhalten bei einem Ausrutscher: Sofort ein Bein in die Luft schleudern und mit dem damit erzielten Schwung in die bremsende Liegestützhaltung gehen!

- Steile und nasse Grashänge: Auch diese stellen eine ähnliche Gefahr dar!
- Sich verirren: Das kann leichter passieren, als man denken mag. Deswegen sollte man stets auf Markierungen und Wegspuren achten. Hat man dennoch einmal den Weg verloren, so geht man bis zum letzten bekannten Punkt zurück!
- Dass Gewitter eine Gefahr darstellen, ist allgemein bekannt. Doch sie sind häufig auch mit Starkregen verbunden, die Steinschlag und Murenabgänge auslösen können. Eine gute Tourenplanung und Wetterbeobachtung sind hier wichtig. Grundsätzlich sollte man versuchen, vor einem Gewitter das Tal oder eine Hütte zu erreichen.
- Erschöpfungszustände sind zu vermeiden! Wichtig ist es, sich und andere nicht zu überfordern und viel zu trinken (Mineralwasser, warmer Tee).

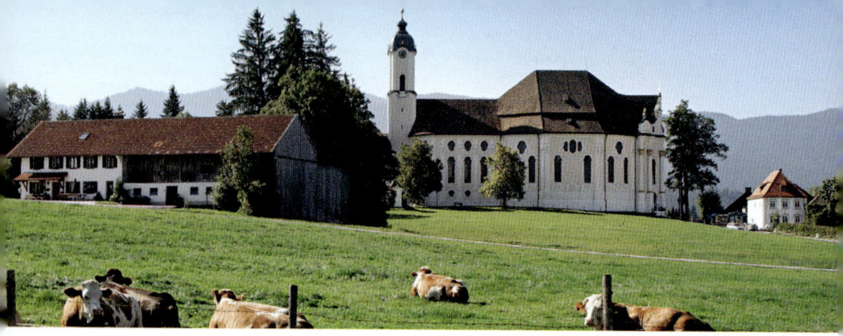

Die Wieskirche (Tour 45), ein Weltkulturerbe.

Karten

Bei den meisten Routen reichen die im Wanderführer abgedruckten Kartenausschnitte aus; sie sind alle im Maßstab 1:50.000 und 1:75.000 gezeichnet. Doch sind für die Anfahrt und um die nähere Umgebung zu erkunden, ganze Kartenblätter hilfreich. Folgende Karten sind für das behandelte Gebiet zu empfehlen:

- Topografische Karten (Bayerisches Landesamt für Digitalisierung, Breitband und Vermessung) im Maßstab 1:50.000: UK 50-41 (Ammersee, Starnberger See, München-Süd), UK 50-49 (Pfaffenwinkel, Ammergauer Alpen Nord, UK 50-50 (Werdenfelser Land), UK 50-51 (Karwendel).
- Das Landesamt bietet zusätzlich flächendeckend amtliche topografische Karten im noch genaueren Maßstab 1:25.000 an (»ATK 25«, für die hier vorgestellte Region 20 Blätter, Blattschnitt unter vermessung.bayern.de).
- Als Übersichts- und Straßenkarte eignen sich die Freytag&Berndt-Straßenkarte »Bayern Süd« im Maßstab 1:200.000 und die Marco Polo Freizeitkarten 43 »München und Umgebung« im Maßstab 1:110.000 und 45 »Bayerische Alpen West« im Maßstab 1:100.000.

Symbole

	mit Bahn/Bus erreichbar	†	Gipfel
	Einkehrmöglichkeit		Pass, Sattel / Brücke
	für Kinder geeignet		Rastplatz
	Ort mit Einkehrmöglichkeit		Kirche, Kapelle, Marterl/Bildstock
	Einkehrmöglichkeit		Burg, Schloss, Ruine
P	eingerichteter Parkplatz		Aussichtsplatz
	Busanschluss		Wasserfall
	Bahnanschluss		Bademöglichkeit
	Schiffsanlegestelle		markanter Baum

Der Umwelt zuliebe ...

Auch beim Wandern hinterlassen wir einen ökologischen Fußabdruck, aber im Einklang mit der Natur unterwegs zu sein, ist gar nicht so schwer!

VORBEREITUNG UND ANFAHRT

- Sich vorab informieren, worauf in Bezug auf Natur und Umwelt in der jeweiligen Wanderregion besonders zu achten ist.
- Soweit möglich mit Bahn und Bus anreisen, Wander- und Rufbusse nutzen.
- Ist eine Anfahrt mit dem Auto nötig, Fahrgemeinschaften bilden.
- Bei weiten Anfahrten Mehrtagestouren planen oder von einem Quartier vor Ort aus mehrere Touren absolvieren.
- Flugreisen möglichst reduzieren und durch Beiträge zu Klimaschutzprojekten kompensieren.

KLEIDUNG UND AUSRÜSTUNG

- Beim Kauf von Outdoor-Kleidung auf umweltfreundliche und faire Herstellung achten und Kleidungsstücke möglichst viele Jahre nutzen.
- Ausrüstung kann man eventuell auch gebraucht kaufen oder ausleihen.
- Reparieren statt neu kaufen.

VERPFLEGUNG

- Beim Einkauf Bio-Ware, regionale und saisonale Erzeugnisse bevorzugen.
- Hütten und Gasthäuser auswählen, die regionale Produkte verwenden.
- Auf Einwegflaschen und Plastikverpackungen verzichten, stattdessen wiederverwendbare Trinkflaschen und Brotzeitboxen benutzen.

ÜBERNACHTUNG

- Bei lokalen Anbietern buchen, damit Menschen vor Ort profitieren.
- Auf Hütten und in anderen Unterkünften Strom und Wasser sparen.

UNTERWEGS

- Wege benutzen und Abkürzer vermeiden.
- Sperrungen von Wegen und Schutzgebieten respektieren.
- Keine Blumen pflücken und keine Pflanzen entnehmen.
- Waldbrandgefahr beachten.
- Müll wieder mit nach Hause nehmen und dort entsorgen.
- Toilettengänge in freier Natur möglichst vermeiden.
- Lärm vermeiden.
- Hunde an die Leine nehmen.

ROTHER
BERGVERLAG

Touristische Informationen

Beste Jahreszeit

Im Pfaffenwinkel kann man zu jeder Jahreszeit wandern. Besonders zu empfehlen sind natürlich die Monate März bis Oktober, wobei an heißen Tagen in schattige Bereiche bzw. in größere Höhen ausgewichen werden sollte. Zu den jahreszeitlich bedingten Gefahren, die besonders im alpinen Bereich zu beachten sind, zählen Lawinen im Winter, vereiste Schneereste im Frühjahr und Gewitter im Sommer. Bei Winterbedingungen ist außerdem die anspruchsvolle (»schwarze«) Bergtour für den Wanderer ausgeschlossen.

Anreise/Verkehrsinfrastruktur

Die Bahnanbindung besonders nach München ist sehr gut. Aber auch nach Augsburg ist das Gebiet südlich des Ammersees gut angeschlossen. Zusätzlich fahren in den übrigen Bereichen Oberbayernbusse (dbregiobus-bayern.de), bedauerlicherweise auf den meisten Linien kaum am Wochenende. In Grenzgebieten zum Allgäu gibt es die mona-Busse (mona-allgaeu.de). Im östlichen Wandergebiet können Linien des MVV genutzt werden (mvv-muenchen.de).

Über die Autobahn A 96 und die Bundesstraße B 17 sind die westlichen und zentralen Bereiche des behandelten Gebietes gut zu erreichen, der östliche Teil über die Autobahn A 95. Zudem ist das gesamte Gebiet von einem Netz aus gut ausgebauten Straßen überzogen.

Sportliche Alternativen zum Wandern

- Ballonfahren: Jo Milbert, Steingaden, Tel. +49 8862 932424, skygate-ballonfahrten.de.
- Bootsverleih: Bootsverleih am Fischerhäusl Soier See, Bad Bayersoien, Tel. +49 8845 7030620, Bootsverleih Hubl, Bernried, Tel. +49 151 55566446, Bootsverleih am Schongauer Lechsee, Bootshaus am Lido Dornau, Günther Schultz, Tel. +49 8861 9300560. Daneben gibt es etliche Bootsverleihe an Ammersee und Starnberger See (starnbergersee-info.de), am Staffelsee (staffelsee.org) sowie an Kochel- und Walchensee (siehe zwei-seen-land.de).
- Drachen- und Gleitschirmfliegen: Aerogen Gleitschirmschule, Kochel, Tel. +49 8851 614614, aerogen.onlinehome.de, Bayerische Drachen- und Gleitschirmschule Penzberg, Tel. +49 89 482141, bay-flugschule.de, 1. Deutsche Tandem-Gleitschirmschule, Kochel, Tel. +49 8851 882, tandemschule.de.
- Fahrradtouren: Durch den Pfaffenwinkel führen mehrere ausgeschilderte, überregionale Radrouten. Der Ammer-Amper-Radweg verläuft von den Ammerquellen südlich von Oberammergau bis zur Mündung der Amper in die

Isar bei Moosburg. Die Königlich-Bayerische Radltour führt von Landsberg aus an Ammer- und Starnberger See und wieder zurück. Der Radfernweg D9 »Romantische Straße« verbindet romantische Kultur- und Naturlandschaften zwischen Main und Alpen (romantischestrasse.de). Der Via-Claudia-Radweg verläuft auf den Spuren der alten Römerstraße in seinem deutschen Teil von Donauwörth nach Reutte (viaclaudia.org). Entlang des Lechs führt der neue Lech-Radweg fast von der Quelle in Österreich bis zur Mündung in die Donau bei Marxheim. Der Bodensee-Königssee-Radweg schließlich verbindet die beiden Seen (bodensee-koenigssee-radweg.de).

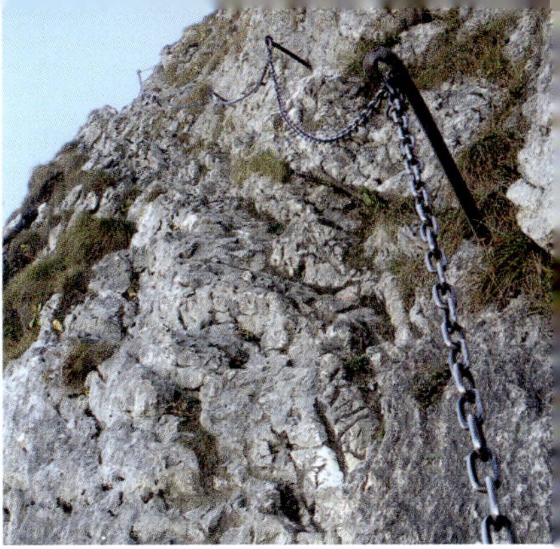

Klettersteig am Ettaler Manndl (Tour 37).

- Fahrradverleih: Viele Verleihstationen über das Gebiet verteilt (auch E-Bikes), Infos unter pfaffen-winkel.de.
- Fallschirmspringen: Gerhard Wagner, Schongau, Tel. +49 8861 2545467, bavaria-fallschirmsport.de; oder fsr-club 2000, Altenstadt, Tel. +49 70025822000, siehe auch fsr-club2000.de.
- Klettern: Klettern an Geiselstein und Kenzenkopf, Klettergarten Altjoch, Kletteranlage des DAV Peißenberg, Alpspitzstr. 13, Tel. +49 8803 845, alpenverein-peissenberg.de/Kletterhalle; Climbingworld »UNDER THE ROOF«, Trifthofstr. 58, Weilheim, Tel. +49 881 41122, kletterhalle-weilheim.de.
- Kajakfahren: Beliebtes Gewässer ist die Ammer im Bereich der Ammerschlucht zwischen Rottenbuch und Böbinger Ammerbrücke (Befahrungsregeln beachten, da sonst die Sperrung der Ammer droht, siehe kanubayern.de/Umwelt/Gewaesser-Info/Befahrungsregeln/).
- Reiten: Islandpferdehof ParadISlland am Ostersee, Hauptstraße 11, Antdorf, Tel. +49 177 2133717, islandpferde-am-ostersee.de.tl, Ponyhof Prem (Pferdetrekking, Ponyreiten), Karlsebene 2, Tel. +49 8862 932351, ponyhof-prem.de; Reitstall Hammerschmiede, Obermühlstr. 58, Polling, Tel. +49 881 7871, reitstall-hammerschmiede.de; Reiterhof Radlmeier, Am Weidenschorn 1, Peiting, Tel. +49 8861 67859, reiterhof-radlmeier.de; Reitstall Kirchbichler, Jägerstr. 40, Peiting, Tel. +49 172 8302184, reitstall-kirchbichler.de; Reitverein Peiting, Schachtstr. 7, Peiting, Tel. +49 177 7845883, reiten-peiting.de; Reitplatz Thalhausen, Oberhausen, Tel. +49 8802 8871, reiten-in-thalhausen.de; Reit- und Fahrverein Schongau, Augsburger Str. 101, Tel. +49 170 4924237 (Mo–Mi; 12.30–14.00 Uhr), reit-und-fahrverein-schongau.de.

Hallen-/Erlebnisbäder, Saunalandschaften

- Benediktbeuern: Alpenwarmbad, Schwimmbadstr. 32, Tel. +49 8857 9625, benediktbeuern.de
- Bernried: Hallenbad im Hotel Seeblick, Tutzinger Str. 9, Tel. +49 8158 2540, hotel-seeblick-bernried.de
- Kochel am See: Kristall trimini, Seeweg 2, Tel. +49 8851 5300, kristall-trimini.de
- Oberammergau: Erlebnisbad WellenBerg, Himmelreich 52, Tel. +49 8822 92360, wellenberg-oberammergau.de
- Peißenberg: Freizeit- und Bäderpark Rigi Rutsch'n, Pestalozzistr. 8, Tel. +49 8803 5001, rigirutschn.de
- Peiting: Wellenfreibad Peiting, Ammergauer Str. 20 a, Tel. +49 8861 258789, peiting.de
- Schongau: »Plantsch Badespaß und Saunaland«, Lechuferstr. 6, Tel. +49 8861 214444, plantsch.de
- Weilheim: Hallenschwimmbad Weilheim, Jahnstr. 2, Tel. +49 881 3678

Ausflugsziele für Familien mit Kindern

- Bad Bayersoien: Barfußparcours am Bayersoiener See beim Parkhotel, Am Kurpark 1
- Bad Tölz: Erlebnisberg Blomberg (mit Sommerrodelbahn und Kletterwald), Tel. +49 8041 3726, blombergbahn.de
- Benediktbeuern: Zentrum für Umwelt und Kultur (Lehrpfade und Erlebnisexkursionen), Zeilerweg 2, Tel. +49 8857 88731, zuk-bb.de
- Eglfing: Natur-Erlebnis-Spielplatz Moosbrunnen Obereglfing
- Großweil: Freilichtmuseum Glentleiten, An der Glentleiten 4, Tel. +49 8851 1850, glentleiten.de
- Herrsching: Naturschutz- und Jugendzentrum Wartaweil bietet Kurse zu Gewässerkunde und Waldleben sowie verschiedene Umwelterlebnisse an, Tel. +49 8152 399000, bund-naturschutz.de/umweltbildung/oekostationen/wartaweil.html
- Kochel am See: Walchensee-Kraftwerk, Altjoch 21, Tel. +49 8851 77225
- Ohlstadt: Haupt- und Landgestüt Schwaiganger, Tel. +49 89 6933 442900, lfl.bayern.de/lvfz/schwaiganger
- Pähl: Asinella Eselfarm bietet Wanderungen mit Eseln an, Tel. +49 8808 924280, asinella.com
- Peißenberg: Bergbaumuseum Peißenberg und Bockerlbahn, Tiefstollen 2, Tel. +49 8803 5102, bergbaumuseum-peissenberg.de bzw. diebockerlbahner.de
- Rottenbuch: Am Pfaffenwinkler Milchweg liegt die Schönegger Käsealm. Neben dem Schaukäsen bietet sie einen Spielplatz und ein Kleintiergehege, Tel. +49 8867 489, schoenegger.com
- Schongau: Schongauer Märchenwald und Tierpark, Dießener Str. 6, Tel. +49 8861 928050, schongauer-maerchenwald.de

- Sindelsdorf: Wasserspielplatz am Böhmsweiher – das Alpenvorland im Miniformat mit Kochel- und Walchensee, Schulgasse 2, Tel. +49 8856 2661
- Oberammergau: Reptilienhaus, Lüftlmalereck 5, Tel. +49 8822 1477, reptilien-haus.de
- Unterammergau: Freizeitpark am Steckenberg (mit Sommerrodelbahn und Streichelgehege), Liftweg 1, Tel. +49 8822 4027, steckenberg.de

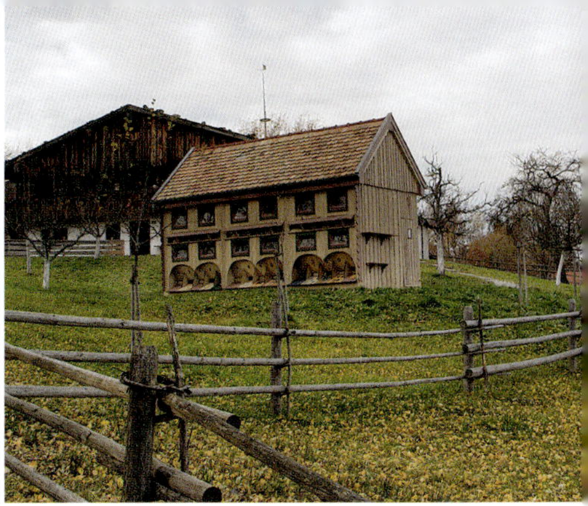

Dieses Bienenhaus im Freilichtmuseum Glentleiten stand einst in Hohenpeißenberg.

Museen und Sehenswürdigkeiten

- Benediktbeuern: Fraunhofer-Glashütte, Fraunhoferstr. 2, Tel. +49 8857 248, benediktbeuern.de
- Bernried: Buchheim Museum, Am Hirschgarten 1, Tel. +49 8158 9970 55, buchheimmuseum.de
- Dießen: Carl-Orff-Museum, Ziegelstadel 1, Tel. +49 8807 9474321, orff.de/institutionen/carl-orff-museum.html (wegen Umzug Anfang 2024 geschlossen)
- Ettal: Schloss Linderhof, Tel. +49 8822 92030, linderhof.de
- Fischen am Ammersee: Kupfermuseum, Herrschinger Str. 1, Tel. +49 8808 9219131, KupfermuseumFischen.de
- Hohenpeißenberg: Info-Pavillon des Meteorologischen Observatoriums Hohenpeißenberg, Albin-Schwaiger-Weg 10; Schatzkammer von Hohenpeißenberg, Matthäus-Günther-Platz 6, Tel. +49 8805 200, hohenpeissenberg.de
- Kochel am See: Franz Marc Museum, Franz Marc Park 8–10, Tel. +49 8851 924880, franz-marc-museum.de
- Murnau: Schloßmuseum, Schloßhof 2–5, Tel. +49 8841 476207, schlossmuseum-murnau.de
- Oberammergau: Oberammergaumuseum, Dorfstr. 8, Tel. +49 8822 32440, oberammergaumuseum.de
- Peiting: Museum im Klösterle (mit Skimuseum), Kapellenstraße 1, Tel. +49 8861 59961, peiting.de
- Penzberg: Bergwerksmuseum Penzberg, Karlstraße 36, Tel. +49 8856 813523, bergwerksmuseum-penzberg.de; Museum Penzberg – Sammlung Campendonk, Am Museum 1, Tel. +49 8856 813480, museum-penzberg.de
- Polling: Museum Polling, Kirchplatz 11, Tel. +49 881 93900, museumpolling.de

Literatur

Bildbände

Römmelt, Bernd: Fünfseenland und Pfaffenwinkel, Rosenheimer Verlagshaus, 2006

Siepmann, Martin und Brigitta: Der Pfaffenwinkel, Bayerland, 2014

Wandern mit Kindern

Egelhaaf, Carmen: Wandern mit dem Kinderwagen im Münchner Umland, Wanderbuch, Rother Bergverlag, 2018

Soeffker, Eduard & Sigrid: Barfußwandern Münchner Berge und Alpenvorland, Wanderbuch, Rother Bergverlag, 2012

Soeffker, Eduard & Sigrid: Erlebniswandern mit Kindern Münchner Umland, Wanderbuch, Rother Bergverlag, 2022

Soeffker, Eduard & Sigrid: Erlebniswandern mit Kindern Münchner Berge, Wanderbuch, Rother Bergverlag, 2022

Soeffker, Eduard: Erlebniswandern mit Kindern Münchner Berge Band 2, Wanderbuch, Rother Bergverlag, 2021

Fernwanderungen

Parucha, Norbert: Meditationsweg Ammergauer Alpen, 2009

Blankenstein, Christel: Die bayerischen Fernwanderwege, StöppelFreizeit-Medien, 2005

Courtenay, Elfie: Meditationsweg Ammergauer Alpen im Blauen Land, 2011

Wandern/Bergsteigen (Nachbarregionen, verwandte Themen)

Baumann, Franziska / Seibert, Dieter: Zugspitze mit Ammergauer Alpen und Werdenfelser Land, Wanderführer, Rother Bergverlag, 2022

Hüsler, Eugen: Isarwinkel, Bad Tölz – Lenggries – Kochel, Wanderführer, Rother Bergverlag, 2023

Lehmann, Reinhold & Schön, Kathrin: GeoWandern Münchner Umland, Wanderbuch, Rother Bergverlag, 2017

Mayr, Herbert: Winterwandern Allgäuer Alpen, Rother Bergverlag, 2024

Rauch, Christian: Blaues Land, Kulturwandern, Rother Bergverlag, 2023

Rauch, Christian: Fünfseenland, Kulturwandern, Rother Bergverlag, 2016

Streubel, Ulf & Schopp, Matthias: GeoWandern Allgäu, Wanderbuch, Rother Bergverlag, 2020

Zahel, Mark: Allgäu 2, Ostallgäu und vorderes Lechtal, Wanderführer, Rother Bergverlag, 2023

- Schongau: Stadtmuseum Schongau, Christophstr. 55–57, Tel. +49 8861 254605, stadtmuseum-sog.de
- Steingaden: Wallfahrtsmuseum in der Wies, Wies 12, Tel. +49 8862 932930, wieskirche.de
- Unterammergau: Dorf- und Wetzstoa-Museum, Dorfplatz 7, Tel. +49 8822 6992, hak-unterammergau.de, Unterammergauer Wetzsteinmacherei in Schneiderla's Schleifmühle in der Klamm, Tel. +49 8822 7021 oder +49 174 8903386
- Weilheim: Stadtmuseum Weilheim, Marienplatz 1, Tel. +49 881 6826000, stadtmuseum-weilheim.de (teilweise im Umbau, Stand: Frühjahr 2024)

Zudem gibt es hübsche, kleine Heimatmuseen in zahlreichen Ortschaften, unter anderem in Bad Bayersoien und Rottenbuch.

Über der Ammer und dem Ammerschlössl (Tour 38) ragt der markante Kofel auf, Oberammergaus Hausberg.

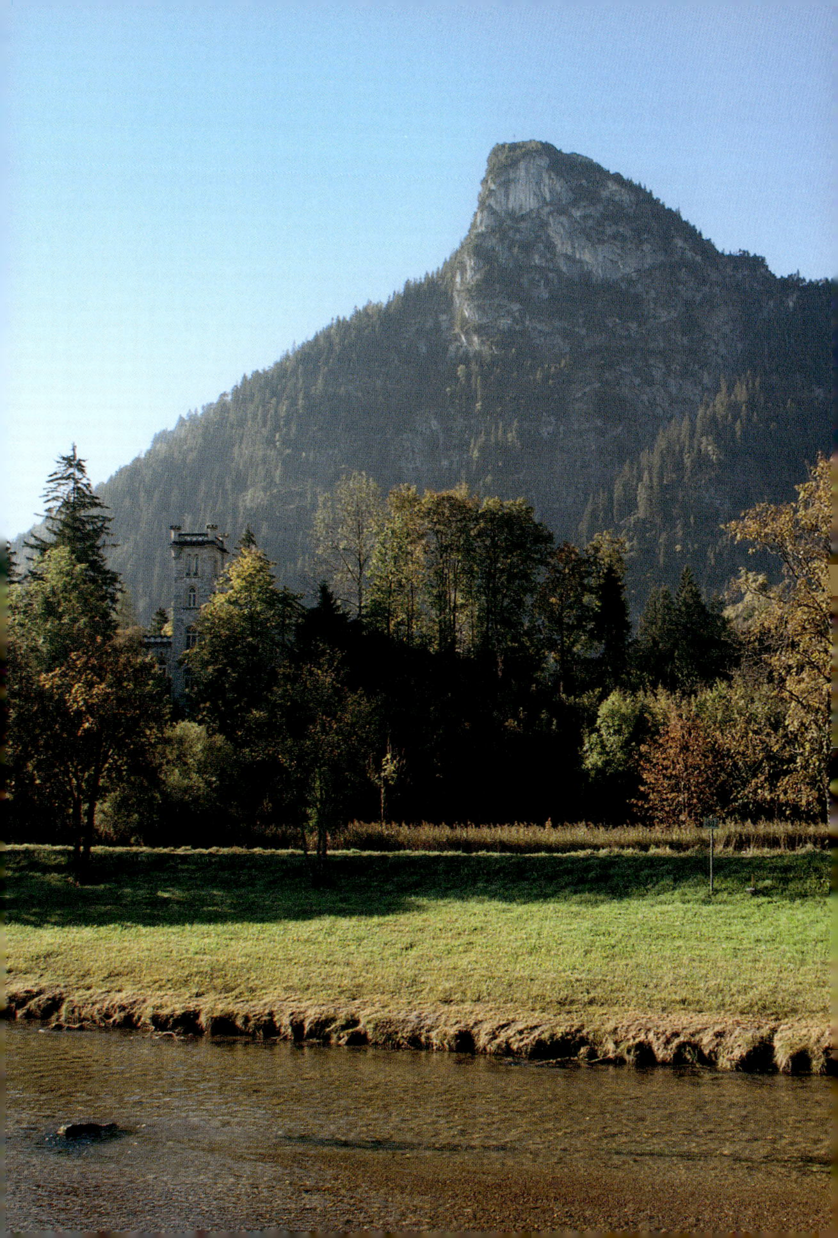

Der Pfaffenwinkel

Den Pfaffenwinkel exakt abzugrenzen, ist ein Ding der Unmöglichkeit. Selbst Einheimischen ist nicht klar, was alles genau zu diesem Landstrich dazuzählt. In der Literatur findet man unterschiedliche Lösungsmöglichkeiten. In jedem Fall zeichnet sich diese Landschaft, wie der Name schon sagt, durch ihre Vielzahl an Kirchen und Klöstern aus – und die gibt es grob zwischen Lech und Loisach. Nach Süden hin schließt sich das Werdenfelser Land an, nach Westen hin das schwäbische Allgäu und nach Osten hin der Isarwinkel. Im Norden gehören die südlichen Bereiche von Ammersee und Starnberger See mit den Klöstern Dießen und Bernried noch dazu. Doch ist auch die Bezeichnung Fünf-Seen-Land für dieses Gebiet gebräuchlich. Die Abgrenzung ist also fließend zu sehen, weswegen Touren teils auch im Grenzbereich oder knapp außerhalb des eigentlichen Pfaffenwinkels liegen. Verwaltungsmäßig deckt sich der Pfaffenwinkel im Wesentlichen mit dem Landkreis Weilheim-Schongau. Zusätzlich zählen noch kleinere Teilräume der angrenzenden Landkreise Landsberg am Lech, Starnberg, Bad-Tölz-Wolfratshausen sowie Garmisch-Partenkirchen dazu. Eingeführt hat die Bezeichnung »Pfaffenwinkel« übrigens 1756 der Raistinger Pfarrer Franz Sales Gailler.

Über die Entstehung der Landschaft

Zwei wesentliche Komponenten sind für die Formung der Landschaft im Pfaffenwinkel verantwortlich: einerseits die Alpenbildung, andererseits die Gletscher der Eiszeiten.

Die Gesteine, die heute die Nördlichen Kalkalpen aufbauen, sind in einem Tethys genannten Meer zwischen den Landmassen abgelagert worden, die heute unter anderem Europa und Afrika bilden. Im Laufe dieser über 100 Millionen Jahre währenden Phase änderten sich Klima, Pflanzen- und Tierwelt, Tiefe des Meeres sowie die Entfernung zum Festland mehrmals, was zur Ablagerung unterschiedlicher Sedimente führte. So entstanden beispielsweise in der Triaszeit vor ca. 220 Millionen Jahren der Hauptdolomit (bildet am Ettaler Manndl bizarre Felsformationen, Tour 37) und darauffolgend die Plattenkalke, denen wir am Rabenkopf begegnen (Tour 23). Vor ca. 150 Millionen Jahren lebten im Jurameer Radiolarien mit kieseligen Gehäusen als Plankton, deren verfestigte Ablagerungen zur Herstellung von Wetzsteinen in Unterammergau jahrhundertelang Verwendung fanden. In der Kreidezeit vor rund 100 Millionen Jahren wurde der Druck der nach Norden triftenden Afrikanischen Platte auf die Europäische Platte so groß, dass diese Ablagerungen zum Gebirge der Alpen gefaltet und gehoben wurden. Durch die einsetzende Erosion lagerten sich anfangs in einem Tiefseegraben Tone, Schluffe und Sande ab, wobei es am steilen Kontinentalabhang immer wieder zu Rutschungen kam. Dabei fand eine Sortierung des Gesteinsmaterials nach der Korngröße statt, wodurch

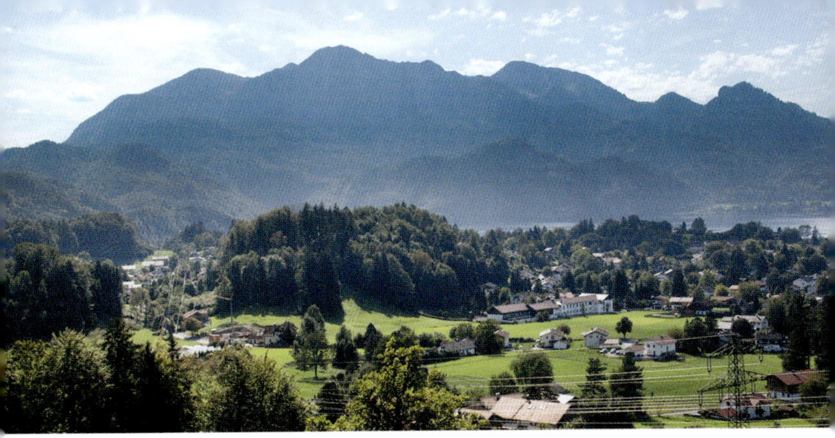

Im Hintergrund das Herzogstand-Heimgartenmassiv mit Kochelsee und den vorgelagerten Rundhöckern aus Flyschgesteinen (z. B. Tour 22).

letztendlich die Flyschgesteine entstanden. Aufgrund der geringen Verfestigung und des Dominierens von tonigen und mergeligen Schichten sind diese Flyschgesteine sehr rutschanfällig – der Name hängt übrigens mit »fließen« zusammen (wir begegnen ihnen beispielsweise im Lainbachtal bei Benediktbeuern und im Halblechtal, Touren 21 und 47). Südlich anschließend wurden im flacheren Schelfbereich die Gesteine des Helvetikums abgelagert und ebenfalls im Zuge der Alpenbildung aufgefaltet – diese sehen wir beispielsweise in Form der sogenannten Köchel, die aus harten Quarziten bestehen, im Murnauer Moos (Tour 28). In der Folge wechselte sich im Bereich nördlich der aufsteigenden Alpen Meeresbedeckung mit Festland ab. Unterschiedliche Sedimentschichten wurden in diesen Becken abgelagert, es entstanden die Molasseablagerungen des heutigen Alpenvorlandes. Entlang der sich ständig verschiebenden Küstenlinie wuchsen im Brackwasserbereich vor ca. 23 Millionen Jahren Küstenwälder, aus denen sich die Pechkohle der Cyrenenschichten bildete, die in den oberbayerischen Bergbaurevieren (Peißenberg, Peiting, Penzberg etc.) bis ins 20. Jahrhundert abgebaut wurde. Die Molasseablagerungen wurden teilweise in die Alpenbildung miteinbezogen, indem sie 10–12 Kilometer nach Norden geschoben und gefaltet wurden, wobei Sättel und Mulden entstanden. Man spricht dann – im Gegensatz zur nördlich anschließenden ungefalteten Molasse – von der Faltenmolasse, deren nördlichster Vertreter im Pfaffenwinkel der Hohe Peißenberg ist. Die härteren Gesteinsschichten der aufgebogenen Ränder ziehen heute in ost-westlicher Richtung als Riegel durch das Alpenvorland, im Pfaffenwinkel etwa in einem Band zwischen Lechbruck und Penzberg. Dazwischen liegen, von Süd nach Nord, die Murnauer, die Rottenbucher und die Peißenberger Mulde.

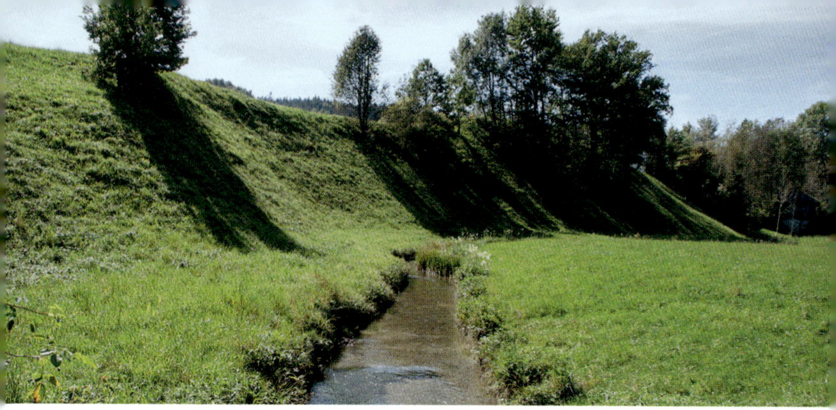

Der Lothdorfer Bach mit Terrassenkante. Diese ist entstanden, als sich hier ein größeres Fließgewässer als heute eintiefte (Tour 26).

Diese Landschaft formten dann im Pleistozän, das vor rund 2,5 Millionen Jahren mit einer allmählichen Abkühlung begann, die Gletscher mehrerer Eiszeiten weiter, wobei vor allem die Spuren der letzten, der Würmeiszeit, heute noch die Oberflächengestalt wesentlich prägen. Als vor rund 20.000 Jahren ihr Höhepunkt erreicht war, lag der in mehrere Zungen aufgespaltete Isar-Loisach-Gletscher in den Becken von Ammersee, Starnberger See, Wolfratshausen und Bad Tölz. Seine weitesten Ablagerungen finden sich als Moränenwälle um Wildenroth nördlich des Ammersees. Das anschließende Zurückschmelzen erfolgte in mehreren Phasen, denn es kam trotz tendenzieller Erwärmung immer wieder zu Kälterückschlägen und damit zu Stillstandsphasen der Gletscher. So entstanden Girlanden weiterer Moränenwälle, die nach den Orten beispielsweise Wessobrunner und Weilheimer Rückzugsstadium genannt werden.
Neben den Moränen, die der Gletscher an seinen Seiten, seiner Front oder seinem Grund ablagerte, sind die Toteisseen zu nennen, die beispielsweise die bekannte Eiszerfallslandschaft der Osterseen prägen. Entstanden sind diese durch riesige Eisbrocken, die die Verbindung zum Gletscher verloren hatten, liegen blieben, überdeckt wurden und schließlich abschmolzen. Ein zweites, sehr berühmtes Gebiet ist das Eberfinger Drumlinfeld, das von stromlinienförmig, in Fließrichtung des Eises angeordneten Hügeln geprägt ist. Entstanden sind sie wohl, als der Gletscher nochmals kurz vorstieß und das bereits abgelagerte Moränenmaterial zu diesen tropfenförmigen Drumlins formte.
Des Weiteren sind einzeln in der Landschaft liegende Gesteinsbrocken von mehreren Kubikmetern Größe und mehreren Tonnen Gewicht zu finden, die vom Gletscher über weite Strecken, teils bis aus den Zentralalpen und über Wasserscheiden hinweg, hierher transportieren wurden. Daneben hat der Gletscher den Untergrund geformt; was er nicht wegerodieren konnte, präpa-

rierte er heraus (deswegen durchziehen die Molasserippen heute noch die Landschaft) oder rundete er durch seine abreibende Wirkung zu, wodurch die Rundhöcker entstanden sind (Köchel oder auch Kögel genannt).
Und natürlich sind da noch die Zungenbecken von Ammer- und Starnberger See, die durch die Gletscher stark übertieft worden sind und heute, wassergefüllt, beliebte Ausflugs- und Urlaubsziele darstellen. Doch auch wenn sie riesige Ausmaße zu haben scheinen, werden sie nicht ewig bestehen. Denn durch einmündende Flüsse werden Sedimente eingetragen, die die Seebecken langsam zufüllen. Außerdem säumen Pflanzen die Uferbereiche, die, wenn sie absterben, eine Unterlage für neue Pflanzen bilden und so dafür sorgen, dass das Ufer immer weiter Richtung See vorgebaut wird. Dieser Prozess der Verlandung schreitet besonders beim Ammersee in beträchtlichem Umfang voran, beim Murnauer Moos beispielsweise ist er schon abgeschlossen.

Pflanzen, Tiere und das Wetter

Durch die Arbeit der Gletscher ist eine kleinteilige Landschaft entstanden. Auf den unterschiedlichen Gesteinen bildeten sich verschiedene Bodentypen, die neben anderen Faktoren wie Relief, Klima oder menschlichem Einfluss wesentlich die Vegetation bestimmen. Die aus kiesigem Material bestehenden Drumlins tragen häufig Magerrasen. In den Toteislöchern haben sich Seen und Moore gebildet. Gerade die Verzahnung von Trocken- und Feuchtlebensräumen macht den besonderen Wert für Pflanzen und Tiere aus – darunter auch viele seltene Arten. Und so verwundert es nicht, dass es im Pfaffenwinkel zahlreiche Naturschutzgebiete gibt, kleinräumige Bereiche und Einzelbildungen werden als Naturdenkmäler geschützt. Daneben sind großräumig weniger strenge Landschaftsschutzgebiete ausgewiesen, die einerseits einen Puffer für die wertvollsten Bereiche darstellen, andererseits auch der Erholung dienen.
Da wir uns in Alpennähe befinden, ist die Niederschlagsmenge mit 1000 bis 1300 mm pro Jahr für den Landkreis Weilheim-Schongau ziemlich hoch – in Iffeldorf sind es beispielsweise 1100 mm – und sie steigert sich in Richtung Berge auf über 2000 mm pro Jahr. Besonders im Frühjahr ist mit länger andauernden Niederschlägen zu rechnen, denn zu dieser Jahreszeit sind Nordwetterlagen häufig, die zu einem Stau der Wolken an den Alpen führen, wo sie sich abregnen. Im Sommer ist auf mögliche Gewittertätigkeit in den Nachmittags- und Abendstunden zu achten.

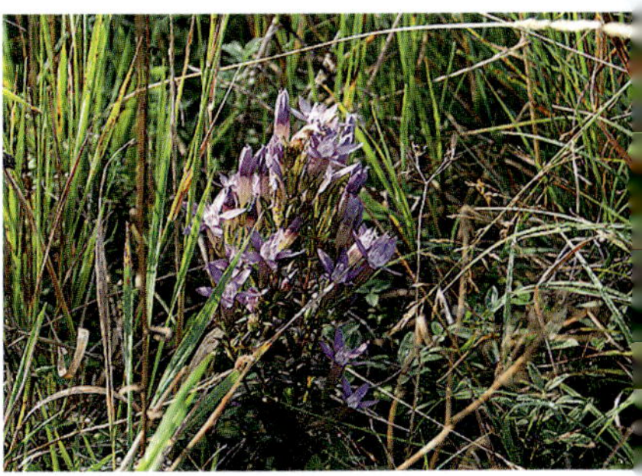

Auf Streuwiesen gedeiht der Deutsche Enzian.

Geschichtliche Grundzüge

Vergleicht man die Funddichte des Pfaffenwinkels wie auch anderer voralpiner Gebiete mit anderen Landschaften in Bayern, so ist die Zahl der steinzeitlichen Funde relativ gering. Dies liegt wohl daran, dass große Teile Moore und Sümpfe waren, die weniger leicht zu begehen, zu besiedeln und zu bewirtschaften waren als beispielsweise große Flusstäler oder trockene Beckenlandschaften mit ihren fruchtbaren, trockenen Lössböden. Die ältesten, bisher bekannten Funde im Gebiet sind Keramikscherben der jungsteinzeitlichen Münchshöfener Kultur (ca. 4400 bis 3900 v. Chr.) von der Roseninsel im Starnberger See. Nach heutigem Kenntnisstand beschränkte sich die Besiedlung während der Jungsteinzeit im Wesentlichen auf Ammer- und Starnberger See. In die Hallstattzeit (750 bis 450 v. Chr.) sind die Grabhügel um Münsing zu datieren – dieser Höhenzug zwischen Starnberger See und Loisach war also damals schon besiedelt.
Bevor die Römer 15 v. Chr. ins Alpenvorland kamen, siedelten hier keltische Stämme; östlich des Lechs die Vindelicier, westlich davon die Likatier (Lechrainer). Deutliche Spuren hinterließen die Römer, die teils heute noch, etwa in Form der Römerstraßen, zu sehen sind. Hier ist besonders die Via Claudia Augusta zu nennen, die von Verona über die Alpen nach Augsburg führte. Nach dem Zusammenbruch des weströmischen Reiches um 476 bildete sich aus den einheimischen Kelten, verbliebenen Römern und zugewanderten Stämmen das Volk der Bajuwaren heraus. Westlich des Lechs besiedelten Alemannen das Land.
Die weltliche Macht, die anfangs beim bayerischen Stammesherzogtum lag, ging um 800, als die Grafschaften erbliches Lehen wurden, allmählich an die großen Adelsgeschlechter über. Im westlichen Pfaffenwinkel waren es die Welfen und nach deren Aussterben die Hohenstaufer, im Osten erlangten ab Ende des 11. Jahrhunderts die Grafen von Andechs-Meranien die Macht. Nachdem Letztere im Jahr 1248 ebenso wie die Hohenstaufer um 1268 ausgestorben waren, gelangte nun das gesamte Gebiet des heutigen Pfaffenwinkels an die Wittelsbacher, deren Einfluss bis 1918 dauerte.
Wichtige Impulse gingen von der Gründung des Bistums Augsburg im 8. Jahrhundert aus, denn von hier aus wurden viele Klöster im Pfaffenwinkel gegründet, beispielsweise Wessobrunn und Polling, die wiederum die Besiedlung und Erschließung des Landes vorantrieben. Als Verwaltungseinheiten richteten sie Klosterhofmarken ein, bauten Schwaighöfe auf, die als klösterliche Ökonomiebetriebe mit Sennerei ebenso wie die zahlreichen, in moorigen Senken angestauten Weiher oder als Toteisseen bereits vorhandenen Gewässer der Versorgung der Klosterinsassen dienten, und vermehrten ihre Besitzungen in den Dörfern und verstreuten Weilern. Daneben traten sie auch als Förderer von Kunst und Kultur in Erscheinung. Nach dem Dreißigjährigen Krieg wurden prächtige Barockkirchen und neue Klosteranlagen errichtet, Wallfahrten blühten wieder auf und auch die einfache Bevölkerung profitierte davon.

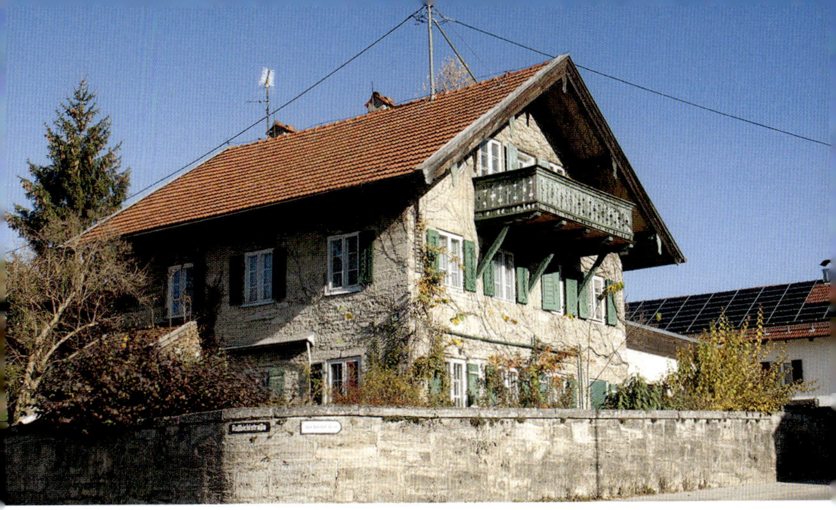

Tuffsteine waren früher ein beliebtes Baumaterial. Haus mit Mauer in Uffing.

Weilheim entwickelte sich zu einer Handwerkerstadt, Wessobrunn brachte zahlreiche bedeutende Stukkatoren und Baumeister hervor.
Die Aufhebung der Klöster im Zuge der Säkularisierung 1803 bedeutete einen markanten Einschnitt in die Kunst- und Kulturlandschaft. Erst später konnte sich in den noch verbliebenen Gebäuden wieder geistliches Leben entwickeln. Für den Pfaffenwinkel war, wie dies auch für andere Regionen gilt, der Anschluss an das Eisenbahnnetz in der zweiten Hälfte des 19. Jahrhunderts von entscheidender Bedeutung. Einerseits konnten die Kohlereviere am Hohen Peißenberg, bei Peiting und Penzberg so erst zur Blüte gelangen, was zu massiven baulichen und bevölkerungsmäßigen Veränderungen in den Bergbaugemeinden führte; die heutige Stadt Penzberg beispielsweise hat ihre Existenz überhaupt erst dem Kohlebergbau zu verdanken. Andererseits kamen mit der Bahn die ersten Sommerfrischler aus dem wohlhabenden Bürgertum in den Pfaffenwinkel und Künstler entdeckten die Schönheit der Landschaft. Neben Ammersee, Starnberger See und den südlich anschließenden Osterseen war die Gegend um den Staffelsee ein beliebtes Ziel. Hier ließen sich zahlreiche Maler nieder, etwa Gabriele Münter und Wassily Kandinsky in Murnau, die die Gruppe »Der Blaue Reiter« gründeten. »Das Blaue Land« bot ihnen ausreichend Motive. Heute gibt es einen gleichnamigen Tourismusverband, der mit dieser Metapher kräftig die Werbetrommel rührt – und das zu Recht, wie sich jeder mit eigenen Augen überzeugen kann.

Nächste Doppelseite: Das Osterseengebiet – eine sogenannte Eiszerfallslandschaft.

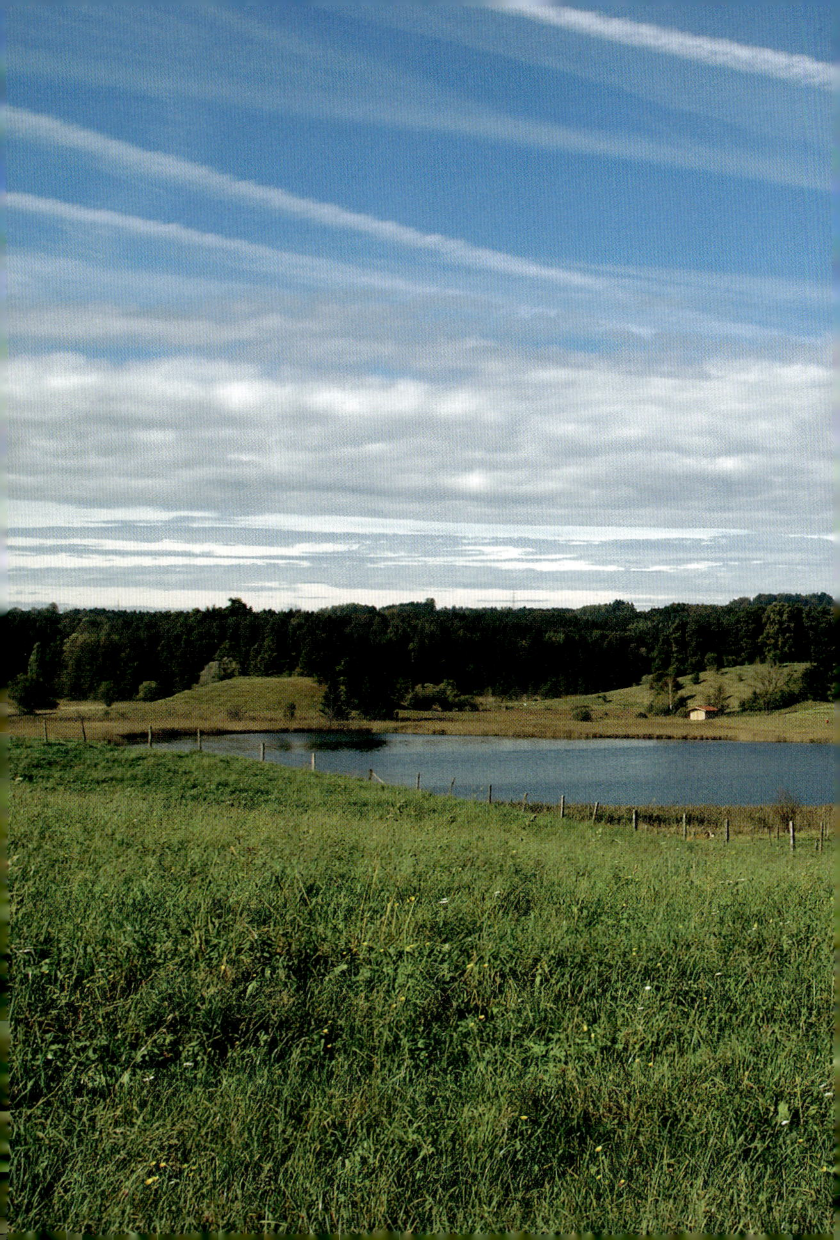

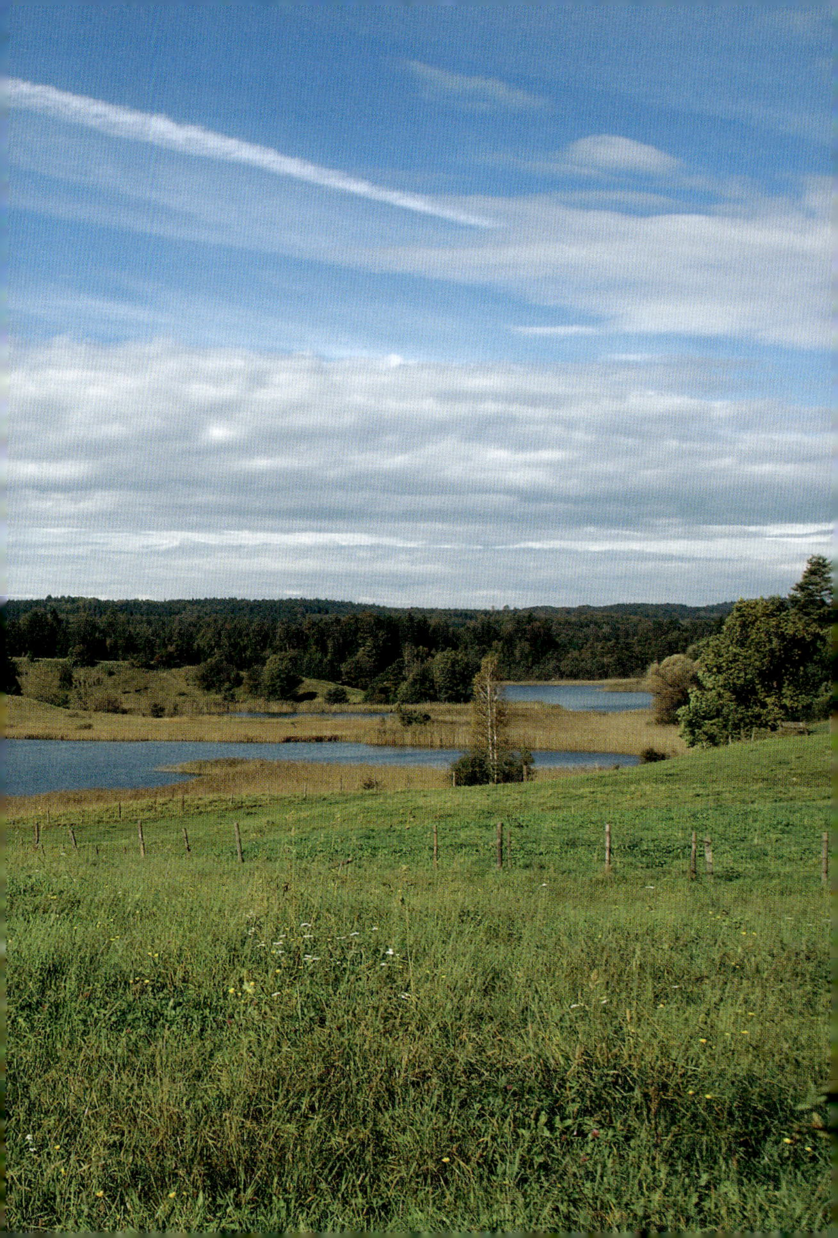

1 Von Pähl Richtung Andechs

3.00 Std.

Über den Andechser Höhenrücken

Schon vor dem Eiszeitalter ragte der Andechser Höhenrücken aus dem Gelände heraus, entstanden ist er aus Meeresablagerungen im vorangegangenen Tertiär. In der letzten Eiszeit teilte sich hier der Gletscher in zwei Ströme, die die Becken von Ammersee und Starnberger See eintieften. Im Mittelalter verlief eine belebte Straße über den trockenen Höhenrücken, später waren Scharen von Wallfahrern unterwegs. Heute lässt sich auf stillen Wegen die Schönheit der Landschaft genießen.

Ausgangspunkt: Parkplatz beim Golfplatz Hohenpähl (662 m) (Navi: 82396 Pähl, Obere Burgleite) (RVO-Haltestelle Schule, unterhalb Gemeinde, Linien 9650 Weilheim Bf. – Dießen Bf. und 9653 Weilheim Bf. – Herrsching Bf., von dort die Linkskurve an der Kirche vorbei, rechts über die Türkenstraße, dann links haltend über Hesseloherstraße und Am Gasteig hinauf zur Abzweigung kurz vor dem Waldrand).

Höhenunterschied: 180 m.

Anforderungen: Problemlose Wanderung auf Pfaden, Forstwegen und Sträßchen.

Einkehr: Gaststätten und Restaurants in Erling, Andechs und Pähl.

Variante: Erweiterung der Tour ab Wegpunkt 6 nach Andechs (2,2 km einfach). Oder von dort mit dem Bus über Herrsching zurück nach Pähl.

Vom **Parkplatz (1)**, 662 m, am Golfplatz aus gehen wir ein Stück auf dem Sträßchen bergab und nehmen den rechts abzweigenden Weg nach Norden. Nach ca. 300 m verlassen wir ihn und folgen einem Pfad rechts hinauf

Die parkartige Landschaft des Pähler Hardt. Dahinter der Ammersee.

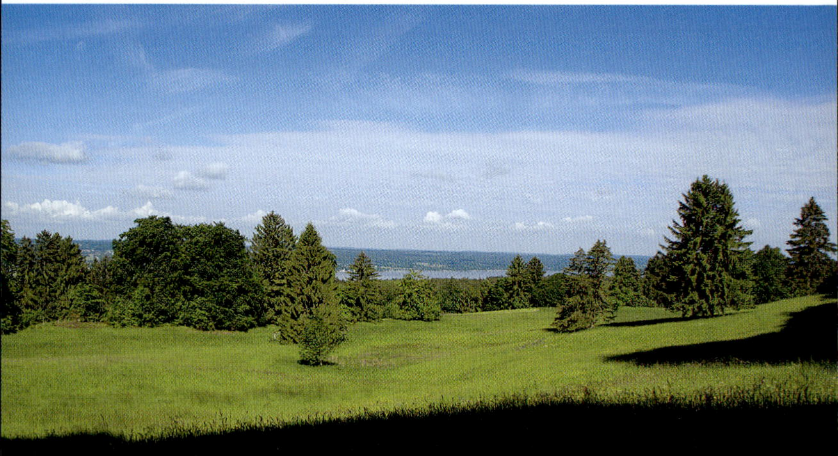

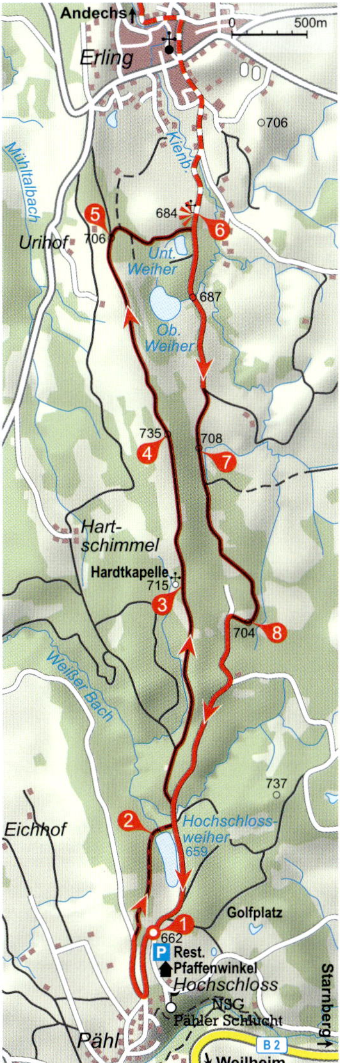

(Wegweiser: »Andechs über Hardtkapelle«). Anfangs als Hohlweg führt er uns danach durch den Wald. Wir halten uns rechts und gelangen zum **Hochschlossweiher (2)**, 659 m, auf dessen Damm wir entlanglaufen. In den breiten Forstweg biegen wir links ein und nehmen an der nächsten Weggabelung den leicht nach links abgehenden Weg. Dieser führt uns, anfangs entlang eines eingetieften Bachlaufs, an einer Streuwiese vorbei und nach ca. 1 km zur **Hardtkapelle (3)**, 715 m. Die finstere Atmosphäre im Wald passt, denn hier geschah einst ein Mord. Ob es sich um den Pähler Pfarrer, wie es dort geschrieben steht, einen Klosterbruder oder einen Zecher handelte, ist ungeklärt, doch ließ dessen Begleiter, der sich retten konnte, zum Andenken an den Getöteten diese Kapelle errichten.

An der nächsten Kreuzung geht es links weiter durch den Wald und schließlich an den Hutungen der Hartschimmelalpe vorbei. Entstanden durch jahrhundertelange Beweidung, charakterisieren Kalkmagerrasen mit einzeln stehenden, ausladenden Bäumen die parkartige Landschaft des **Pähler Hardt (4)**, 735 m, – dahinter der Ammersee. Auch Dießen mit Klosterkirche, die Parabolantennen bei Raisting und

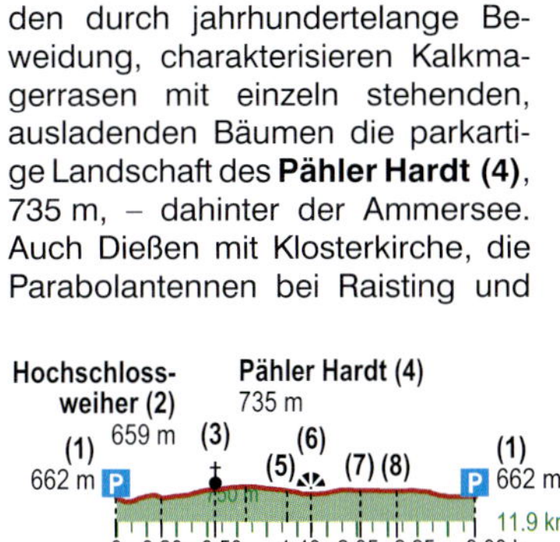

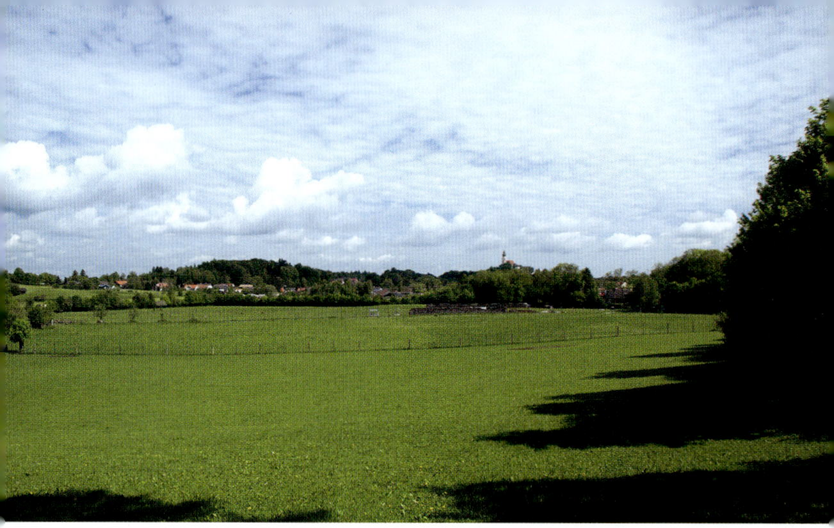

Oben: Blick auf den Heiligen Berg von Andechs von einer Bank am Waldrand aus. Rechts: Der angrenzende Wald spiegelt sich im Hochschlossweiher.

die Alpenkette sind bei klarem Wetter zu sehen, wenn wir an den Wiesen vorbeiwandern und uns umdrehen. Wieder im Wald nehmen wir an der **Weggabelung (5)**, 706 m, den Weg nach rechts, der uns um zwei Moränenwälle herumführt. An Wildgehege und Unterem Weiher vorbei gelangen wir zu einem Sträßchen. In dieses biegen wir links ein und gehen bis zu dem **Feldkreuz mit Bank (6)**, 684 m, von wo aus ein Blick auf Andechs möglich ist. Wir gehen denselben Weg zurück und dann geradeaus weiter. Unterwegs erblicken wir links einen Wegweiser zum Naturschutzgebiet Meßnerbichl, zu dem sich Ende Juni/Anfang Juli ein Abstecher lohnt, denn dann blühen dort unzählige Sumpfgladiolen (einfach ca. 10 Minuten). Wandern wir weiter, zieht rechter Hand ein **Seitenmoränenwall (7)**, 708 m, entlang, einst abgelagert am Rand des Gletschers. Links begleitet uns ein großes Waldmoor, in dem die Bauern der Umgebung einst Torf für den Eigenbedarf gestochen haben. Auf dem Weiterweg sehen wir kleine, wassergefüllte Torfgruben. Zahlreiche Schmetterlinge, auch seltene, haben hier einen Lebensraum gefunden. Um den **Seitenmoränenwall (8)**, 704 m, herum, der hier als Naturdenkmal ausgewiesen ist, wandern wir auf breitem Forstweg an einer Orchideenwiese vorbei. Stets der Beschilderung nach Pähl folgend gelangen wir wieder zum **Hochschlossweiher**, der zwischen den Bäumen hindurchschimmert (Badegelegenheit). Zurück zum **Ausgangspunkt (1)** geht es weiter auf dem breiten Forstweg am Übungsplatz des Golf-Clubs vorbei.

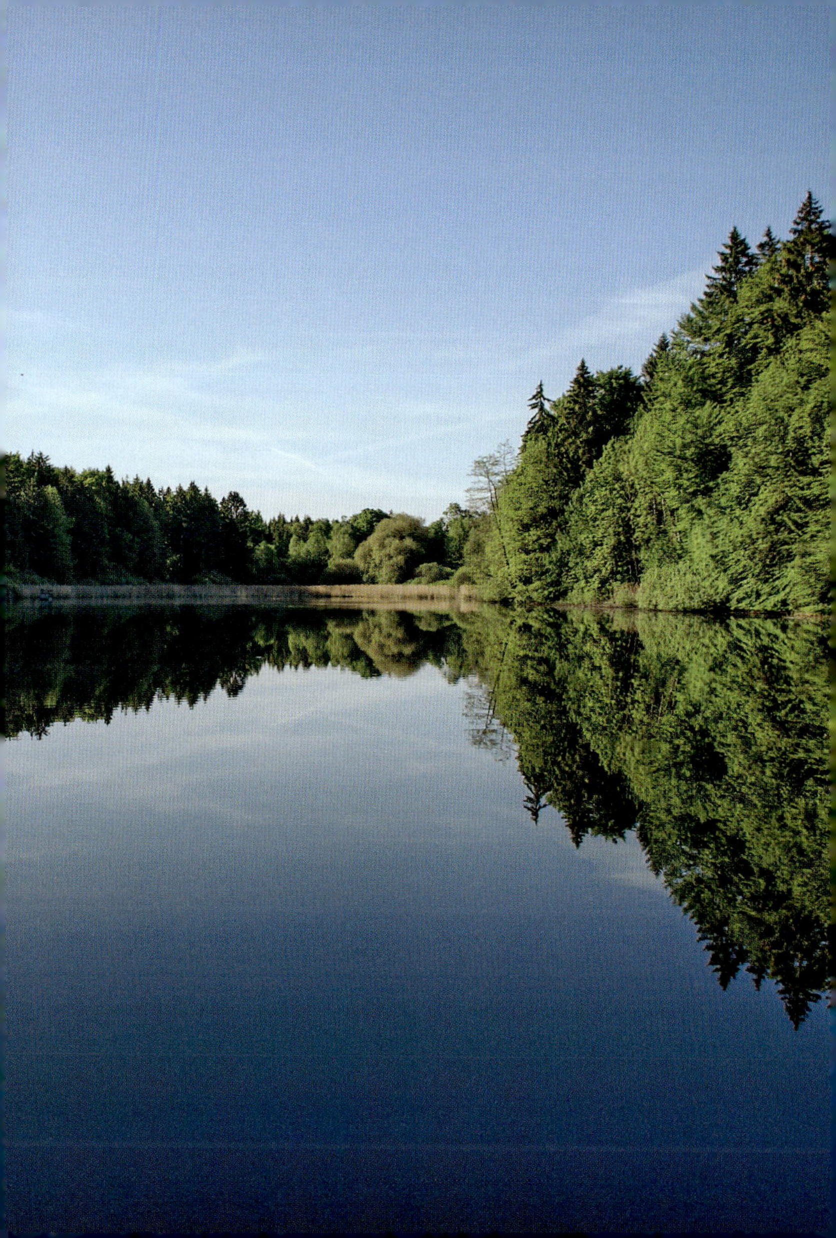

2 Um Kerschlach

1.50 Std.

Wald, Weiher, Golf und Ökolandbau

Kerschlach blickt auf eine lange, wechselvolle Geschichte zurück. Erstmals erwähnt wurde der Ort 1159. Die Eigentümer wechselten von den Augsburger Bischöfen über den Hofmeister Ulrich Ebran zu Wildenberg zum Kloster Andechs. Nach Pest und Zerstörungen im 30-jährigen Krieg wurde eine Schwaige eingerichtet. Im Zuge der Säkularisation erfolgte der Verkauf an einen Landwirt. Ab 1908 betrieben die Missions-Benediktinerinnen aus Tutzing ein Klostergut, um ihre über 100 Mitglieder zu versorgen. 1997 erwarb es schließlich der Verleger Werner Mützel und errichtete den Betrieb fast komplett neu. Seitdem wird hier nach Naturland-Richtlinien Öko-Landwirtschaft betrieben. Außerdem gehören eine Metzgerei und eine Pensionspferdehaltung dazu. Daneben gibt es eine Tagesbar.

Ausgangspunkt: Parkplatz beim Gut Kerschlach (702 m) (Navi: 82396 Pähl, Kerschlach).
Höhenunterschied: 90 m.
Anforderungen: Überwiegend problemlose Wanderung auf Forstwegen. Nur kurz muss man sich auf einem Erdweg »durchs Gelände schlagen«.
Einkehr: Unterwegs keine. Tagesbar in Kerschlach.

Vom **Parkplatz am Gut Kerschlach (1)**, 702 m, aus wenden wir uns Richtung Westen und spazieren auf dem Sträßchen an den Gebäuden sowie der

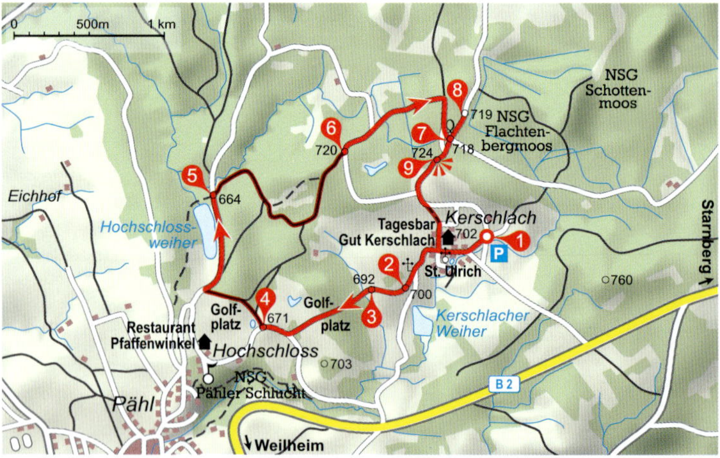

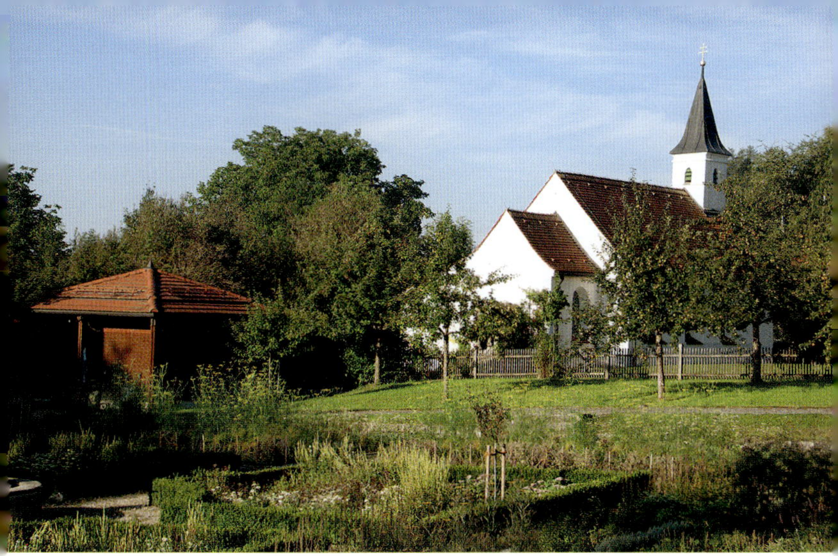

Die Kirche von Gut Kerschlach – davor ein Teil des ehemaligen Klostergartens.

Kirche St. Ulrich mit Klostergarten vorbei, welcher nach altem Muster neu angelegt wurde. Sodann gehen wir geradeaus weiter. Am Feldkreuz nehmen wir, dem Radwegweiser nach Pähl folgend, den mittleren Weg. Mit Blick auf die Alpen mit der Zugspitze sowie den **Kerschlacher Weiher (2)**, 700 m, wandern wir weiter. Letzterer wurde im 18. Jahrhundert durch das Kloster Andechs angelegt, denn Fisch war eine wichtige Fastenspeise. Bald geht es kurz durch den Wald, bevor wir auf das Gelände des **Golfplatzes Hohenpähl (3)**, 692 m, gelangen. Dieser fügt sich in die vom Gletscher modellierte, hügelige Moränenlandschaft ein und wurde 2009 mit dem Umweltpreis »Golf und Natur« in Gold und als erste bayerische Golfanlage mit dem »Umwelt Pakt Siegel« ausgezeichnet. Nun folgen wir stets dem gekiesten Hauptweg. Sämtliche Abzweigungen, die nur die Golfer betreffen (»next tee«), ignorieren wir. So wandern wir mal durch Wald, mal durch Alleen und dann nach rechts auf einer asphaltierten Straße weiter. Am **Schild »Privatstraße« (4)**, 671 m, müssen wir rechts weitergehen. Wir wählen den unteren Weg, der uns nach einem Teich am Waldrand entlangführt. An der Einmündung wandern wir nach rechts in Richtung Andechs weiter. Links schimmert der

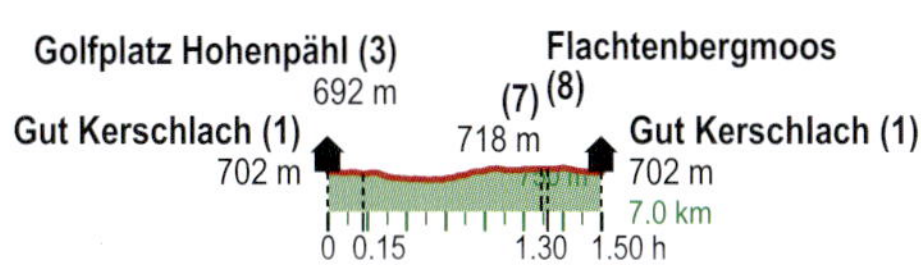

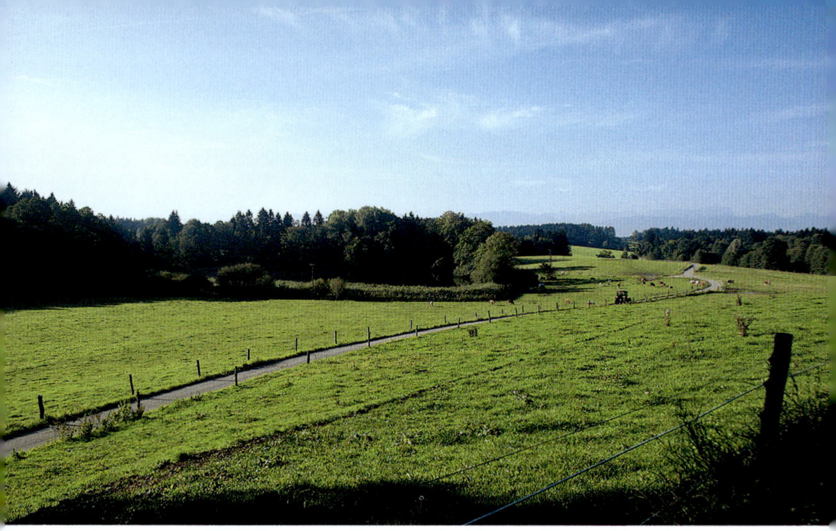

Blick auf den Kerschlacher Weiher vom Weg nach Pähl aus, am Horizont die Alpen.

Hochschlossweiher zwischen den Bäumen hindurch. An dessen Ende zweigt ein gekiester **Forstweg (5)**, 564 m, ab. Anfangs begleitet uns links eine Ableitung des Baches, dann wendet sich unser Weg in einer Rechtskurve ab und es geht zwischen Moränenwällen hindurch etwas aufwärts. Stets dem Hauptweg folgend, ignorieren wir sämtliche Abzweigungen. Schließlich geht der Kiesweg in einen Spurweg und dann in einen zerrittenen, etwas eingetieften Erdweg über – doch je schlechter der Weg wird, umso näher kommen wir dem breiten Forstweg. Haben wir den **Forstweg (6)**, 720 m, erreicht, biegen wir nach links in diesen ein und folgen ihm stets. Treffen wir schließlich auf ein Asphaltsträßchen im Bereich einer alten **Eiche (7)**, 718 m, folgen wir diesem kurz nach links, etwa bis zum zweiten »Achtung, unbefestigter Fahrbahnrand«-Schild. Rechter Hand liegt das **Naturschutzgebiet Flachtenbergmoos (8)**, 719 m. Hier wachsen alte Fichten, Moorbirken und Spirken, die Krautschicht wird von Heidelbeere dominiert.
Wieder zurück bei der Eiche folgen wir dem Asphaltsträßchen etwas aufwärts. Öffnet sich der Wald, so bietet sich ein weiter **Ausblick (9)**, 724 m, auf die Weiden des Gutes Kerschlach sowie die Alpenkette. Am Zaun weist uns ein Schild auf die hier praktizierte ökologische und gentechnikfreie Landwirtschaft hin. Mit Aussicht wandern wir nun sanft hinab zum Gut. Im Bereich der Weiden nehmen wir den nach rechts abzweigenden, gepflasterten Geh- und Radweg. Er bringt uns zur Tagesbar Gut Kerschlach. Zum **Ausgangspunkt (1)** zurück geht es nach links, vorbei an der Kirche und den Stallungen.

3.00 Std.

Von Dießen zur Schatzbergalm

3

Auf den Spuren der Grafen von Andechs und Dießen

Als Grafen »Diezzan« wurden sie erstmals 1039 urkundlich erwähnt. Ihre Burg Schönenberg soll sich auf dem Burgberg nahe der Burgkapelle befunden haben. Das damals mächtigste Grafengeschlecht Bayerns gründete 1132 auch das hiesige Augustiner-Chorherrenstift. Als sie im selben Jahr nach Andechs übersiedelten, übertrugen sie dem Kloster ihre Ländereien und die kleine Fischersiedlung am See, die sich prächtig entwickelte. Nach dem Aussterben des Grafengeschlechts 1248 gingen seine Besitztümer an die Wittelsbacher. Für Dießen war das zwar ein Rückschlag, doch das Kloster entwickelte sich besonders im 18. Jahrhundert zu einem Zentrum der Künste und Wissenschaften – im Ort selber blühte die Handwerkskunst auf. Noch heute ist der einmal im Jahr stattfindende »Süddeutsche Töpfermarkt« ein Besuchermagnet.

Ausgangspunkt: Bahnhof in Dießen (536 m) bzw. Parkplatz beim Strandbad in Dießen (Navi: 86911 Dießen, Jahnstr. 10).
Höhenunterschied: 140 m.
Anforderungen: Keine. Kindergeeignet.

Einkehr: Schatzbergalm, Gaststätten und Restaurants in Dießen.
Tipp: Abstecher zur Aussichtsplattform mit Informationstafeln im Naturschutzgebiet.

Vom **Bahnhof Dießen (1)**, 536 m, aus gehen wir links und gelangen, dem Schild »Anlegestelle« folgend, durch eine niedrige Unterführung zum Ufer des **Ammersees (2)**, 534 m. Nach genussvollem Seeblick schlendern wir rechts durch den Park am Strand-Hotel vorbei. In die Jahnstraße biegt man rechts ein (Parkplatz, Abstecher zu Aussichtsplattform nach links möglich) – dann vor dem Bahnübergang links weiter und die Schienen entlang bis zum Ortsende. Dort überqueren wir die Straße (Vorsicht!) und folgen dieser auf dem Fußweg kurz ortseinwärts, bis wir nach gut 150 m links in die Vogelherdstraße einbiegen. Hier grenzt der **Schacky-Park (3)**, 539 m, an, ein um 1910 angelegter Landschaftsgarten, der nach einer Gemeinschaftsaktion der Dießener wieder zugänglich ist. Bald kommen wir am **SOS-Kinderdorf (4)**,

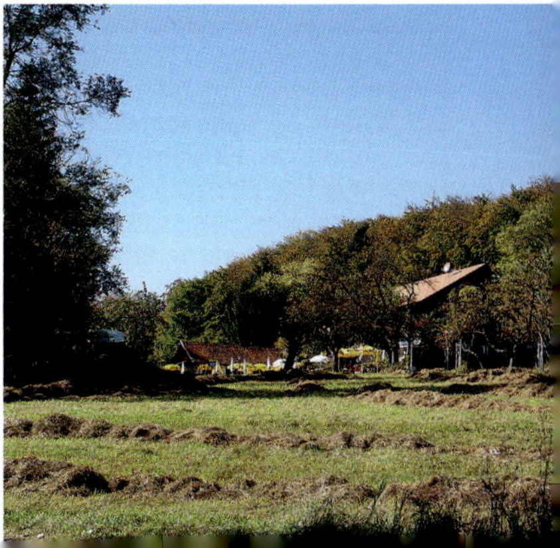

Wirtschaft mit schöner Aussicht auf den Ammersee: die Schatzbergalm.

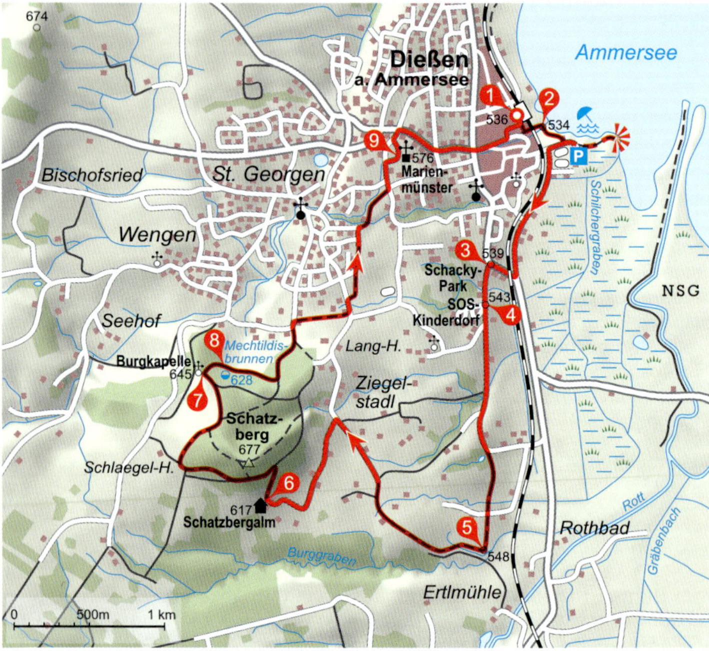

543 m, vorbei, das 1956 als erstes in Deutschland eröffnet worden ist. Wir wandern stets geradeaus Richtung Raisting weiter. Nach dem Umspannwerk geht der Weg in einen Feldweg über. Wir ignorieren sämtliche zur Schatzbergalm abzweigende Wege. Nach einem Graben mit Gehölzsaum überqueren wir einen Feldweg, der Wiesenweg führt uns zu einem weiteren Graben. Danach treffen wir auf einen **Spurweg (5)**, 548 m, dem wir nach rechts sanft aufwärts folgen. Nachdem wir ein kleines Wäldchen passiert haben, gehen wir auf dem Wiesenweg weiter aufwärts, bald auf einem Spurweg. Nun ist der weitere Weg dank der Beschilderung nicht mehr zu verfehlen. So gelangen wir zur **Schatzbergalm (6)**, 617 m. Direkt unterhalb dieser gehen wir rechts in den Wald hinein, nehmen nach ca.

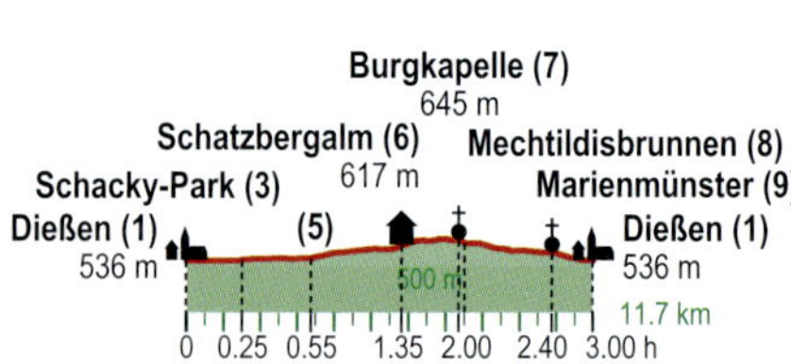

100 m den nach links abzweigenden Pfad und folgen an der Einmündung dem Forstweg nach links. So umrunden wir den Schatzberg, in dem der Sage nach ein Schloss mit einem Schatz versunken sein soll. Kurz vor dem Waldrand biegen wir rechts ab (Schild: Reiten verboten) und treffen auf den **Burgberg-Lehrpfad**. Ein Schild weist uns nach links zur **Burgkapelle (7)**, 645 m. Jedes Jahr pilgern am Sonntag vor Pfingsten die Bürger aus Dießen, St. Georgen und Wengen dorthin und flehen die Heilige Mechtildis um Schutz vor Unwettern an. Wenn wir uns rechts haltend den Pfad und einige Stufen hinabgehen, kommen wir zum **Mechtildisbrunnen (8)**, 628 m, dessen Quellwasser Heilkräfte besitzen soll. Weiter auf Lehrpfad und »König-Ludwig-Weg« gehen wir an der Einmündung links und an einem Wanderparkplatz vorbei. Gleich nach dem ersten Anwesen nehmen wir den Wiesenpfad rechts, der in einen Feldweg übergeht. Trifft dieser auf eine Straße, gehen wir kurz links, bevor wir nach rechts Richtung »Marienmünster Dießen« zwischen den Häusern hindurch auf einem Wiesenpfad weiterwandern. Stets auf den Kirchturm zuhaltend, gelangen wir durch eine alte Lindenallee. Über eine kleine Brücke und am **Mühlbach** entlang geht es zum **Marienmünster (9)**, 576 m, mit Kloster. 1732 bis 1739 erbaut, wurde es 1989 zum Münster erhoben, da es zu den schönsten Barockkirchen Bayerns zählt. Durch den Taubenturm, dann rechts die Straße hinab. Die Kreuzung überquert, gelangen wir über Mühl- und Bahnhofstraße nach links zum **Bahnhof (1)** zurück.

Abstecher zur Aussichtsplattform im Naturschutzgebiet »Vogelfreistätte Ammersee-Südufer«.

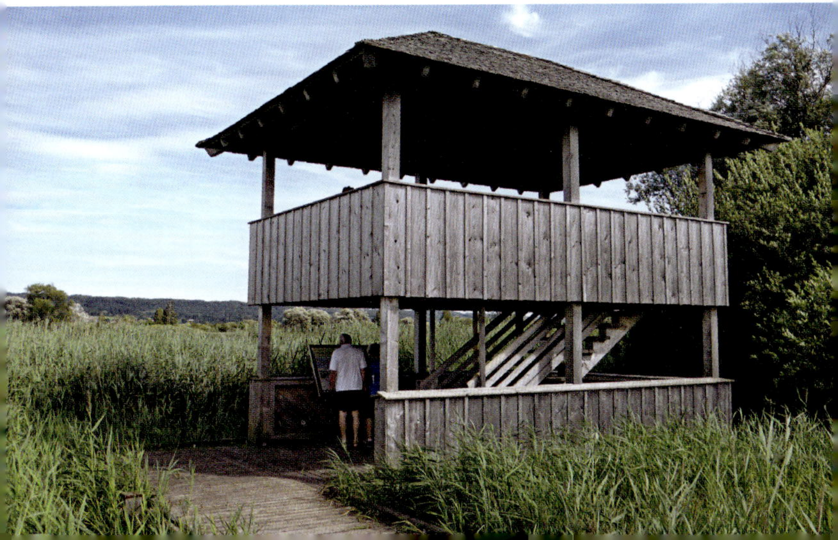

4 Von Wessobrunn nach Paterzell

4.00 Std.

Rekordverdächtige Wanderung durch eine reizvolle Landschaft

Gleich zwei Rekorde sind auf dieser Wanderung aufzuspüren: Da ist einmal das in Stein gemeißelte Wessobrunner Gebet aus dem 9. Jahrhundert, das als ältester deutschsprachiger Text gilt. Es wurde wahrscheinlich im Staffelsee-Kloster auf der Insel Wörth verfasst, aber nach seinem Fundort benannt. Zum anderen ist der Paterzeller Eibenwald mit seinen mehr als 2000 Exemplaren der größte Eibenbestand Süddeutschlands. Ihr besonders hartes, aber biegsames Holz wurde früher zur Fertigung von Bögen und Armbrüsten verwendet. Außerdem wurde sie wegen ihrer Giftigkeit abgeholzt, weil sie besonders für die einst sehr wertvollen Pferde eine tödliche Gefahr darstellte. Deshalb steht sie heute auf der Roten Liste.

Ausgangspunkt: Parkplatz am Tassiloweg in Wessobrunn (709 m) (Navi: 82405 Wessobrunn, Tassiloweg), Bushaltestelle Kloster (RVO-Linie 9652 Weilheim Bf. – Landsberg Bf.).
Höhenunterschied: 380 m.
Anforderungen: Etwas Kondition kann nicht schaden (lange Steigung am Schluss).

Einkehr: Gasthaus Eibenwald (landgasthof-eibenwald.de) in Paterzell, Gasthaus Zur Post in Wessobrunn.
Variante: Erweiterung über Eibenwald mit Lehrpfad.
Tipp: Klosterführung (Termine unter pfarrei-wessobrunn.de), Eibenwald-Lehrpfad bei Paterzell.

Die Pfarrkirche »St. Johannes der Täufer« von Wessobrunn aus dem Jahre 1757. Daneben steht der spätromanische Glockenturm, »Grauer Herzog« genannt, der zur ehemaligen Klosterkirche gehörte.

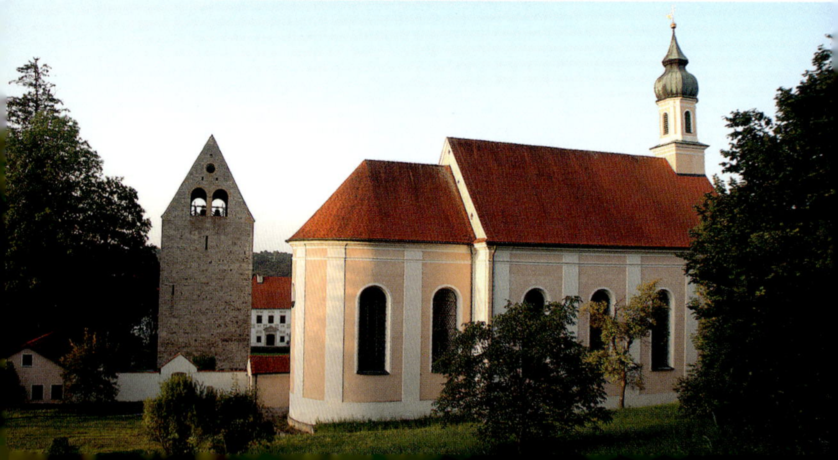

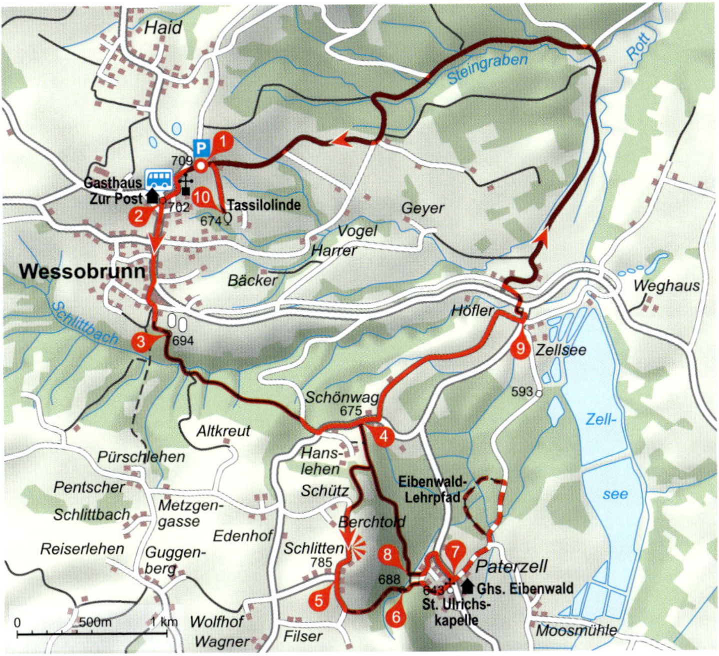

Vom Parkplatz am Tassiloweg in **Wessobrunn (1)**, 709 m, aus gehen wir an der Kirche den Fußweg hinab und durch den Klosterhof mit dem »Grauen Herzog«, wo wir uns rechts halten. Dieser frei stehende Glockenturm stammt noch vom romanischen Kloster, die übrigen Gebäude sind in der Barockzeit errichtet worden. Nach einem kurzen Fußweg überqueren wir die Staatsstraße und gehen zu der kleinen Grünanlage hinüber, wo unter mächtigen Linden der **Findling** mit dem **Wessobrunner Gebet (2)**, 702 m, steht. Dann wandern wir auf der Zöpfstraße südwärts. In einer Linkskurve gehen wir geradeaus in die Zimmermannstraße. Gleich im ersten Haus rechts (Nr. 4) wur-

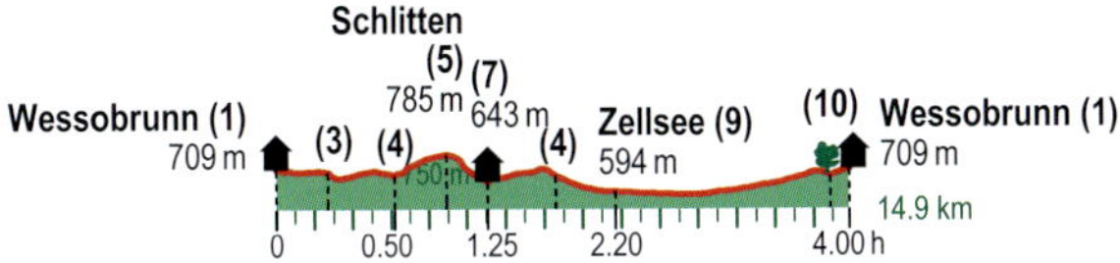

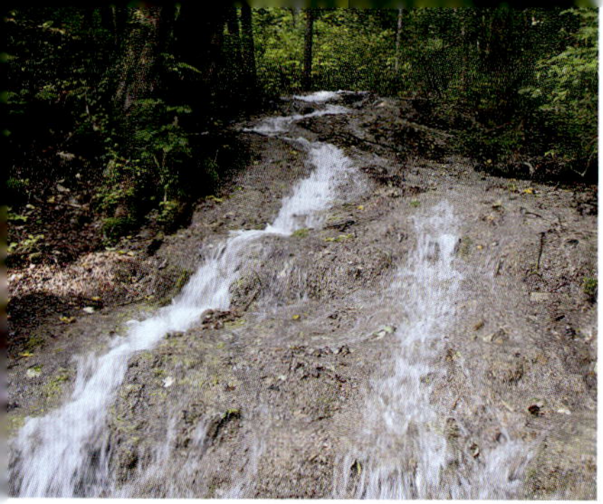

Kalktuffbildung im Beihertgraben.

den die berühmten Stukkatoren Johann Baptist und Dominikus Zimmermann geboren. Kurz nach der Kurve biegen wir rechts Richtung Mehrzweckhalle ab. Am Waldrand wählen wir den Weg nach links und folgen sogleich dem Wegweiser nach Paterzell nach rechts. Nun geht es geradeaus steil hinab in den wildromantischen **Schlittbachgraben (3)**, 694 m, dessen Wasserlauf wir mittels eines Holzsteges überqueren. Nach einigen Stufen folgen wir stets dem Hauptweg hinauf, bis dieser in einen anderen Forstweg mündet – die nahe Kreisstraße ist bereits zu hören. Kurz rechts gegangen, wandern wir an ihr entlang nach links ca. 400 m abwärts (Verkehr!). Kurz vor den nächsten Häusern, die zu **Schönwag (4)**, 675 m, gehören, überqueren wir die Kreisstraße und folgen am Waldrand dem Schotterweg hinauf. An der Weggabelung nehmen wir den rechten der Hohlwege, erst am Waldrand entlang, dann durch einen Kalkbuchenwald. Schließlich geht er in einen Asphaltweg über, der mit weiter Aussicht hinauf nach **Schlitten (5)**, 785 m, führt. Hier halten wir uns am Kreuz links. Kurz nach der alten Tassilolinde biegen wir links in einen unbefestigten Feldweg Richtung Paterzell ein, der bald in einen Wiesenweg übergeht. Nun geht es durch den **Paterzeller Eibenwald** (Naturschutzgebiet), teils über zahlreiche mit Holzgeländer versehene Stufen, steil hinab. Der **Beihertgraben** ist hier schluchtartig eingeschnitten. Dort, wo wir das kleine Bächlein überqueren, können wir **Kalktuffbildung (6)**, 688 m, an Moosen beobachten. Dabei wird Kalk aus dem Wasser ausgefällt und lagert sich an den Pflanzen an. So entsteht der Tuffstein, aus dem zahlreiche Gebäude der näheren Umgebung erbaut sind, wie der »Graue Herzog«. Bald verlassen wir auf einem Pfad nach rechts, vorbei an den Paterzeller Toten- und Gedenkbrettern, den Wald. Geradewegs hinab folgen wir nach rechts dem Quellenweg, bis uns vor dem letzten Haus nach links ein Pfad sowie der St. Ulrichsweg zur St. Ulrichskapelle führen, schräg gegenüber befindet sich das **Gasthaus Eibenwald (7),** 643 m. Wer einen Abstecher zum Eibenwald-Lehrpfad machen will, überquert die Straße und folgt den Schildern mit dem Eibenzweig. Wir gehen nach links entlang der Peißenberger Straße und wieder links den Quellenweg bergan, bis rechts ein Waldweg abbiegt. Danach, an der ersten **Weggabelung (8)**, 675 m, nach rechts, führt ein Forstweg wieder über den Beihertgraben in den wenig begangenen westlichen Teil des Naturschutzgebietes Eibenwald. Bald weist uns die Beschilderung »Schönwag« den Weg durch den Wald. Kurz darauf geht es nach rechts leicht abwärts weiter. Vorbei an der Quellfassung »Am Raffelbach« bergauf und schließlich auf bekanntem Weg hinab zur **Straße (4)**. Dieser folgen wir kurz nach rechts Richtung Zellsee, um nach dem Weiler Schönwag (Studienhaus-Stiftung) links in den asphaltierten Wirtschaftsweg abzubiegen, der uns zum **Weiler Zellsee (9)**, 594 m, mit seiner Fischzuchtanlage bringt. Hier folgen wir nach links der Radwegbeschilderung »Raisting« und unterqueren die Staatsstraße Weilheim – Wessobrunn.

Nun durchwandern wir das ungewöhnlich breite Tal der Rott, das durch die Schmelzwässer der letzten Eiszeit entstanden ist. Das Asphaltsträßchen führt uns an Feuchtwiesen vorbei zu einer Weggabelung am Waldrand. Dort folgen wir dem Schild nach Wessobrunn und wandern durch den Wald den Steingraben entlang sanft aufwärts auf dem gekiesten Hauptweg. Verlässt dieser den Wald, wählen wir das Asphaltsträßchen nach rechts, das uns an Wiesen vorbei hinauf nach Wessobrunn bringt. Hier sollte man sich besonders bei klarem Wetter für den herrlichen Ausblick auf die Lichtenau, das Ammerseebecken und zum Gebirge umsehen. Gleich nach den ersten Häusern folgen wir der Beschilderung zur **Tassilolinde (10)**, 674 m, die seit 2023 zu den »Nationalerbe-Bäumen« Deutschlands gehört, nach links die Klostermauer entlang hinab. Hier soll Herzog Tassilo der Legende nach einen Traum von drei Quellen gehabt haben. Bei der Suche anderntags entdeckte sein Begleiter Wezzo schließlich eine Quelle. Dort ließ Tassilo 753 n. Chr. ein Benediktinerkloster errichten, das er nach dem Finder »Monasterium Wezzofontanum« nannte. Wollen wir noch zum Kloster, können wir den Durchgang in der Klostermauer nutzen. Ansonsten gehen wir auf gleichem Weg wieder hinauf und nach links zurück zum Parkplatz in **Wessobrunn (1)**.

Idylle im Weiler Schlitten.

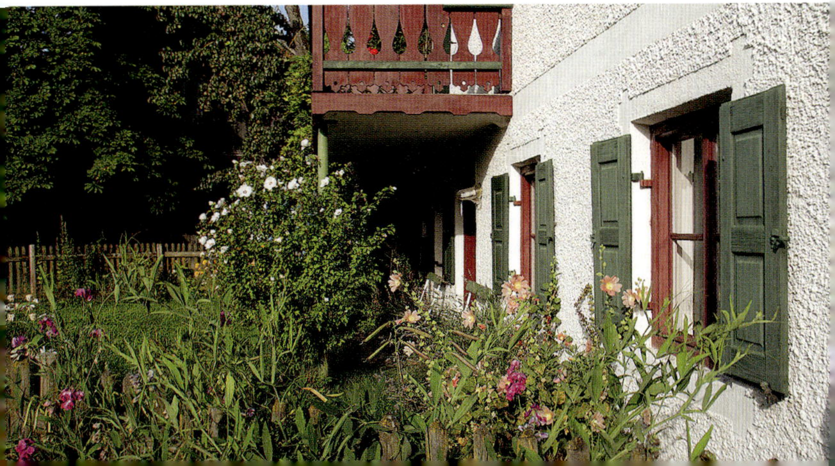

TOP **5** ***Über den Hohen Peißenberg***

3.10 Std.

Der Bayerische Rigi

Dieser Berg ist sehr vielgestaltig. Bergsteiger nehmen ihn zum Warmlaufen, für andere ist er Wallfahrtsziel. Er ist Teil des nördlichen Alpenrandes, denn bis hierher hat sich die Alpenfaltung ausgewirkt. Auch Kohle ist entstanden, die 1837–1971 abgebaut wurde. Von ihm aus bietet sich eine besonders weite Rundsicht, sowohl ins Alpenvorland als auch auf die Alpenkette vom Gaisberg bei Salzburg bis zum Hochgrat bei Oberstaufen. Manche bezeichnen ihn sogar als den schönsten Rundblick Bayerns, was ihm nach dem Bergmassiv in der Schweiz den Spitznamen »Bayerischer Rigi« eingebracht hat. Wegen dieser Exponiertheit machen Meteorologen hier bereits seit 1781 Wetteraufzeichnungen.

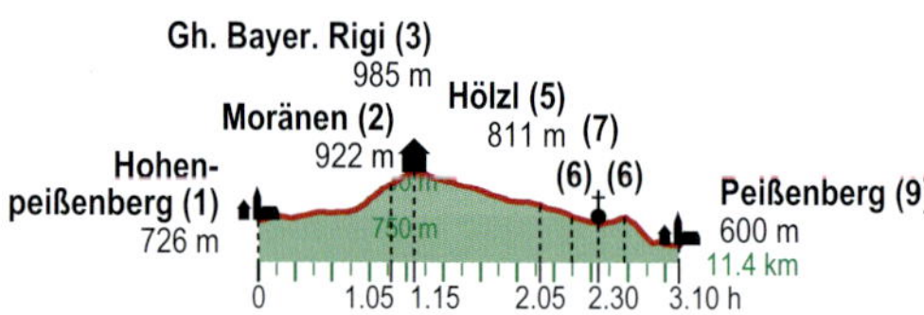

Ausgangspunkt: Bahnhof Hohenpeißenberg (726 m) (Navi: 82383 Hohenpeißenberg, Bahnhofstr. 73).
Zielpunkt: Bhf. Peißenberg (600 m) (Navi: 82380 Peißenberg, Bergwerkstr. 5).
Höhenunterschied: 360 m im Aufstieg, 490 m im Abstieg.
Anforderungen: Problemlose Wanderung, etwas Ausdauer erforderlich.
Einkehr: Gasthaus Bayerischer Rigi (auf dem Hohen Peißenberg), Gaststätten und Restaurants in Peißenberg.
Varianten: Auf den Hohen Peißenberg gelangt man auch direkt über den Hanslweg. Wer es eilig hat, kann die beiden Abstecher weglassen.
Tipps: Infopavillon des Observatoriums auf dem Hohen Peißenberg mit Wetterlehrpfad; Bergbaumuseum Peißenberg (eingeschränkte Öffnungszeiten), dort auch jeden 1. und 3. Sonntag im Monat Fahrt mit der Bockerlbahn, Öffnungszeiten unter Tel. +49 8803 5102 bzw. bergbaumuseum-peissenberg.de.

Vom **Bahnhof Hohenpeißenberg (1)**, 726 m, aus folgen wir dem Wegweiser zur Wallfahrtskirche nach rechts aufwärts. Nach ca. 400 m biegen wir links in den Kohlgrabenweg ein (König-Ludwig-Weg). Ein kurzes Stück abwärts, dann wandern wir vor den eingezäunten Fichten rechts weiter und gelangen so mit Blick auf den Hohen Peißenberg in den Ortsteil Brandach. An der Einmündung geht es links weiter. Haben wir die Hauptstraße erreicht (für den direkten Weg auf den Hohen Peißenberg ginge es geradeaus, »Hanslweg«), folgen wir ihr ca. 500 m weit nach links bis zu einer scharfen

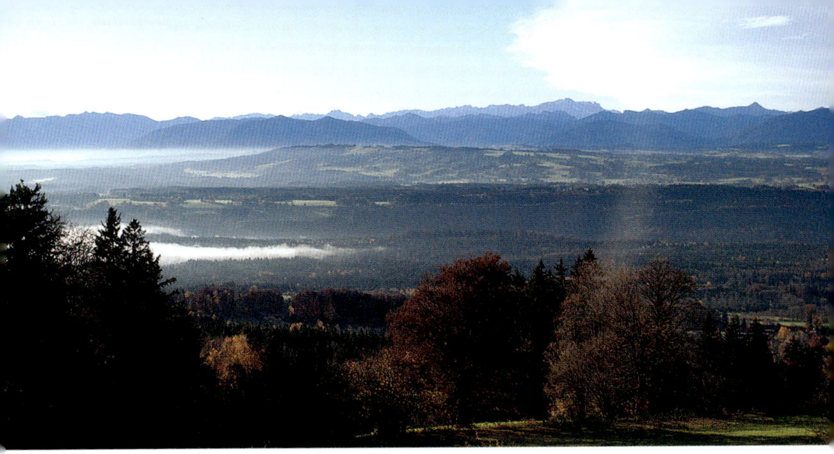

Blick vom Hohen Peißenberg zur Alpenkette, in der Bildmitte die bewaldete Ammerschlucht und dahinter der Höhenzug des Kirnbergs. In den Niederungen liegt teils noch Nebel.

Linkskurve. Hier verlassen wir die Hauptstraße und gehen geradeaus Richtung Wessobrunn weiter. In einer lang gezogenen Linkskurve nehmen wir nach der Bushaltestelle den Kapellenweg nach rechts und wandern an der Leonardikapelle vorbei. Bald zweigt rechts ein Graspfad zur Wallfahrtskirche ab, der uns in den Wald hinaufführt. Hier folgen wir dem geschotterten Weg aufwärts. Im Bereich einer kleinen Kapelle durchschneidet er eine Moräne. Bald gelangen wir zu zwei weiteren höhenlinienparallel verlaufenden Wällen, die ebenfalls als **Moränen (2)**, 922 m, zu deuten sind. Getrennt werden die-

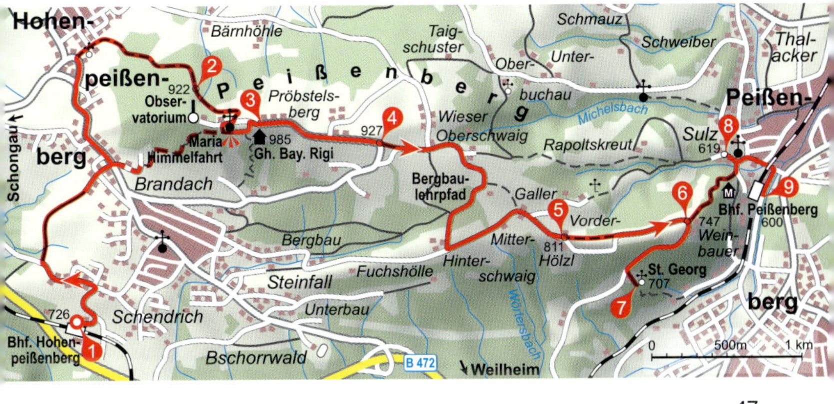

se beiden Gletscherablagerungen aus der vorletzten Eiszeit (Riß) durch ein ehemaliges Schmelzwassertälchen, das heute noch temporär als Abflussrinne dient. Nach einem Marterl öffnet sich der Wald und wir erreichen den Gipfel des **Hohen Peißenbergs**. Rechts steht das Observatorium – dessen Infopavillon bietet Wissenswertes zu Wetter und Klima sowie zur Arbeit des Deutschen Wetterdienstes. Von hier aus folgen wir dem 2011 neu eingerichteten **Wetterlehrpfad** mit 10 Stationen in umgekehrter Reihenfolge. Um zum Eingang der 1619 erbauten **Wallfahrtskirche Maria Himmelfahrt** zu gelangen, wandern wir auf einem Pfad nach rechts um diese herum. Nun können wir einen herrlichen Blick auf die Alpenkette genießen – auf der Panoramatafel sind zahlreiche Gipfelnamen eingetragen – oder wir besuchen das **Gasthaus** »Bayerischer Rigi« mit ebenfalls großartiger **Aussicht (3)**, 985 m.
Auf dem weiteren Weg ostwärts wandern wir nach dem Friedhof nun auch mit Ausblick ins Alpenvorland entlang der Asphaltstraße hinab, vorbei an der Stele zur Ortsgeschichte und dem Fernsehturm. An einer Rechtskehre nehmen wir vor der **Leitplanke (4)**, 927 m, den links abzweigenden Pfad hinab. Das Asphaltsträßchen führt uns vorbei an Oberschwaig. Nach einem Wäldchen steht links die Tafel 11 des **Bergbaulehrpfades**. Am nächsten Gehöft (Hinterschwaig) biegen wir links ab. Dem Stollenweg folgen wir weiter, kurz nach Mitterschwaig steht die nächste Tafel (Nr. 12). Dann verlassen wir den Lehrpfad wieder und wandern geradeaus weiter. Beim **Hölzl (5)**, 811 m, – das sind die nächsten Häuser – biegen wir vor einer Garage nach links ab. Ein Grasweg führt uns an Weiden vorbei hinab zu einer Asphaltstraße, auf der wir weiter abwärts mit Blick auf den Molassezug Guggenberg–Westerleiten zum **Weinbauer (6)**, 747 m, gelangen. An diesem gehen wir vorbei und gelangen durch einen Wald hinunter zu einem Schild, das die Verkehrsteilnehmer vor Kühen warnt. Wir wenden uns nach links und gehen am **Jörgamohof** (hier gibt es den Schlüssel für die Kapelle) vorbei, bald auf einem schmalen Pfad nach links zur **Kapelle St. Georg (7)**, 707 m, hinüber. Deren romanisches Kirchenschiff ist vermutlich der letzte Rest einer mittelalterlichen Burg. Sie selbst ist durch ihren um 1400 von unbekannter Hand geschaffenen Freskenzyklus aus der gleichnamigen Legende bekannt.
Zurück am **Weinbauer (6)**, nehmen wir den »Serpentinenweg« steil hinab nach Peißenberg. Haben wir die Asphaltstraße erreicht, so sehen wir rechter Hand das Bergbaumuseum, das über den Kohlebergbau am Hohen Peißenberg informiert. Wir aber wenden uns für einen weiteren Abstecher zunächst nach links und folgen dem Schild »Gasthaus« hinauf. Tafel 15 des Lehrpfades markiert die Stelle, wo einst die Kuranlage von **Bad Hohensulz (8)**, 619 m, stand. Jahrhundertelang wurde das eisen- und schwefelhaltige Wasser zur Heilung verwendet. Den Weg zurück, und wir erreichen geradeaus die evangelische Friedenskirche. Rechts die Straße hinab und über die Schienen biegen wir kurz vor der Hauptstraße rechts in die Bergwerkstraße ab, die uns zum **Bahnhof Peißenberg (9)**, 600 m, führt.

2.50 Std.

Ammerhöfe 6

Kulturlandschaft am Molasserücken

Der in Ost-West-Richtung verlaufende Molasserücken jenseits der Ammer südlich von Peißenberg ist geprägt von laubholzreichen Hecken und Waldbeständen. Diese gliedern die überwiegend als Grünland genutzte Landschaft und geben ihr einen eigenen Charakter. Fast immer markieren sie Grundstücksgrenzen, Bachläufe, Wege oder Hangkanten. Je nach Standort repräsentieren sie Reste der ursprünglichen Waldbestockung.

Die Höfe und Weiler auf dem Höhenrücken gehörten einst zur Gemeinde Ammerhöfe, deren Gebiet sich größtenteils jenseits der Ammer am Hang des Hohen Peißenbergs erstreckte. 1978 wurde die seit 1808 existierende Gemeinde aufgelöst; die rund 35 Gemeindeteile – meist zerstreut liegende Einödhöfe ohne kirchlichen Dorfmittelpunkt und wohl deswegen oft mit einer Kapelle ausgestattet – wurden größtenteils zu Peißenberg, aber auch zu Hohenpeißenberg, Oberhausen (z. B. Kreilhof) und Oderding eingemeindet.

Ausgangspunkt: Parkplatz an Wörther Ammerbrücke bei Peißenberg (595 m) (Navi: 82380 Peißenberg, Scheithaufstraße). Wer mit dem Bus fährt, startet die Tour am besten am Kreilhof (RVO-Linie 9604 Peißenberg Bf. – Tauting).
Höhenunterschied: 170 m.
Anforderungen: Für den Wegabschnitt beim Wasserfall und im Bereich des Kohlbachs bei Nässe etwas Trittsicherheit erforderlich. Größtenteils ausgeschildert als Wanderweg Nr. 72 (Alpini-Jubiläumsweg).
Einkehr: Unterwegs keine, jedoch Gaststätten und Restaurants in Peißenberg.
Variante: Abkürzung über Sträßchen Armeleiten – WM 15 an Moser und Wieser vorbei.

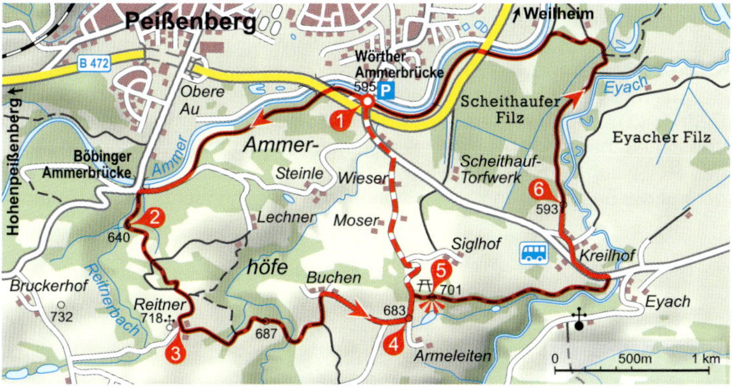

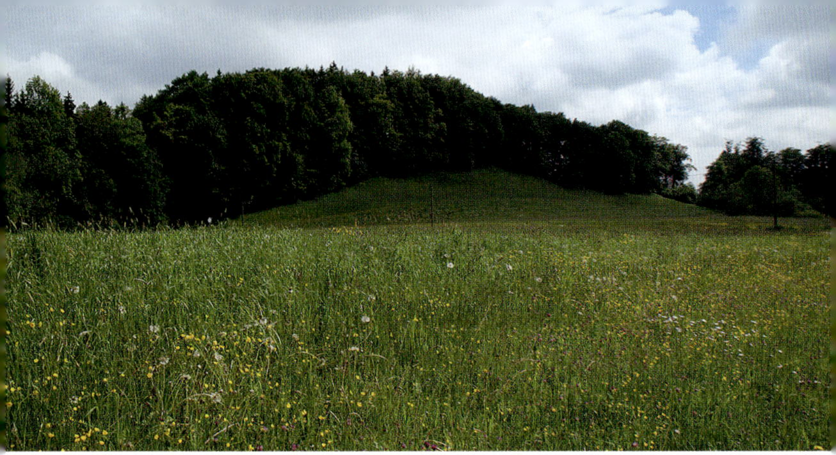

Diese Molassekuppe ist als Naturdenkmal ausgewiesen und trägt im oberen Hangbereich einen Magerrasen.

Vom Parkplatz an der **Wörther Ammerbrücke (1)**, 595 m, bei Peißenberg aus wandern wir auf dem südlichen Damm (Wanderweg-Nr. 72) ammeraufwärts bis zur Böbinger Ammerbrücke. Hier wurde erst 1864 eine Holzbrücke errichtet und damit eine direkte Verbindung zwischen Peißenberg und Böbing geschaffen. Nachdem wir den Reitnerbach überquert haben, folgen wir dem Pfad (Nr. 72). Entlang des Baches geht es steil hinauf durch naturnahen Fichten-Tannen-Buchenwald, der auf den schwer zu bewirtschaftenden Hängen der Ammerleite stockt. Wir kommen an dem kleinen **Reitner Wasserfall (2)**, 640 m, vorbei, wo eine Bank und eine Marienstatue zum Verweilen auffordern. Nach einem weiteren steilen Stück geht es schließlich aus dem Wald hinaus. Auf einem Wiesenpfad wandern wir über eine Lichtung und durch ein weiteres Waldstück. Nahe des Waldrandes wechseln wir auf den Wanderweg Nr. 88, der uns an Wiesen und Weiden vorbei auf das Gehöft **Reitner (3)**, 718 m, zuführt. Die kleine Hofkapelle St. Michael (Baudenkmal) und eine Scheune rechts liegen lassend, geht es in einem Linksbogen durch den Hof. Nach dem kleinen Waldstück wandern wir links weiter, bis wir wieder auf die Beschilderung Nr. 72 stoßen, der wir nach rechts folgen. Anfangs

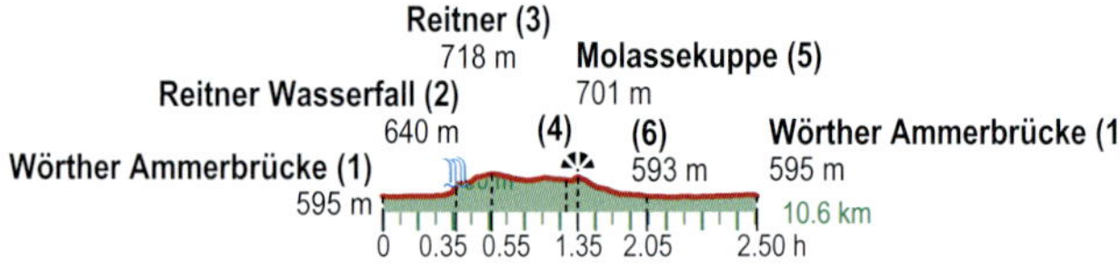

am Waldrand, später immer wieder ein Stück durch den Wald geht es hinab zum eingeschnittenen Kohlbach, den wir mittels eines Steges überqueren, und dann wieder steil hinauf. Nach dem Wald führt uns ein Wiesenweg zu einer großen Feldscheune. Hier geht es links weiter in den Weiler **Buchen**, wo eine Asphaltstraße nach rechts weiterführt. Links vor uns erblicken wir eine steile Molassekuppe – ein Naturdenkmal mit einem seltenen Magerrasentyp. Wir gehen geradeaus bis zur **Kreuzung (4)**, 683 m. Hier folgen wir dem Sträßchen nach links bis in den Wald (die Abkürzung führt geradeaus weiter), wo nach rechts ein Weg abzweigt (Nr. 72 folgen), der uns auf die steile **Molassekuppe (5)**, 701 m, zu einem Rastplatz mit Gebirgsblick hinaufführt.
Wir wandern weiter – größtenteils durch Wald – auf dem lang gezogenen Höhenrücken entlang. Immer wieder sind Ausblicke nach beiden Seiten möglich. Nach einem kleinen Weiher gelangen wir an die beachtlich eingeschnittene Eyach. Weiter abwärts, erreichen wir schließlich die Kreisstraße, an der wir links bis zum **Kreilhof** entlanggehen. Wir überqueren die Straße und gehen links an den Gebäuden vorbei (Nr. 72 folgend), wo heute unter anderem Stauden, Wildprodukte, Heidelbeeren und Honig im Biolandbau erzeugt und verkauft werden. Wenig später fällt das unruhige Relief besonders rechts des Weges auf. Hier durchziehen die Wiesen ehemalige Fließgerinne der **Eyach (6)**, 593 m, welche heute hinter den Bäumen fließt. Am Waldrand entlang gelangen wir nach einem kurzen Stück durch den Wald links an Pferdekoppeln vorbei zur **Ammer**, der wir bis zum Parkplatz an der **Wörther Ammerbrücke (1)** folgen.

Blick vom Höhenrücken auf das Gehöft Armeleiten.

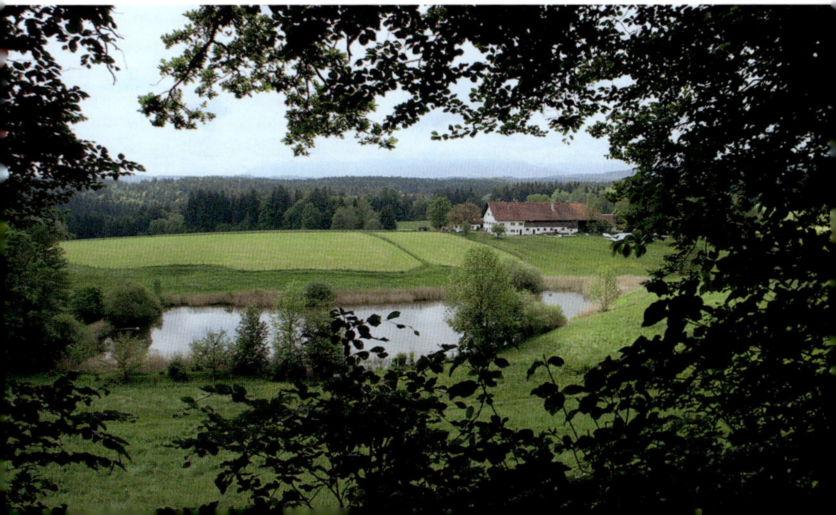

7 Das Gögerl bei Weilheim

1.20 Std.

Rund ums Gögerl – kurz, aussichtsreich und informativ

Am Stadtrand von Weilheim gibt es auf dieser Wanderung ehemalige Fluchtburgen, eiszeitliche Formen und einen artenreichen Kalkmagerrasen zu entdecken. Entstanden ist die Hügelkette von Gögerl, Hechen- und Eichberg in der letzten Eiszeit. Vor ca. 18.000 Jahren machte der Gletscher hier halt und schüttete sein mitgebrachtes Gesteinsmaterial zu diesen wallförmigen Endmoränen auf. Ein begleitendes Faltblatt gibt es bei der Tourismus-Information Weilheim.

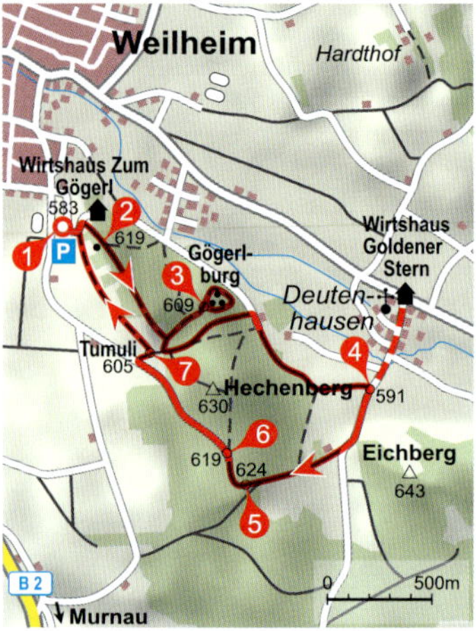

Ausgangspunkt: Parkplatz (583 m) unterhalb des Wirtshauses Zum Gögerl in Weilheim (Navi: 82362 Weilheim, Am Gögerl 1). Ab Bahnhof Weilheim ca. 20 Minuten Gehzeit.
Höhenunterschied: 100 m.
Anforderungen: Keine.
Einkehr: Wirtshaus Zum Gögerl (schöner Ausblick), Wirtshaus Goldener Stern in Deutenhausen.

Vom **Parkplatz (1)**, 583 m, unterhalb des Wirtshauses **Zum Gögerl** geht man den Asphaltweg hinauf. Vor dem Wirtshaus führt ein Weg mit Stufen zu einer Bank mit Aussicht in die Berge und zum Hohen Peißenberg. Wenige Meter entfernt befindet sich ein **Sandsteinblock (2)**, 619 m, der an eine Franziskanerklause erinnert, die hier zwischen 1704 und 1802 stand. Kurz darauf erreicht man einen hölzernen Kletterturm für Kinder, der auch an die einstige Hechenberg-Wallanlage aus dem 9./10. Jh. erinnern soll, deren Reste wir rechts des Weges in Form von Wällen erkennen. Übrigens, die »Stahlkörbe« gehören zu einem Disc-Golf-Parcours. Ziel des Spieles ist es, Frisbee-Scheiben mit möglichst wenigen Würfen in die Körbe »einzulochen«. Es geht durch den Wald, an einem umzäunten Hochbehälter vorbei. Bald taucht auf der linken Seite eine hölzerne Hollywoodschaukel auf. Dahinter stellt eine Holzfigur das Gögerlfräulein dar mit aufklappbaren Kästen, die über diese Sage informieren. Von hier geht es aussichtsreich weiter. Kurz auf asphaltiertem Weg leicht bergab. Nun folgen wir dem ausgeschilderten Rundweg zur

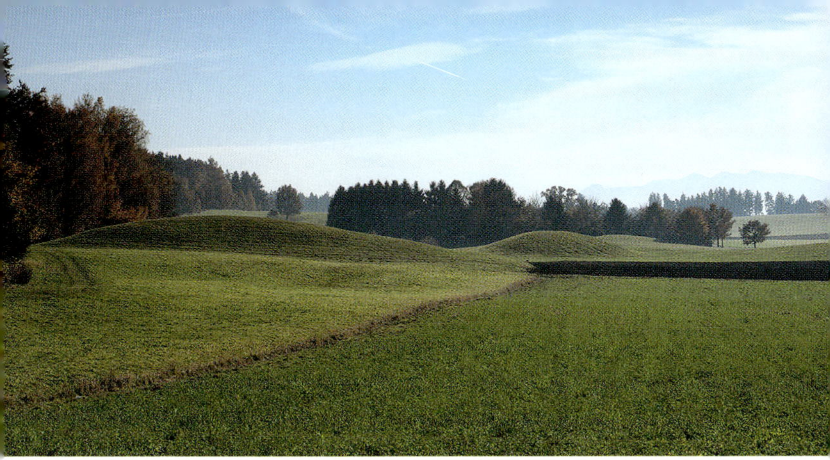

Tumuli am Gögerl – als Füllungen von Hohlräumen im Eis entstanden.

Gögerlburg (3), 609 m. Diese Wallanlage diente vermutlich auch als Fluchtburg, die wahrscheinlich zwischen dem 11. und 13. Jh. erbaut wurde. Erläuterungstafeln machen die Vergangenheit greifbar. Wieder zurück, biegen wir nach wenigen Metern links in den Wald ab. Es geht durch ein kleines Tälchen, das einst durch Gletscherwasser geschaffen wurde. Am Waldrand geht es nach rechts an einem umzäunten Wasserschutzgebiet entlang, anfangs auf asphaltiertem, bald auf gekiestem Erdweg. Er führt weiter zum Waldrand mit Blick auf Marnbach und **Deutenhausen (4)**, 591 m. Für einen Abstecher ins Wirtshaus Goldener Stern geht es an der Weggabelung links; ansonsten folgen wir dem Sträßchen nach rechts. An der nächsten Wegkreuzung nehmen wir den nicht asphaltierten Weg rechts hinauf zum **Hechenberg (5)**, 624 m. Oben angelangt, hält man sich weiter rechts bis zu einer **Weggabelung (6)**, 619 m, Markierung Jakobsmuschel), an der man nach links dem Hauptweg folgt.

Öffnet sich der Wald, gehen wir mit Blick auf Weilheim zur nächsten Weggabelung hinab. Von hier aus folgt man dem asphaltierten Weg ca. 70 m bergauf und biegt dann links auf einen Wiesenpfad ein. Die kegelförmigen Grashügel links sind **Tumuli (7)**, 605 m, die als Füllungen von Hohlräumen im Eis entstanden sind. Auf dem Hang beiderseits des Pfades befindet sich eine artenreiche Magerwiese. Teils als Kalkmagerrasen ausgebildet, gehört sie zu den bedeutendsten im Alpenvorland. Der Grasweg führt zum Parkplatz unterhalb des Wirtshauses **Zum Gögerl (1)** zurück.

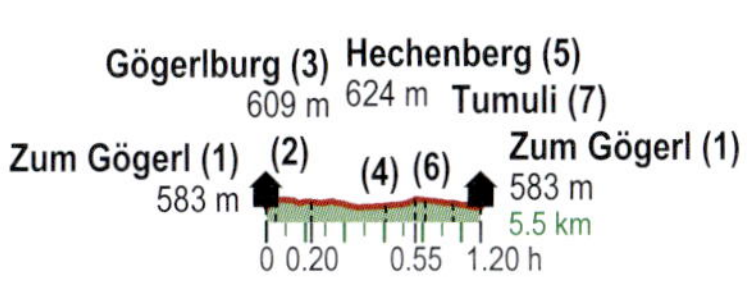

8 Hardtlandschaft – nördlicher Teil

4.00 Std.

Wiesen und Moore

Diese Wanderung verläuft zwar größtenteils auf asphaltierten, kaum befahrenen Sträßchen, doch entschädigt sie mit einer herrlichen Landschaft. Der Hardt ist geprägt von lang gestreckten Hügeln, den Drumlins, die vom darübergleitenden Gletschereis ihre typische Tropfenform erhielten. Zwischen den trockenen Hügeln mit Magerrasen liegen feuchte Senken, in denen sich Moore entwickeln konnten. In früheren Zeiten wurden sie teils zur Gewinnung von Einstreu für die Ställe gemäht. Dabei hat sich auf diesen Streuwiesen eine artenreiche Vegetation entwickelt. Kern ist der als Naturschutzgebiet ausgewiesene Magnetsrieder Hardt. Hier blühen etwa Ende Juni/Anfang Juli rot-violett die Sumpfgladiolen, außerdem ist er Lebensraum der Kreuzotter – beide Arten sind laut Roter Liste stark gefährdet.

Ausgangspunkt: Maibaum Marnbach (607 m) (Navi: 82362 Marnbach, Seeshaupter Str. 10), RVO-Haltestelle Marnbach (9655 Weilheim Bf. – Penzberg Bf. bzw. 9602 Weilheim Bf. – Eberfing).
Höhenunterschied: 160 m.

Anforderungen: Problemlose Wanderung überwiegend auf stillen Sträßchen.
Einkehr: Wirtshaus Goldener Stern in Deutenhausen.
Variante: Abstecher zum Blaselweiher kann weggelassen werden.

Vom Parkplatz am Maibaum in der Ortsmitte von **Marnbach (1)**, 607 m, aus folgen wir kurz der Staatsstraße Richtung Seeshaupt und biegen dann links in die Obere Bachstraße ab. Über diese gelangen wir zu einer kleinen Kapelle, bei der wir rechts Richtung Blaselweiher weitergehen. An einer Wegkreuzung halten wir uns links. Haben wir den Wald erreicht, so steigt der Weg an. Nach einer **Abzweigung (2)**, 638 m, verlässt er in einer Rechtskurve den Wald, wir können ihm für einen Abstecher zum Blaselweiher folgen. Schon bald zeigt er sich links, rechts liegt eine Streuwiese. Der **Blaselweiher (3)**, 633 m, ist über einen links abzweigenden Grasweg zu erreichen. Auf gleichem Weg zurück, biegen wir an der **Abzweigung (2)**, 638 m, im Wald gleich rechts in einen Kiesweg ab. Dieser führt uns am Waldrand entlang durch ein stilles Wiesental. Nach einem kurzen Asphaltweg folgen wir dem Sträßchen nach rechts. Lang gestreckte Drumlins begleiten unseren Weg. Wir kommen an einer **Pfeifengras-Streuwiese** mit zahlreichen Orchideen-

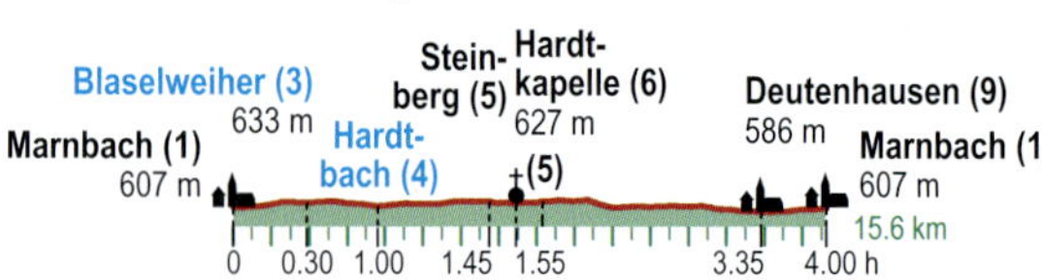

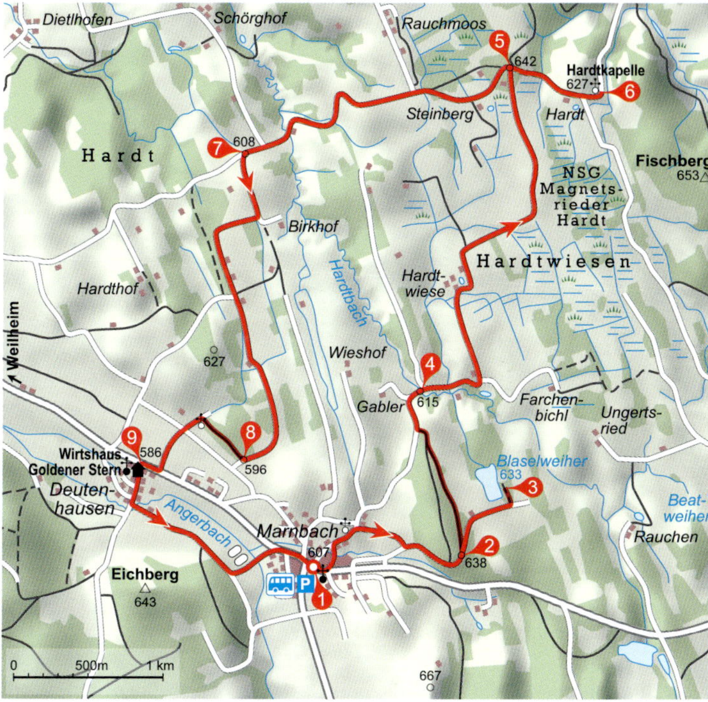

und Enzianarten vorbei. In dieser Senke überqueren wir auch den **Hardtbach (4)**, 615 m, und gehen bergauf an Weiden vorbei. Nach einer Linkskurve wandern wir an weiteren Streuwiesen vorbei zum Geflügelhof Hardtwiese. Dahinter geht die Asphaltstraße in einen gekiesten Feldweg über, dem wir weiter durch die Hardtlandschaft folgen. Schließlich gelangen wir zum im Wald gelegenen Weiler **Steinberg (5)**, 642 m, wo wir die von Weilheim kommende Hardtstraße erreichen. Folgen wir dieser nach rechts, so sind wir in ca. 10 Minuten an der **Hardtkapelle (6)**, 627 m. In ihrem Inneren ist auf dem Boden ein großer Fußabdruck zu sehen, der laut Legende auf Weidestreitigkeiten zwischen Weilheimern und Haunshofern im 13. Jahrhundert zurückgehen soll. Hier beginnt auch ein Kreuzweg mit insgesamt 14 Stationen.
Auf demselben Weg zurück, folgen wir der asphaltierten Straße anfangs an Wiesen und Weiden vorbei, gehen dann ein längeres Stück hinab durch den Wald und wieder über den Hardtbach. Wir nehmen den mit einem

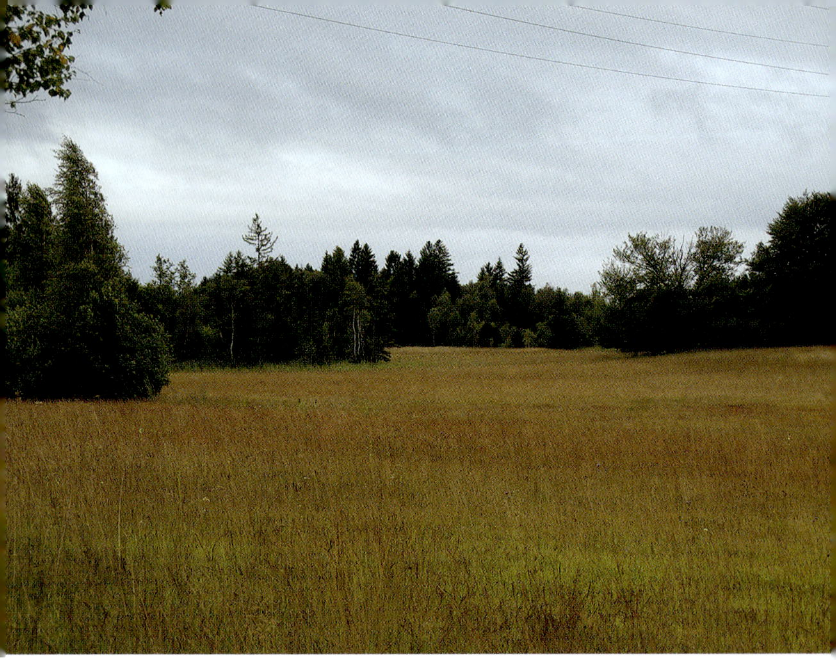

Der Magnetsrieder Hardt ist als Naturschutzgebiet ausgewiesen – hier wechseln sich Streuwiesen auf moorigen Flächen mit Wäldern und Magerrasen auf den Drumlins ab.

»Vorfahrt achten«-Schild (7), 608 m, ausgestatteten, nach links abzweigenden Weg und gehen an Wiesen und Weiden vorbei auf den idyllisch gelegenen Birkhof zu. Vor dem Fichtenwäldchen folgen wir dem Asphaltsträßchen nach rechts und wandern sanft ansteigend weiter. Rechts begleitet uns ein bewaldeter Drumlin. An einer scharfen Rechtskurve geht es geradeaus auf einem Kiesweg weiter. Wir kommen an Gräben, Streuwiesenresten und bewaldeten Drumlins vorbei und wandern schließlich mit Blick auf Marnbach und das Gebirge hinab.

Noch vor den Häusern nehmen wir im Wald den nach rechts abzweigenden **Pfad (8)**, 596 m, und gelangen schließlich zu einer neuen Kapelle. Hier geht es links weiter. Nach Querung des Angerbaches gelangen wir nach **Deutenhausen (9)**, 586 m. Kurz folgen wir der Staatsstraße nach rechts und überqueren sie vor der Gastwirtschaft. Die Von-Tuto-Straße führt uns ans Ortsende, wo wir kurz vor dem Ortsschild links in die Eichbergstraße einbiegen und, dem Asphaltsträßchen folgend, am Sportplatz vorbei nach **Marnbach (1)** zurückgelangen.

2.20 Std.

Hardtlandschaft – südlicher Teil

9

Drumlins und Toteisseen

Die schattigere Alternative zu Tour 8, bei der wir an Drumlins und Toteislöchern vorbeikommen, die durch das Ausschmelzen von liegen gebliebenen Eisblöcken entstanden sind. Teils sind sie trocken, teils bilden sie Weiher. Die an den gleichnamigen Gewässern liegenden Güter Haarsee und Rothsee waren einst Schwaigen des Klosters Polling. Gut Rothsee soll schon um 1200 bestanden haben, das heutige Gebäude mit dem Walmdach stammt aus der zweiten Hälfte des 18. Jahrhunderts. Zwischen den Gewässern erheben sich Drumlins, Höhenrücken, die bei einem nochmaligen Vorstoß des Gletschereises aus den Ablagerungen geformt worden sind.

Ausgangspunkt: RVO-Haltestelle Magnetsried (657 m) (Linie 9655 Weilheim Bf. – Penzberg Bf.), Parkplatz hinter dem Gasthaus Zur Quelle (Navi: 82402 Seeshaupt, Magnetsried 4).
Höhenunterschied: 90 m.
Anforderungen: Wanderung auf Pfaden, Feldwegen und ruhigen Sträßchen.
Einkehr: Gasthaus Zur Quelle in Magnetsried.
Variante: Gut 500 m nach (2) lässt sich die Tour über einen südwärts führenden Feldweg verkürzen. Ohne die Schleife um den Haarsee spart man knapp 20 Min.

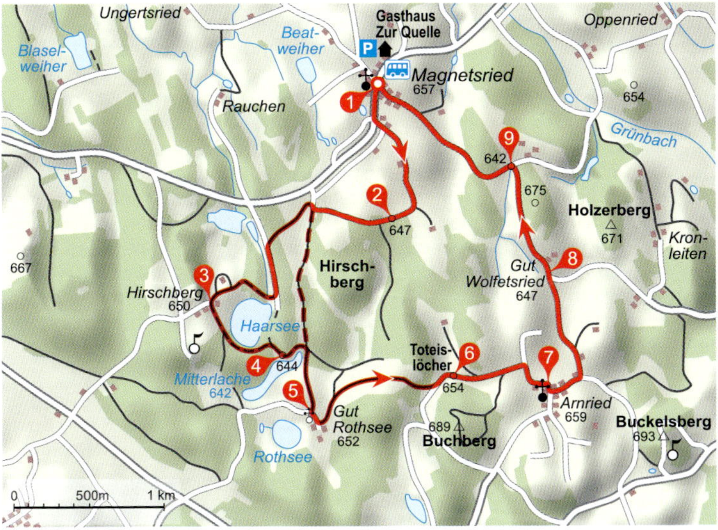

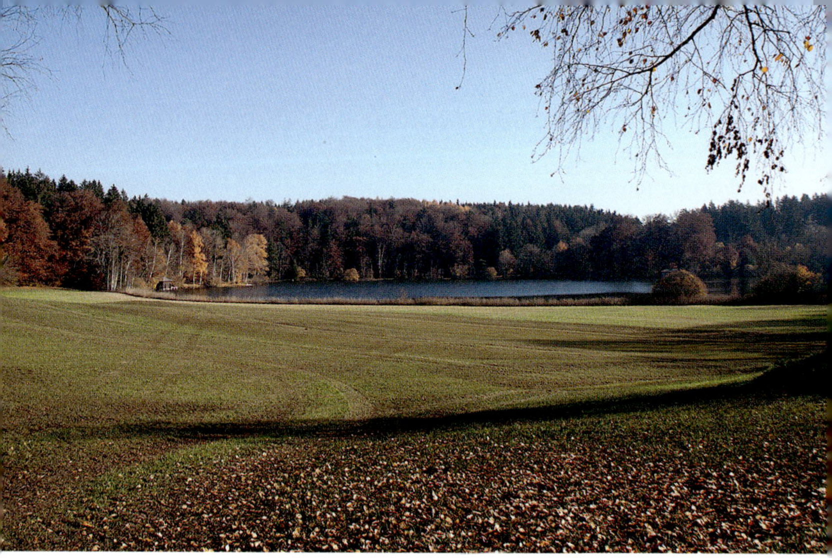

Herbstliche Idylle am Haarsee. Entstanden ist er als Toteissee.

Von der Kirche **Magnetsried (1)**, 657 m, aus gehen wir entlang der Straße Richtung Marnbach. In Höhe eines Weihers wenden wir uns nach links und wandern zum Ort hinaus. Wir folgen dem Rechtsknick des Feldweges an der mächtigen Eiche, nach Norden ziehen mehrere **Drumlins (2)**, 647 m. Mündet unser Weg in einen weiteren Feldweg (hier beginnt die Variante), so nehmen wir den leicht nach rechts versetzt beginnenden Spurweg nach links durch die Wiesen, der uns durch eine nasse Mulde und über einen bewaldeten Drumlin führt. Nun treffen wir auf einen breiten Kiesweg, dem wir nach links bis zum **Haarsee** folgen (mit Bademöglichkeit); er wurde einst vom Kloster Polling als Fischweiher genutzt. Um diesen idyllisch gelegenen Toteissee zu umrunden, gehen wir rechts. Eine Allee bringt uns nach **Hirschberg (3)**, 650 m, wo wir vor dem ehemaligen Verwalterhaus des auf dem bewaldeten Hügel thronenden Schlosses, das früher dem Bundesnachrichtendienst gehörte, nach links zwischen den Häusern hindurchgehen.

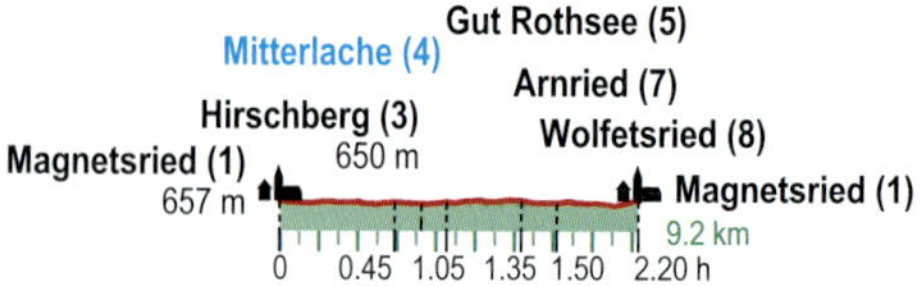

An einer Abzweigung links haltend geht der Weg bald in einen Pfad über und geleitet uns durch den Wald am Südufer des Haarsees entlang. Nach einer sumpfigen Stelle folgen wir dem Wanderweg nach rechts durch lichten Wald. Rechterhand taucht die **Mitterlache (4)**, 644 m, auf. Nach einer feuchten Wiese folgen wir an der Einmündung dem Feldweg nach rechts und gelangen zu **Gut Rothsee (5)**, 652 m, das wir an der Kapelle vorbei nach links wieder verlassen. Stets geradewegs leicht rechts haltend und etwas ansteigend geht es schließlich kurz durch den Wald. An der Einmündung wandern wir geradeaus an einer Streuwiese vorbei und passieren wieder einige **Toteislöcher (6)**, 654 m. Über den nun asphaltierten Weg erreichen wir den Weiler **Arnried (7)**, 659 m. Nach links abgebogen, verlassen wir diesen gleich wieder und wandern an der nächsten Wegkreuzung links weiter. An Weiden, Hecken und Baumreihen vorbei gelangen wir zum **Gut Wolfetsried (8)**, 647 m. Auch dieses lassen wir rechts liegen und folgen weiterhin der Beschilderung nach Magnetsried. An der nächsten **Abzweigung (9)**, 642 m, geht es links weiter zwischen Drumlins hindurch in Richtung Magnetsried. Nachdem wir am Anfang des Ortes das auf der rechten Seite stehende denkmalgeschützte Bauernhaus mit Traufbundwerk (aus Holz) passiert haben, erreichen wir wieder die Kirche von **Magnetsried (1)**.

Nutzungswandel eines einstigen Schattenbaumes. Unter solchen Bäumen suchte das Vieh einst Schutz vor der Sonne.

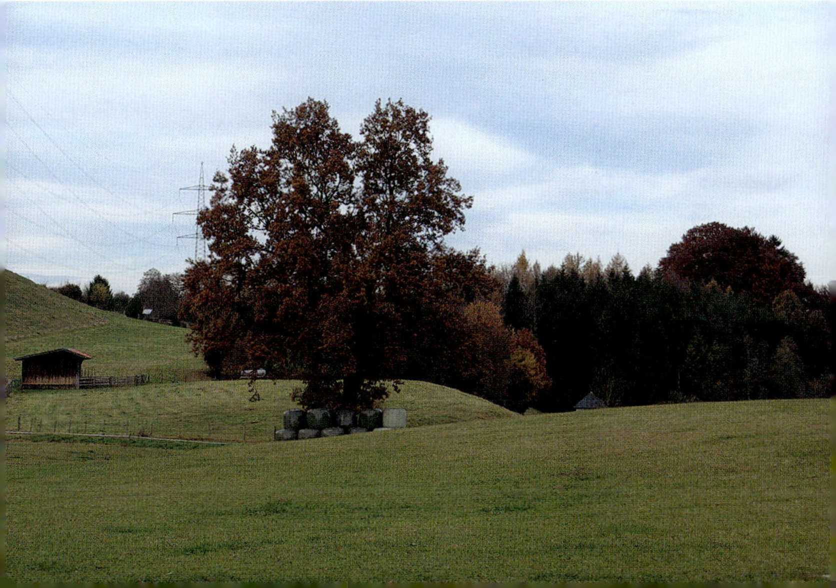

10 Bernried am Starnberger See mit Hinterland

3.30 Std.

Weiher, Drumlins und Parkanlagen

Diese Wanderung berührt den Bernrieder Park, der einst klösterlicher Hütepark war. Die jahrhundertealten Einzelbäume dienten als Schattenspender, zur Weideabgrenzung sowie der Gewinnung von Winterfutter für Schweine in Form von Bucheckern und Eicheln. Zwischen 1853 und 1863 ließ Baron von Wendland unter Einbeziehung der markanten Baumindividuen einen englischen Landschaftspark planen und ausführen. Der südliche Teil wurde ab 1914 durch die Amerikanerin Busch-Woods einer Pflege im romantischen Stil übergeben. Eine von ihr gegründete Stiftung finanziert heute im Wesentlichen die notwendigen Pflegemaßnahmen. Sämtliche Weiher, an denen wir vorbeikommen, gehörten einst dem Kloster Bernried. Aufgrund der vielen Fastentage waren diese neben den Fischrechten im Starnberger See sehr wichtig.

Ausgangspunkt: Bahnhof Bernried (631 m) (Navi: 82347 Bernried, Bahnhofstraße 25).
Höhenunterschied: 140 m.
Anforderungen: Keine.

Einkehr: Gasthäuser in Bernried, Café/Restaurant Buffi im Buchheim-Museum (cafe-buffi.de).
Variante: Abkürzung ab Kloster Bernried (ohne Bernrieder Park).

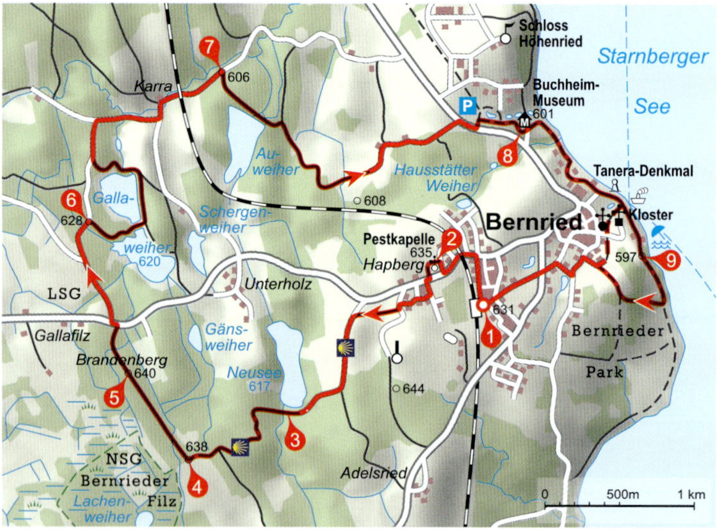

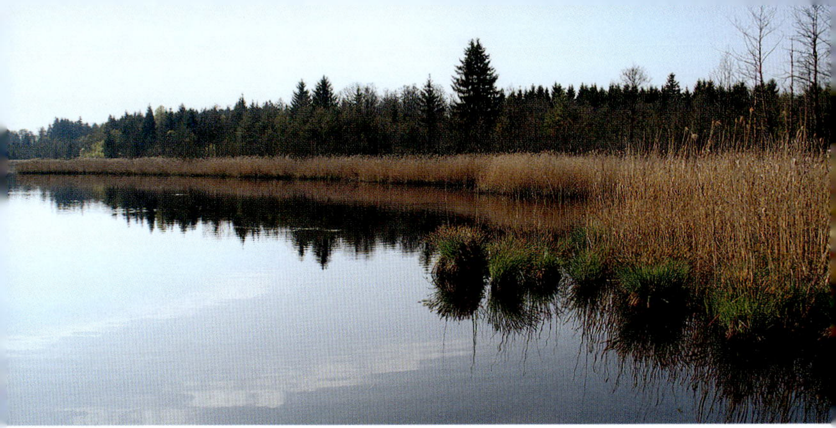

Der Verlandungsbereich des südlichen Gallaweihers – Lebensraum für Wasservögel, Amphibien und Reptilien.

Vom Bahnhof **Bernried (1)**, 631 m, aus gehen wir links die Gleise entlang bis zur Weilheimer Straße. Den Bahnübergang gequert, setzen wir unseren Weg auf dem linksseitigen Gehsteig fort. Nach etwa 150 m biegen wir, dem Wegweiser »Pestkapelle« folgend, in die Kapellenstraße ab, ein Fußpfad bringt uns zur **Pestkapelle Hapberg (2)**, 635 m. Nach dem Fußweg geht es nach links über die Straße »Am Weidenbach« zurück zur Weilheimer Straße, die wir in einem Rechts-Links-Schlenker überqueren. Wir wandern nun Richtung Sportplatz, doch biegen wir davor nach rechts in den Hapberger Weg ein, der uns ans Ortsende bringt. Hier wandern wir, nun stets der Muschel des **Jakobsweges** folgend, auf einem gekiesten Feldweg mit Blick auf den Wasserturm an Weiden vorbei. Stoßen wir auf einen asphaltierten Feldweg, biegen wir links in ihn ein und wandern über einen flachen Drumlin. Ein Kiesweg bringt uns zum **Neusee (3)**, 617 m, der eine Schwimmblattvegetation mit Weißer Seerose und dem in Südbayern sehr seltenen Gewöhnlichen Pfeilkraut trägt.

Weiter geht es durch den Wald. Der moorige Untergrund ist an den moosigen Bulten erkennbar. An einer Lichtung sind Steine, offensichtlich zur Wegmarkierung, aufeinander geschichtet, woran wir vorbeigehen und dem Pfad folgen. Im Bereich eines **Drumlins (4)**, 638 m, eröffnet sich von einem Wei-

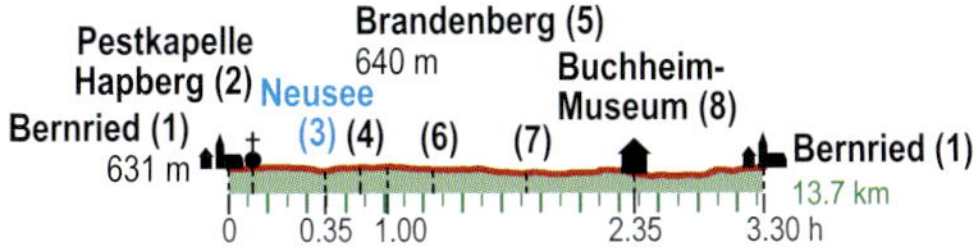

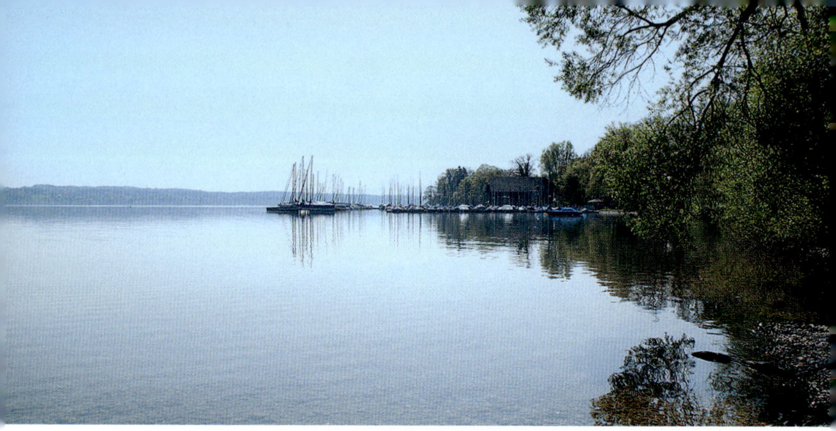

Die malerische Anlegestelle Bernried am Starnberger See.

dezaun aus der Blick auf die Alpen und knapp auch auf den Bernrieder Filz. Nun folgen wir dem nach rechts abzweigenden Forstweg. Er führt uns weiter durch mit Fichten aufgeforstetes Moor. Schließlich gelangen wir zu einer Lichtung, auf der einzelne Laubbäume sowie ein abgedeckter Brunnenschacht von der ehemaligen Siedlung **Brandenberg (5)**, 640 m, zeugen, die abgebrochen worden ist. Halb rechts geht es nun weiter, anfangs stehen noch alte Bäume am Wegesrand. So erreichen wir die Kreisstraße Bernried – Magnetsried, der wir knapp 50 m weit nach links folgen. Zweigt von dieser der nächste Kiesweg nach rechts ab, so überqueren wir sie und wandern, dem Schild »T37 – Karra« folgend, durch den Wald weiter. Bald geht es am Waldrand entlang, der Blick schweift über den Weiler Gallafilz und feuchte Wiesen. An der Weggabelung geht es halb rechts weiter. Wieder im Wald macht der Kiesweg nach der Senke eine **Linkskurve (6)**, 628 m. Hier gehen wir nach rechts auf einem Waldpfad weiter zum **Gallaweiher**, 620 m, der eigentlich aus zwei Weihern besteht. Beide sind teils von Röhricht gesäumt, das von Wasservögeln als Brutplatz genutzt wird. Haben wir den Mitteldamm passiert, wandern wir nach links am Ufer entlang. In den Wanderweg T37 biegen wir nach links ein und verlassen ihn an der nächsten Einmündung wieder nach rechts. Stets geradeaus, dann geht es an der Einmündung wieder rechts. Schließlich stoßen wir kurz vor Karra wieder auf den Wanderweg T37, dem wir nach links fortan folgen. Erst an einem Stall verlassen wir ihn wieder, wo es nach rechts Richtung Bernried weitergeht.
Nach dem Eisenbahn-Viadukt nehmen wir den **zweiten Weg rechts (7)**, 606 m. Anfangs wieder etwas aufwärts, gelangen wir zum Auweiher. An dessen Nordostecke gehen wir kurz links und biegen dann vor dem Drumlin rechts in den Weg ein. Teils durch Wald, teils am Waldrand an feuchten Wie-

sen vorbei, erreichen wir schließlich – anders als der zuvor abbiegende Radweg – die Staatsstraße Tutzing–Bernried. Wir überqueren diese im Bereich der Parkplätze. An einer mächtigen Eiche vorbei, betreten wir nun die Parkanlage von **Schloss Höhenried**. Wir folgen dem Hauptweg an einem reich verzierten Pavillon vorbei. Mit Blick auf den Starnberger See gelangen wir zum **Buchheim-Museum (8)**, 601 m, an dem wir rechts vorbei hinabgehen. Nun halten wir uns immer in Seenähe, verlassen den Höhenrieder Park und wandern auf die Schiffsanlegestelle von Bernried zu. Die Hotelanlagen umgangen führt uns die **Seepromenade** am Kloster Bernried vorbei. Schließlich gelangen wir zwischen zwei Anwesen hindurch in den **Bernrieder Park (9)**, 597 m. Knappe 400 m auf dem Hauptweg gegangen, nehmen wir gleich den nächsten Kiesweg nach rechts. Dieser führt uns die Seitenmoräne hinauf an Parkwiesen vorbei, deren Baumveteranen bizarre Formen aufweisen. An der nächsten Wegkreuzung halten wir uns rechts und können so im Bereich einer alten **Eiche**, deren Platz einmal ein daneben gepflanzter junger Baum einnehmen soll, einen Blick auf die Klosterkirche von Bernried sowie den Starnberger See genießen. Zwischen Kindergarten und Friedhof hindurch erreichen wir die ersten Häuser. Am Ende der Straße »Am Grundweiher« geht es nach links in der Bahnhofstraße weiter. Nach einer Kreuzung führt sie uns, anfangs als Allee, zurück zum Bahnhof **Bernried (1)**.

Die ehemals frei in der Flur stehende Feldkapelle aus dem 18./19. Jh. heißt heute Pestkapelle. Ein Zusammenhang mit der Pestepidemie von 1632–34 ist nicht erwiesen.

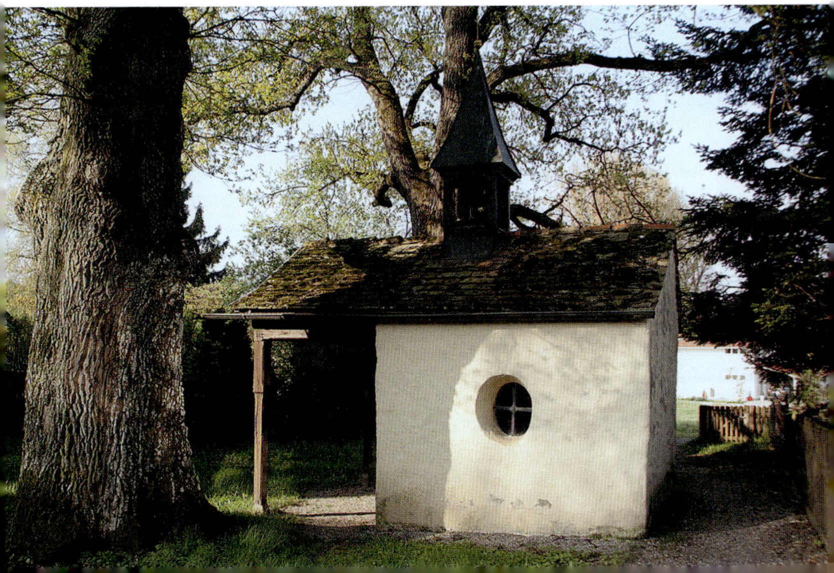

11 Von Seeshaupt nach Bernried

4.30 Std.

Starnberger See und Drumlinlandschaft

Jahrhundertelang war er der Haus-See der Wittelsbacher. Als diese sich jedoch ab Ende des 18. Jahrhunderts in ihre stadtnahen Schlösser zurückzogen, entdeckten die Künstler den einstigen Fürstensee. Ihnen folgten reiche Bürger und Adlige, welche um 1810 die ersten Villen am Seeufer erbauten. Besonders durch Einrichtung von Dampfschifffahrt und Bahnanschluss nahm die Beliebtheit der Seegemeinden als Sommer- und Dauerwohnsitz immer mehr zu, was zu einem wahren Bauboom führte. Und wo sich die Reichen und Schönen aufhielten, da zog es auch das einfache Volk hin. Bis heute hat der Starnberger See nichts von seiner Anziehungskraft verloren.

Ausgangspunkt: Bahnhof Seeshaupt (601 m) (Navi: 82402 Seeshaupt, Bahnhofplatz 1).
Höhenunterschied: 160 m.
Anforderungen: Problemlose Wanderung, für die etwas Kondition nötig ist.
Einkehr: Gasthof/Café Seeseiten, Café/Restaurant Buffi im Buchheim-Museum, Restaurants und Ghs. in Bernried.
Variante: Halbierung der Tour (stündlicher Bahnverkehr zwischen Bernried und Seeshaupt).

Vom **Bahnhof Seeshaupt (1)**, 601 m, aus gehen wir durch die Pettenkoferallee – benannt nach dem Hygieniker und Arzt Max Pettenkofer, der hier seinen Sommerwohnsitz hatte. Diese geleitet uns an Schaugarten und Abenteuerspielplatz vorbei – gegenüber ein 1906/07 erbautes, denkmalgeschütztes Landhaus mit Gartenanlage (Nr. 24). Die Weilheimer Straße überquert, nehmen wir den gekiesten Fußweg geradeaus. Nach einigen Stufen wandern wir auf dem **Uferweg** nach links Richtung Bernried weiter. An weiteren Landhäusern vorbei geht es ein kurzes Stück entlang der Tutzinger Straße. Stets den verschiedenen Fernwanderweg-Symbolen folgend, gelangen wir an einem ausgedehnten Niedermoorgebiet vorbei nach **Seeseiten (2)**, 587 m. Hier informiert eine Tafel über den Starnberger See, ein Gasthof & Café lädt zur Einkehr. Nach Letzterem geht es gleich nach rechts weiter, vorbei an der 1746 errichteten Jakobus-Kapelle. Nach Querung eines Bächleins geleitet uns ein Graspfad an weiteren Streuwiesen und Niedermoorflächen vorbei. Auf dem Weiterweg taucht links in einem großen Park das **Schloss Seeseiten (3)**, 586 m, auf. Als stattliches Landhaus wurde es 1866/67 von Georg Dollmann, der als Hofbaumeister Ludwigs II. zahlreiche seiner ausgefallenen Schlösser und Bauten plante, für den damaligen bayerischen Ministerpräsidenten von der Pfordten errichtet. Nun wandern wir recht eben durch einen totholzreichen Wald, an der »Afrawiese«, einer geschützten Streuwiese, vorbei sowie über kleine Bäche und erreichen an einer Übersichtstafel den **Bernrieder Park (4)**, 592 m. Hier halten wir uns

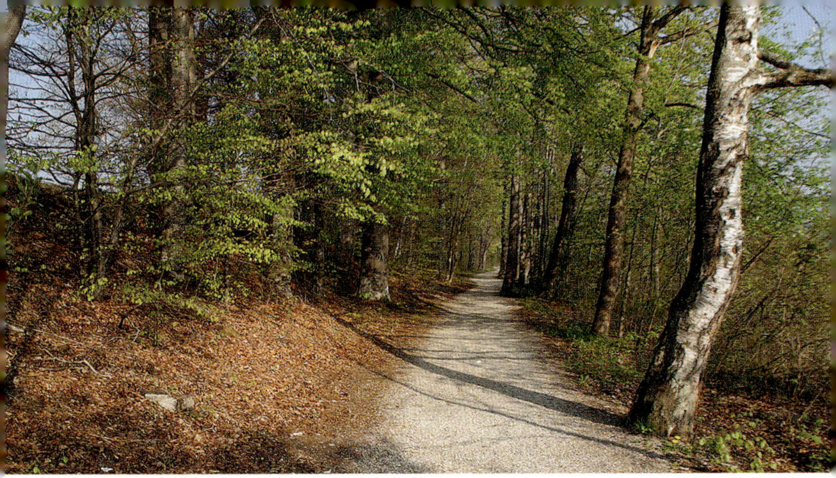

Idyllischer Fußweg am Starnberger See entlang.

rechts und wandern am Seeufer entlang, wo zahlreiche Bänke zur Rast einladen. Nach einer weiteren Übersichtstafel biegen wir rechts ab und wandern zwischen zwei Anwesen hindurch. So gelangen wir auf die **Seepromenade** und gehen direkt an der Mauer des Klosters Bernried entlang. Der Weiterweg führt uns am **Tanera-Denkmal (5)**, 586 m, vorbei, einem Reliefbildnis aus Bronze, das 1908 für den Schriftsteller errichtet wurde. Von hier aus hat man einen schönen Blick auf die Schiffsanlegestelle von Bernried. Nun folgen wir stets der Beschilderung zum **Buchheim-Museum (6)**, 601 m, wo auch ein Café zur Einkehr lädt. Im Bereich der Parkplätze erreichen wir die Straße nach Tutzing, überqueren sie und gehen kurz nach rechts an ihr entlang. Sodann folgen wir dem links abzweigenden Sträßchen und nehmen nach den Scheunen den Weg nach links. Dieser führt uns durch den Wald am Haustetter Weiher vorbei wieder nach Bernried. Hier biegen wir gleich nach rechts in die Hirtenstraße ein, an deren Ende wir links über die Pointstraße zur Weilheimer Straße gelangen. Dieser folgen wir nach rechts, überqueren die Schienen und setzen unseren Weg auf dem linksseitigen Gehsteig fort. (Alternativ können wir unsere Tour auch bereits vor den Gleisen abbrechen und den Weg nach links zum Bahnhof Bernried nehmen.)

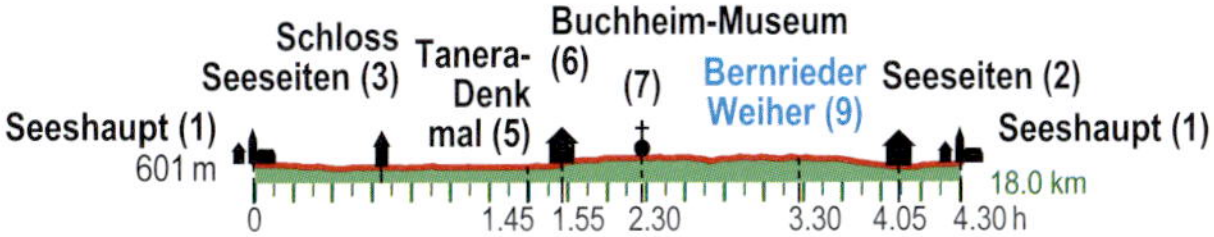

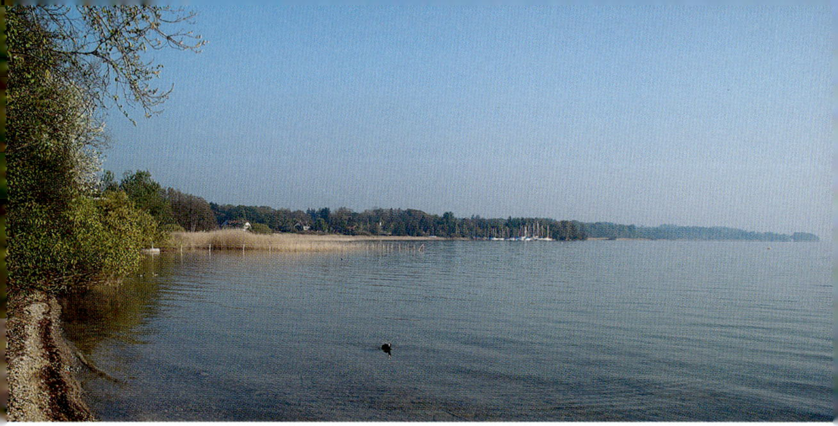

Frühlingsmorgen am Starnberger See – ein Blässhuhn dreht seine Kreise.

Nach etwa 150 m biegen wir, dem Wegweiser »Pestkapelle« folgend, in die Kapellenstraße ab, ein Fußpfad bringt uns zur **Pestkapelle Hapberg (7)**, 635 m. Nach dem Fußweg geht es links über die Straße »Am Weidenbach« zurück zur Weilheimer Straße, die wir in einem Rechts-Links-Schlenker überqueren. Wir wandern nun Richtung Sportplatz, doch biegen wir davor rechts in den Hapberger Weg ein, der uns ans Ortsende bringt. Hier wandern wir, nun der Muschel des **Jakobsweges** folgend, auf einem gekiesten Feldweg mit Blick auf den Wasserturm an Weiden vorbei. Stoßen wir auf einen asphaltierten Feldweg, biegen wir links in ihn ein und wandern über einen flachen Drumlin. Ein Kiesweg bringt uns zum Neusee. Die Jakobsmuschel führt uns weiter durch den Wald. An einer **Lichtung (8)**, 636 m, sind, offensichtlich zur Wegmarkierung, Steine aufeinandergeschichtet; hier wandern wir nach links über den Drumlin weiter. Der gekieste Forstweg führt bald nahe dem Waldrand entlang. Nach einer bogenförmigen Rechtskurve gelangen wir auf ein Sträßchen, dem wir nach rechts für einen Abstecher zum **Bernrieder Weiher (9)**, 631 m, folgen. Vor uns liegen die Schwabweiher. Wieder zurück an der Einmündung, nehmen wir dann den nächsten, rechts abzweigenden Forstweg. Auf diesem gehen wir bis zur **Staatsstraße**. Letzterer folgen wir nach rechts (Vorsicht Verkehr!), bald durch die Bahnunterführung hindurch. Nach der scharfen Rechtskurve erreichen wir wieder **Seeseiten (2)**, 587 m, wo wir auf den bekannten Fußweg wechseln können. Nun wandern wir mit Blick auf den Hafen von Seeshaupt südwärts weiter. Nach etwa 250 m weist ein Schild zum Bahnhof, dem wir folgen. Nun geht es stets geradeaus auf einer wenig befahrenen Straße über die Staatsstraße hinweg zurück zum **Bahnhof Seeshaupt (1)**. Alternativ können wir auch weiter am Seeufer entlanggehen und die gleiche Route wie beim Hinweg nutzen.

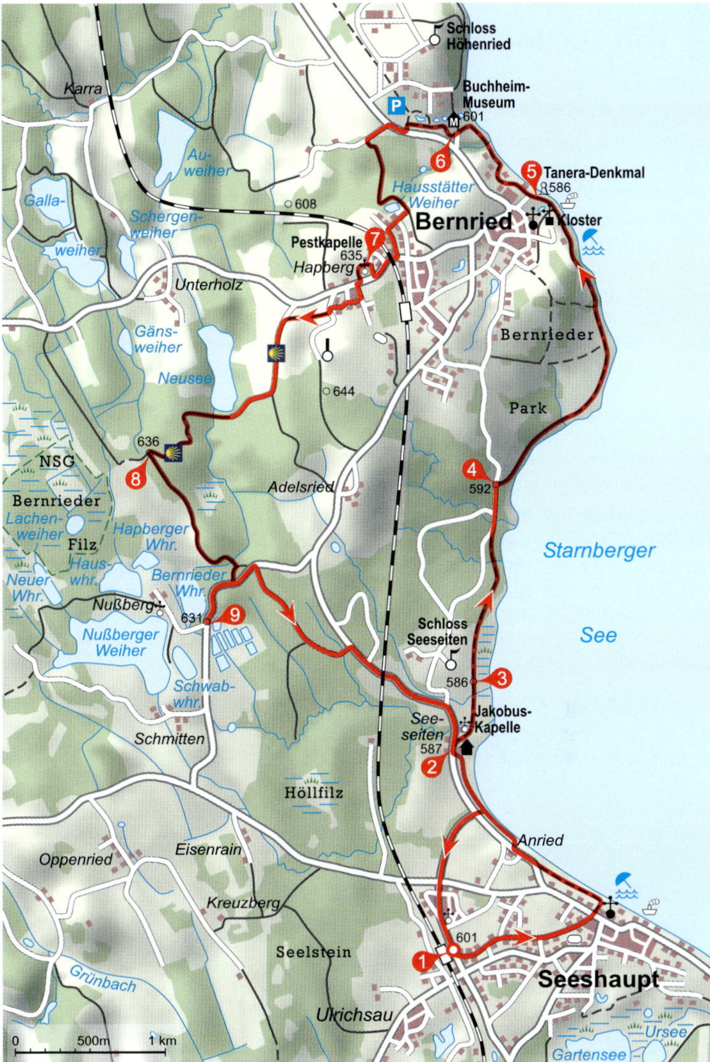
Schloss
Höhenried
Karra
Buchheim-
Museum
601
Au-
weiher
6
5
Tanera-Denkmal
586
Galla-
weiher
Hausstätter
Weiher
608
Schergen-
weiher
Bernried
Kloster
Pestkapelle
7
635
Hapberg
Unterholz
Gäns-
weiher
Bernrieder
Neusee
644
Park
636
NSG
8
4
592
Adelsried
Bernrieder
Lachen-
weiher
Filz
Hapberger
Whr.
Haus-
whr.
Neuer
Whr.
Bernrieder
Whr.
Starnberger
Nußberg
631
9
Nußberger
Weiher
Schloss
Seeseiten
See
586
3
Schwab-
whr.
See-
seiten
587
Jakobus-
Kapelle
Schmitten
2
Höllfilz
Anried
Oppenried
Eisenrain
Kreuzberg
601
Seelstein
1
Seeshaupt
Grünbach
Ulrichsau
0
500m
1 km
Ursee
Gartensee

12 Von Tutzing zur Ilkahöhe

3.30 Std.

Durch die Waldschmidtschlucht

Entstanden ist die beeindruckende Schlucht nach der letzten Eiszeit, als der Gletscher abschmolz und sich Wasserläufe bildeten. In der Folge sank der Spiegel des Starnberger Sees, sodass sich einmündende Bäche eintiefen konnten. Die Wanderung führt dann zur Ilkahöhe, einer Seitenmoräne aus der Eiszeit, benannt nach Fürstin Ilka von Wrede. Die Schwester des letzten Hofmarkherren von Tutzing, Graf Vieregg, hatte im Krieg von 1870/71 zahlreichen Verwundeten geholfen, wofür sie etliche Auszeichnungen erhielt. Ihre letzte Ruhe fand sie auf diesem Hügel, den sie sehr liebte. Wahrlich bietet sich von hier ein herrlicher Blick auf Alpenkette und Starnberger See. Der Wanderweg zählt zu den genussreichsten im oberbayerischen Alpenvorland.

Ausgangspunkt: Bahnhof Tutzing (612 m) (Navi: 82327 Tutzing, Bahnhofstr. 26).
Höhenunterschied: 180 m.
Anforderungen: Keine.
Einkehr: Ristorante Morattina, Forsthaus Ilkahöhe (mit Aussicht auf See und Berge).

Vom **Bahnhof Tutzing (1)**, 612 m, aus gehen wir in nördliche Richtung an den Parkplätzen vorbei über die Bahnhofstraße. Mit der Heinrich-Vogl-Straße passieren wir eine Unterführung, danach folgen wir ihr sogleich nach rechts (Vorsicht beim Überqueren!). Es geht weiterhin entlang der Bahnlinie, bis die Traubinger Straße unter einer Eisenbahnbrücke hindurchführt. Ab hier wei-

Wildromantisch geht es durch die Waldschmidtschlucht.

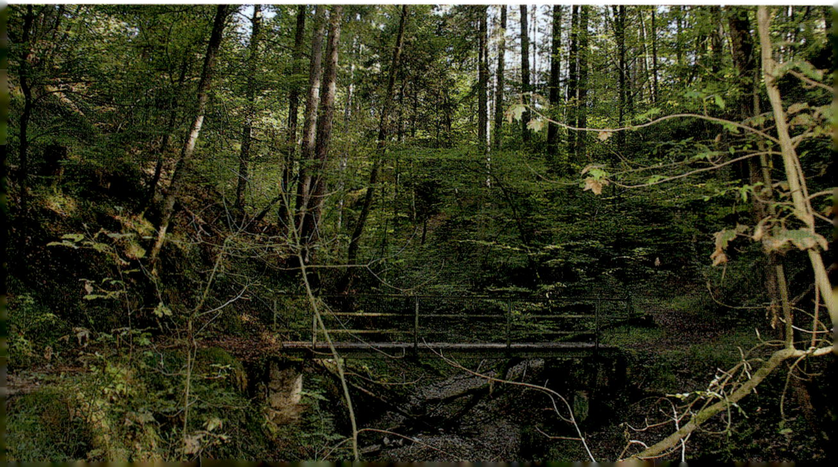

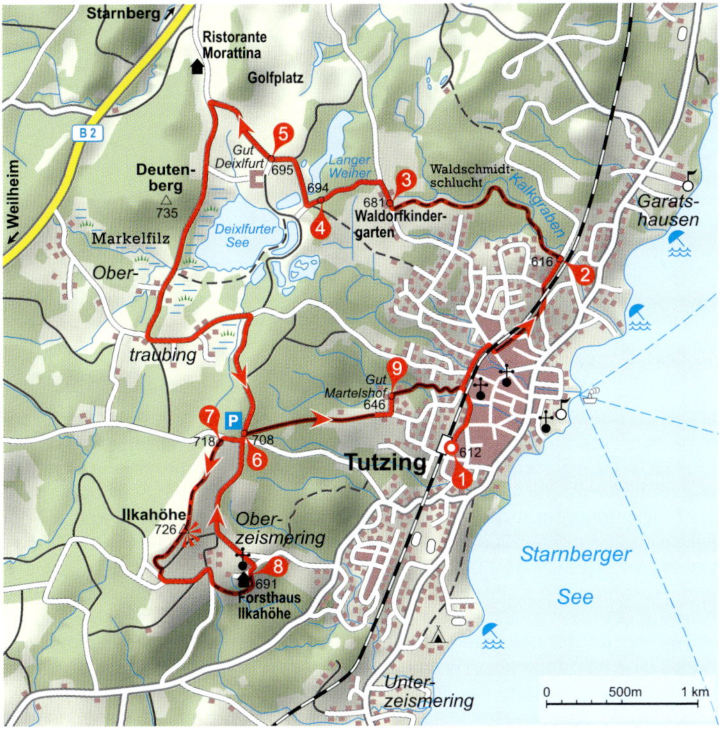

sen Schilder zur Waldschmidtschlucht. Die Treppen hinauf führt uns ein Fußweg an Gartenzäunen und Bahnlinie entlang. Am Pfadende steigen wir die Stufen hinab und gehen durch eine Fußgängerunterführung. Die Straße »Am Pfaffenberg« führt uns weiter nordwärts, bis in einer Senke die Beschilderung zur **Waldschmidtschlucht (2)**, 616 m, nach links weist. Sind wir ein paar Meter gegangen, erblicken wir rechts hinter den Häusern einen Steinbruch mit Nagelfluh. Letzteren sehen wir auch noch auf dem Weg durch die Schlucht als herumliegende Brocken. Hier stand einst ein Kalkofen – der untere Bereich der Schlucht heißt noch heute »Kalkgraben«. Über kleine Brücken geht es in die bewaldete Schlucht hinein. An der Weggabelung biegen wir rechts in die eigentliche Waldschmidtschlucht ab und wandern bachaufwärts weiter. Bald folgen wir dem wurzeligen Pfad hinauf und am Rand des Grabens entlang. Sind wir am Waldeck bei der Siedlung ange-

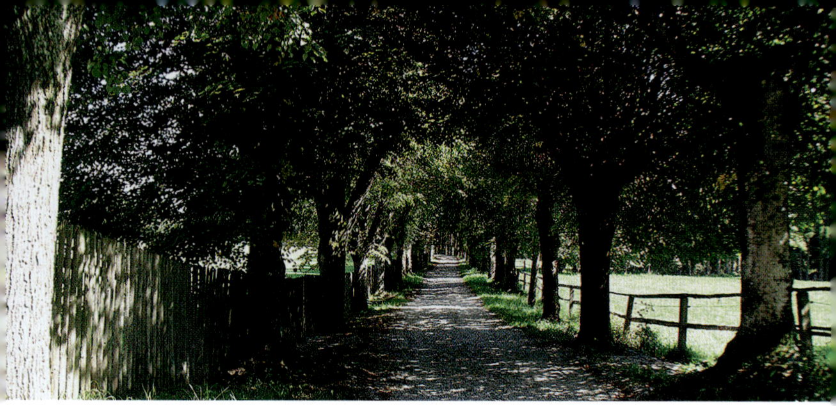

Malerische Lindenallee beim Gut Martelshof.

langt, nehmen wir den Pfad geradeaus Richtung Deixlfurter See und wandern dann rechter Hand stets am Waldrand entlang sanft ansteigend. Am **Waldorfkindergarten Tutzing (3)**, 681 m, erreichen wir die Straße. Von hier aus kontrollierte der BND in Zeiten des Kalten Krieges den Nachrichtenverkehr. Wir gehen erst rechts und biegen dann am Parkplatz gleich wieder links in den Wald ab Richtung »Deixlfurter See und Ilkahöhe«.
Unser Weg quert einen beeindruckenden Wall, den der Gletscher bei seinem Abschmelzen während einer längeren Stillstandsphase als **Rückzugsmoräne (4)**, 694 m, abgelagert hat. An der Weggabelung rechts, wandern wir weiter auf der gekiesten Straße – links der Johanniweiher – geradeaus durch eine Kastanienallee. Bald gelangen wir zu einer Wegkreuzung, an der es nach rechts weitergeht – links ist **Gut Deixlfurt (5)**, 695 m, zu sehen, das einst den Wagnersängern Therese und Heinrich Vogl gehörte. Daneben liegt der **Deixlfurter See** mit großer Schilffläche. Diesen umrunden wir, uns stets links haltend. Nach rechts ginge es zum Ristorante Morattina. Durch Kastanienalleen wandern wir am Golfplatz vorbei. Schließlich folgen wir dem Schild nach Obertraubing. An den Schilfflächen vorbei erreichen wir einen Wald. Nach den Anwesen führt uns die nun asphaltierte Straße durch einen weiteren Wald. Bald tauchen die Häuser von **Obertraubing** auf. An der Einmündung gehen wir links weiter, der Straße folgend und an locker in der Landschaft verteilten Anwesen, Feuchtwiesen und Birkenmoorwäldern vorbei. Nach den Pferdekoppeln weist uns ein Schild zur Ilkahöhe nach rechts. Über die Bavariastraße wandern wir an einzelnen Anwe-

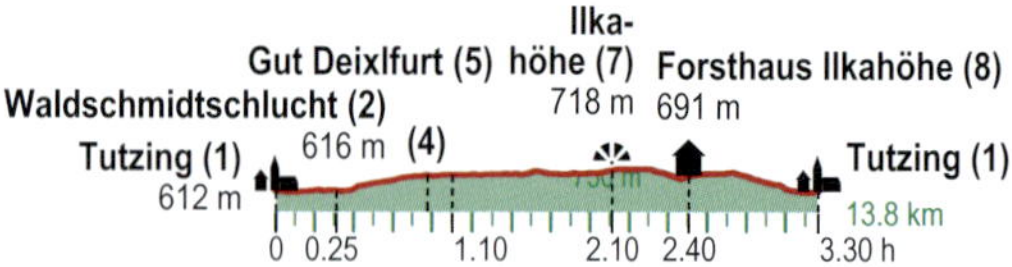

sen vorbei, dann durch Wald. Schließlich gelangen wir zu einem **Parkplatz (6)**, 708 m, an dem ein Schild auf einen Trimmpfad verweist – hier biegen wir später ab. An der Einmündung gehen wir auf der Straße kurz rechts und gleich wieder links. Mit freiem Blick wandern wir nun über die **Ilkahöhe (7)**, 718 m. Bei klarer Sicht bietet sich ein Panorama vom Grünten in den Allgäuer Alpen bis zu den Chiemgauer Alpen.
Nach einem Wäldchen, in dem eine Tafel auf den ehemaligen Standort eines Achtecktempels hinweist, geht es hinab und gegen den Uhrzeigersinn um einen Tümpel herum. Die Straße führt zu den ersten Anwesen von **Oberzeismering**. Bald zweigt links ein beschilderter Pfad ab, der uns zu einem Bach hinab und dann wieder etwas hinauf zum ehemaligen **Forsthaus Ilkahöhe (8)**, 691 m, bringt. Von dessen Terrasse aus lässt sich bei guter Küche die Aussicht auf See und Berge genießen. Oberhalb steht die Kirche St. Nikolaus. Hier wenden wir uns nach rechts, wandern bei den Parkplätzen nach links weiter und dann durch die Lindenallee. Nach Querung der Straße folgen wir an dem **Parkplatz (6)**, 708 m, von vorhin rechts dem Schild »Trimmpfad« durch den Wald hinab. Bald geht es mit Seeblick durch eine Lindenallee an Weiden mit »Pustertalern« vorbei. Einst waren sie die leistungsstärkste Rinderrasse, dann aber vom Aussterben bedroht. Mittlerweile konnten sie sich auch aufgrund ihrer zahlreichen positiven Eigenschaften wieder etablieren. Endet der Zaun, so biegen wir links in die Straße »Am Höhenberg« ein. Zwischen **Gut Martelshof (9)**, 646 m, und einer Siedlung wird diese schließlich zu einem Fußweg, der hinab über eine kleine Brücke führt. Hier geht es nach rechts durch den **Martelsgraben** weiter. Schließlich gelangen wir, wenn wir an der Einmündung kurz links gehen, zu der schon bekannten Bahnunterführung. Nach dieser geht es rechts über Heinrich-Vogl-Straße und Bahnhofstraße zurück zum **Ausgangspunkt (1)**.

Tolle Aussicht: Starnberger See, Alpenkette und davor die Kirche von Oberzeismering.

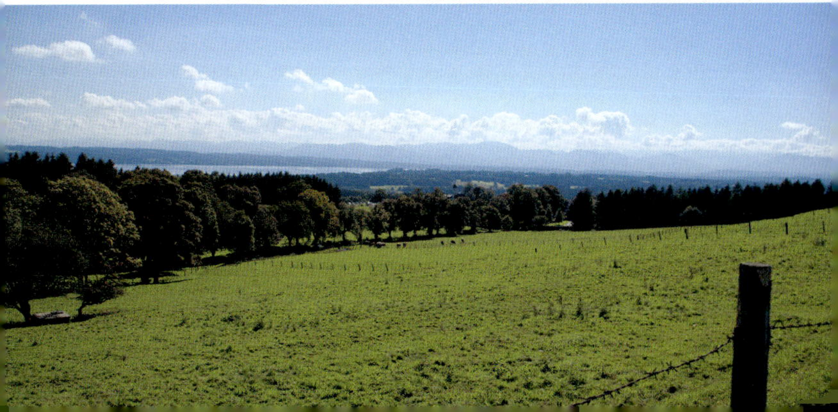

13 Von Münsing nach Ammerland

3.50 Std.

Erholung und Luxus am Starnberger See

Dass Ammerland vor 1850 nur »sechs Feuerstellen« gehabt haben soll, ist heute kaum vorstellbar. Zu dieser Zeit lebten hier vier Fischer sowie ein Schuster und ein Schneider. Daneben gab es noch zwei Schlösser und eine Wirtschaft. Die Aussicht auf eine Eisenbahnanbindung, die dann aber doch nicht verwirklicht wurde, zog ab den 1860er-Jahren zahlreiche Städter an, die auf Sommerfrische kamen oder gleich ganz hierher zogen. So entstanden entlang des Seeufers Bootshütten und Villen – Ammerland wuchs immer mehr in die Länge. Berühmte Persönlichkeiten, Künstler und Gelehrte siedelten sich hier an. Auch heute gehören viele der Villen am begehrten Ostufer Prominenten. Hier wohnte auch der 2011 verstorbene Loriot, einer der vielseitigsten deutschen Humoristen.

Ausgangspunkt: Kirche Münsing (662 m) (Navi: 82541 Münsing, Am Kirchberg 2), MVV-Haltestelle (961 Ammerland–Starnberg Nord Bf., 373 Wolfratshausen Bf.–Seeshaupt Bf.).
Höhenunterschied: 150 m.
Anforderungen: Problemlose Wanderwege und Sträßchen.

Einkehr: Gaststätten und Restaurants in Ammerland und Münsing (z. B. Pizzeria Pinocchio am Sportplatz Münsing).
Variante: Bei Überschwemmung ist das Durchwandern des Allmannshauser Filzes nicht möglich (dann ab Wegpunkt 3 über Sibichhausen nach Allmannshausen).

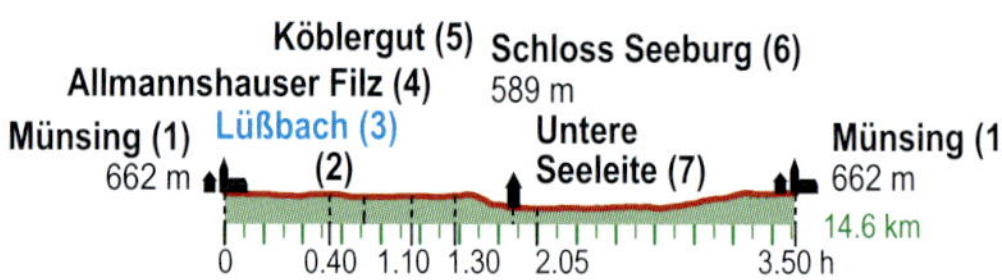

Wir starten am Fuß der Kirchsteigstufen von Mariä Himmelfahrt in **Münsing (1)**, 662 m. Im Friedhof befindet sich das Grab des Grafen Franz von Pocci (1807–1876), der zwar Hofmusikintendant und später Oberstkämmerer am bayerischen Königshof war, wegen der von ihm verfassten Werke für das Kasperl- und Marionettentheater aber nur der Kasperlgraf genannt wurde. Von hier aus wandern wir links hinab über die Brücke des Lüßbachs und dann nach links in die Schwabbrucker Straße, der wir ortsauswärts folgen. Bald geht es auf breitem Kiesweg durch den Wald, stets an dessen Rand. Immer wieder eröffnet sich der Blick auf die flachkuppige Moränenlandschaft. Haben wir **Schwabbruck (2)**, 658 m, erreicht, wandern wir halb links weiter. Wieder im Wald, folgen wir stets den Radwegweisern Richtung Allmannshausen. Nach erneuter Querung des **Lüßbaches (3)**, 643 m, führt

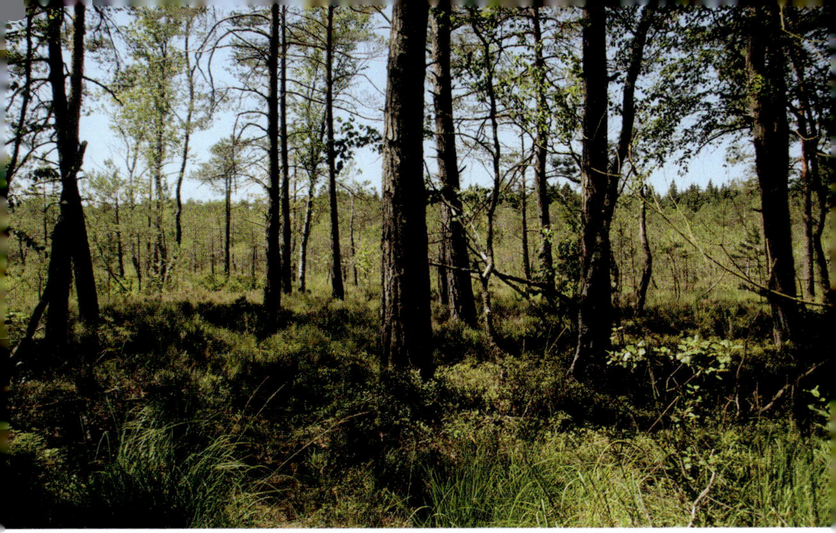

Im Allmannshauser Filz gedeiht eine Ersatzvegetation aus Kiefern und Heidepflanzen.

ein schmaler Weg an diesem entlang. Das braune Wasser und die angrenzende Vegetation deuten schon auf den Biotoptyp hin, den wir gleich durchwandern werden. Nach einer Rechtskurve geht es geradewegs durch den **Allmannshauser Filz (4)**, 647 m. Dieses Hochmoor wurde zur Anlage von Torfstichen entwässert und trägt deshalb Kiefernwald und Heidevegetation. Weiter der Radwegbeschilderung folgend, erreichen wir auf dem Ebracher Weg die ersten Häuser von Allmannshausen. Nach dem unter Denkmalschutz stehenden **Köblergut (5)**, 650 m, linker Hand, in dem einst Tagelöhner wohnten, wandern wir gleich nach links. Die Staatsstraße überquert, setzen wir unseren Weg, leicht nach rechts versetzt, geradeaus über den Zieglerweg fort. Am Maibaum und an der Wallfahrtskirche St. Valentin vorbei wandern wir stets geradeaus weiter. Am Ortsende geht die Straße in einen Pfad über, der bald durch den Wald hinabführt und schließlich, schon nahe am Starnberger See, in einen anderen Weg mündet. Hier wandern wir nach links weiter. Im Bereich eines Parkplatzes gehen wir hinab zur Assenbucher Straße, in die wir wiederum links einbiegen. Nahe dem Seeufer wandern wir auf dieser südwärts weiter. Bald gelangen wir zu einer Wegkapelle mit hölzernem Vorbau, welche zum links aufragenden **Schloss Seeburg (6)**, 589 m, gehört. Dieses wurde um 1890 als Schloss Biberkor vom Münchner Bauunternehmer Heinrich Hoech erbaut, heute wird es für Jugendfreizeiten genutzt. Am Seeufer gehören außerdem eine Schiffhütte mit Uferbefestigung und ein bildstockförmiger Leuchtturm dazu.

Nach einem reich gegliederten Landhaus (um 1900) mit neubarocken Nebengebäuden wandern wir an der **Unteren Seeleite (7)**, 587 m, entlang. Hier wächst links der Straße in steilem Gelände ein für Südbayern sehr seltener Kiefern-Buchen-Mischwald, der wärmeliebend und sehr artenreich ist. Die Straße führt uns, bald als Nördliche Seestraße, weiterhin meist durch Wald und an einzelnen Wochenendhäusern und Villen vorbei, die bereits zu **Ammerland** gehören. An der Hofkapelle des Schlosses vorbei – hier weist eine Tafel auf Graf Franz von Pocci hin, der dem ehemaligen bischöflichen Lustschloss eine zweite Blütezeit schenkte – gehen wir an der Einmündung in die Ammerländer Hauptstraße nach rechts am Hotel am See (Schiffsanlegestelle) vorbei und nehmen dann den Kapellenweg (Straßenschild nach Münsing) nach links. Macht dieser eine Linkskurve, wandern wir geradeaus auf einem gekiesten **Forstweg (8)**, 599 m, weiter (das ist der linke der 3 abgehenden Wege). Nun geht es durch den Wald aufwärts. Im Bereich einer **Lichtung (9)**, 615 m, wandern wir links weiter. Stets dem Nordic-Walking-Weg folgend gehen wir an der Abzweigung nach Staudach mit seinem schlanken, spitzen Kirchturm vorbei. In kurvigem Verlauf führt uns der Forst-

Mittags am Ostufer des Starnberger Sees.

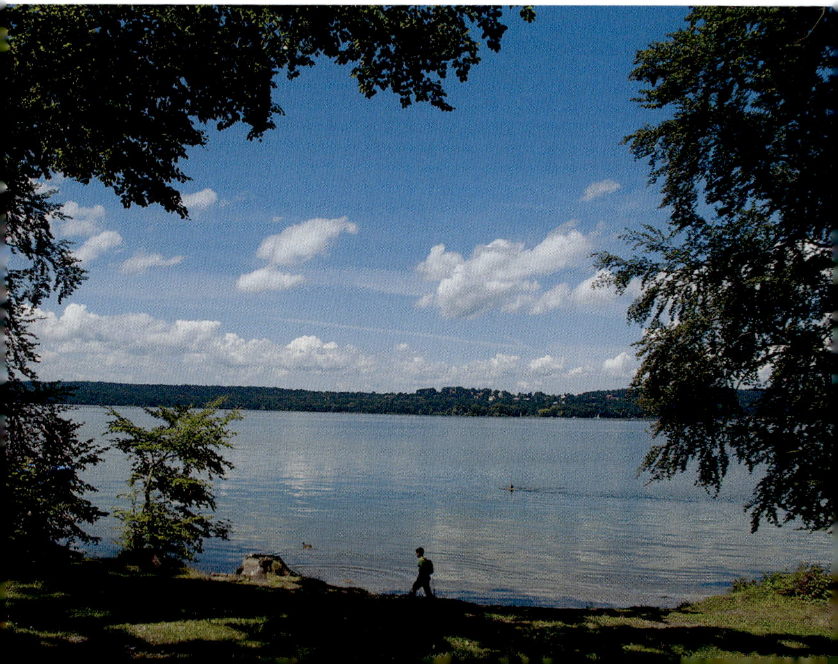

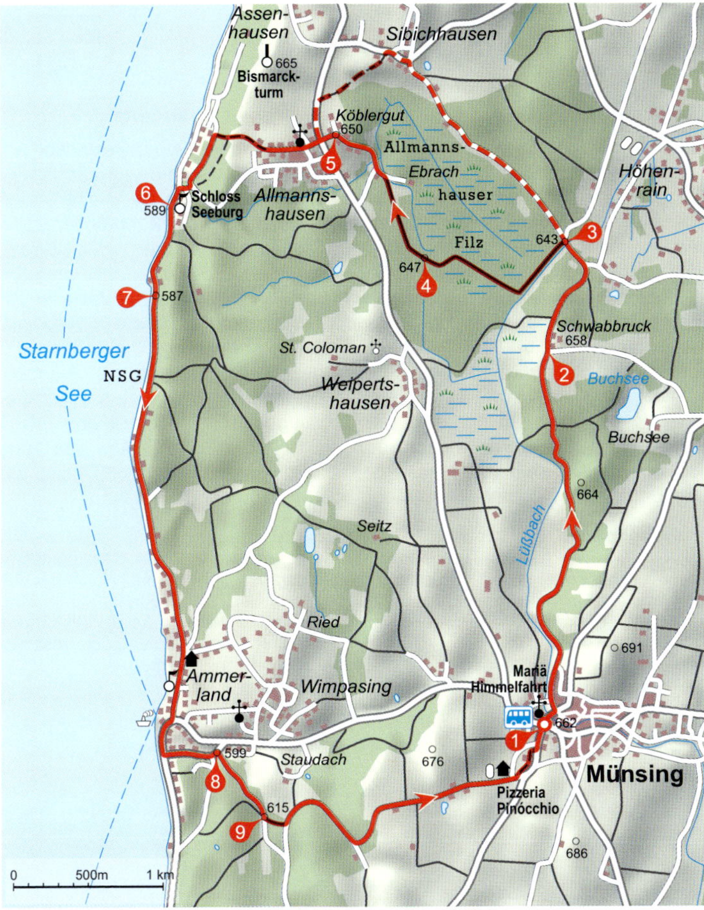

weg schließlich aus dem Wald heraus und mit Blick auf die Berge und den Zwiebelturm von Münsing als Hartlweg an einigen Gehöften und einem vermoorten Toteisloch vorbei. Nach dem Sportplatz – hier gibt es auch eine Einkehrmöglichkeit – gehen wir links, dem Fußweg entlang der Straße folgend, nach **Münsing** hinein und gelangen geradewegs wieder zum **Ausgangspunkt (1)** zurück.

14 Beuerberg und Mooseurach

3.00 Std.

Wie ein Industrieller aus Stuttgart die Landschaft veränderte

Ungewöhnlich große Gebäude, Reste alter Siloanlagen und geometrisch angelegte Aufforstungen fallen auf dieser Wanderung durch den Euracher Filz auf. Initiator war Robert Bosch, der Begründer der heute weltweit agierenden Bosch-Gruppe. Dieser erwarb um 1912 Anteile einer Moorverwertungsgesellschaft in Beuerberg. Mit dem Torfgeschäft hatte er zwar keinen Erfolg, doch gefiel ihm die Landschaft und er kaufte im Laufe der Jahre mehrere Hofstellen, unter anderem Mooseurach und Sterz. Auf diesen wollte er die Prinzipien, mit denen er in der Industrie so erfolgreich war, auch in der Landwirtschaft anwenden. Dazu ließ er Moorflächen entwässern, baute Silos und richtete den Boschhof, die ehemalige Torfverwertungsanlage, als Güterzentrale mit Anschluss an die Isartalbahn ein. Bis in die Zeit des Zweiten Weltkrieges, als die Lebensmittelpreise stark anstiegen, blühte der Betrieb. Nach Boschs Tod 1942 wurde dieser noch bis 1976 aufrechterhalten. Seit 1986 wird wieder Landwirtschaft betrieben, allerdings in kleinerem Stil und als Öko-Betrieb auf den besseren Böden des Mooseuracher Hügels.

Ausgangspunkt: Bushaltestelle Bahnhofstraße Beuerberg (613 m), gegenüber Feuerwehr (Navi: 82547 Beuerberg, Bahnhofstr. 33), MVV-Regionalbus 372 Beuerberg – Wolfratshausen Bf. und 374 Penzberg – Wolfratshausen Bf.
Höhenunterschied: 130 m.

Anforderungen: Keine. Tour verläuft meist auf asphaltierten bzw. gekiesten Wegen. Somit auch nach längeren Regenperioden gut begehbar.
Einkehr: Unterwegs keine, jedoch das Restaurant Bella Vista und das Gasthaus »Zur Mühle« in Beuerberg.

Blick von der Loisach ostwärts: Vorne ist eine Terrassenkante zu erkennen, das Haus im Hintergrund steht auf einer Moräne.

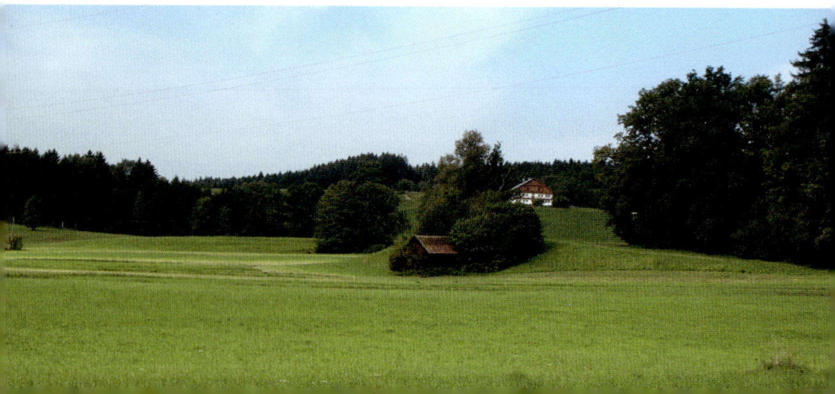

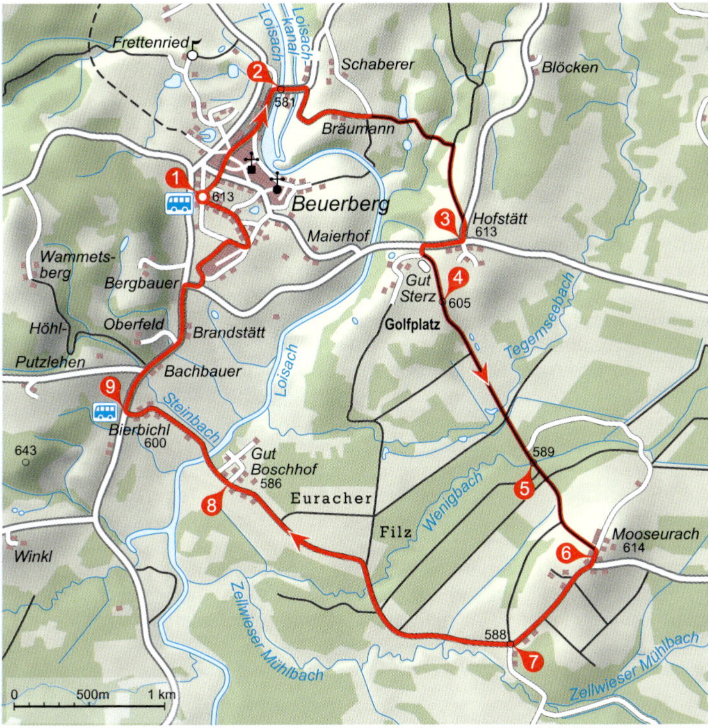

Von der Bushaltestelle **Beuerberg (1)**, 613 m, in der Bahnhofstraße aus nehmen wir die mittlere der drei abgehenden Straßen. Bald gelangen wir zu einer Kreuzung, wo wir leicht versetzt in der Kuglstadtstraße weitergehen – rechts jenseits der großen Wiese die Konventsgebäude des ehemaligen Salesianerinnenklosters. Wir ignorieren sämtliche Abzweigungen und wandern geradeaus an stattlichen Bauernhäusern vorbei. Zweigt nach rechts die Herrnhauser Straße ab, folgen wir dieser Richtung Gasthaus »Zur Mühle«

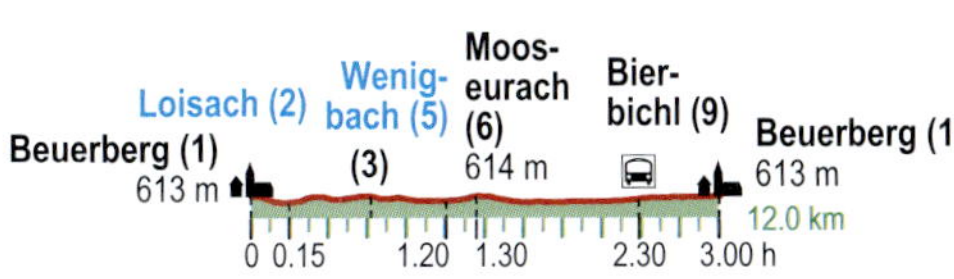

bzw. Gelting abwärts. Das Asphaltsträßchen führt uns nun nach einer Linkskurve nordwärts. Sodann überqueren wir nahe einem Feldkreuz nach rechts die begradigte **Loisach (2)**, 581 m, sowie den Loisach-Isar-Kanal. Von der ersten Brücke aus kann man einen Blick auf den Ort mit seinen beiden Kirchen werfen – die heutige Pfarrkirche mit anschließenden Klostergebäuden und die Friedhofskirche, die zu Klosterzeiten Pfarrkirche war. Nun folgen wir dem Uferweg nach rechts. Auf dem Asphaltsträßchen entfernen wir uns schließlich von Fluss und Kanal und wandern wieder aufwärts. Nach dem Anwesen **Bräumann** gehen wir an der nächsten Kreuzung geradeaus weiter und gelangen an zwei Weihern vorbei. Ein kurzes Stück durch den Wald und über ein mäandrierendes Bächlein, wandern wir mit Blick auf die Berge weiter. Schließlich mündet unser Weg in ein Sträßchen, dem wir kurz rechts nach **Hofstätt (3)**, 613 m, folgen. Auch hier gibt es wieder stattliche Bauernhäuser und Getreidekästen zu bewundern.
Nun gehen wir an der Staatsstraße etwa 300 m nach rechts hinab, bevor wir links zum Sportplatz abbiegen. Wir folgen sogleich dem Schild »Fußballer bitte hier parken« geradeaus. Am Fußballplatz vorbei gelangen wir bald auf das Gelände des **Golfplatzes Gut Sterz (4)**, 605 m. Hier wandern wir stets geradewegs weiter, sämtliche Abzweigungen ignorierend. Nach einigen kleinen Teichen gelangen wir in den Wald und überqueren **Tegernsee-** und **Wenigbach (5)**, 589 m, welche sich erst nach der Eiszeit in den zuvor zusammenhängenden Moorkomplex eingeschnitten haben, der sich eintiefenden Loisach folgend. Dann geht es weiter geradeaus durch den **Euracher Filz**, der nur noch in Relikten vorhanden ist. In den 1950er-Jahren sind weite Teile, auf denen die landwirtschaftliche Nutzung gescheitert war, größtenteils

Gleich einem grünen Tunnel führt diese Allee nach Mooseurach.

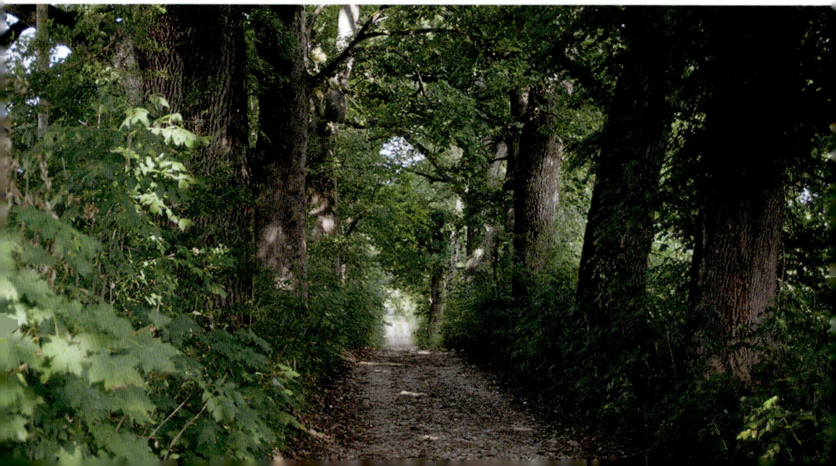

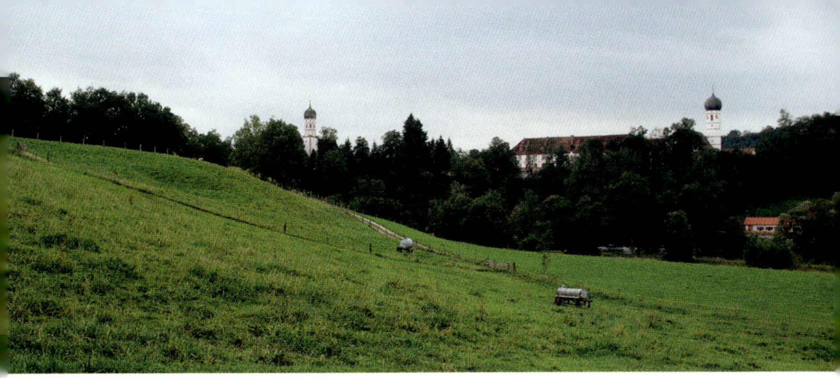

Die Pfarrkirche von Beuerberg (rechts) sowie die Friedhofskirche liegen hochwassergeschützt auf einer Terrasse über der Loisach. Im linken Bildbereich ist die Terrassenkante des gegenüberliegenden Ufers zu erkennen.

mit Fichten aufgeforstet worden, um Grubenholz für den nur bis 1966 betriebenen Penzberger Bergbau zu gewinnen. Eine Allee mit alten Bäumen führt nach **Mooseurach (6)**, 614 m, hinauf. Die großen Gebäude zeugen von der ehemaligen Funktion als Gutshof. Auf einem Drumlin gelegen, sind die Böden trockener und ertragreicher, weswegen sie heute noch landwirtschaftlich genutzt werden.

Hier gehen wir rechts weiter und dann halb rechts. An der nächsten Abzweigung nehmen wir die Allee geradeaus. Nun geht es an Weiden vorbei mit Blick auf die Berge wieder hinab in den **Euracher Filz**. Wir kommen an drei Anwesen vorbei, die Robert Bosch einst für seine Beschäftigten bauen ließ, um optimale Lebensbedingungen zu bieten. An der nächsten Weggabelung folgen wir der **Birkenallee (7)**, 588 m, nach halb rechts. Blicken wir zurück, so sehen wir drei weitere solche Anwesen. Auf dem Weiterweg erstreckt sich linker Hand der offene Auenbereich des Zellwieser Mühlbaches. Wieder den Wenigbach überquert, gelangen wir zum **Gut Boschhof (8)**, 586 m, der ehemaligen Güterzentrale mit eigener Molkerei, Verwaltung, Werkstätten und direktem Bahnanschluss. Ab hier bringt uns ein Asphaltsträßchen über die Loisach nach **Bierbichl (9)**, 600 m, wo wir die Tour beenden und mit dem Bus weiterfahren können. Ansonsten folgen wir der Staatsstraße ein Stück nach rechts über Bachbauer und Brandstätt, bevor wir kurz vor Beuerberg gemäß Radwegweisung diese nach rechts verlassen können. Sogleich biegen wir links Richtung Beuerberg ab. Nun geht es gleich wieder nach links über die Blombergstraße an zahlreichen hübschen Häusern vorbei weiter. An deren Ende biegen wir rechts in den Etzweg ein, den wir dann nach links verlassen und schließlich über die Bahnhofstraße zum Ausgangspunkt in **Beuerberg (1)** zurückgelangen.

15 St. Heinrich und Hohenleiten

4.30 Std.

Am Starnberger See, durch Wälder und über den Höhenrücken

Die Herkunft des Ortsnamens St. Heinrich hat eine interessante Bewandtnis. Er stammt von einem Einsiedler, der hier im 12. Jahrhundert in einer kleinen Holzkapelle gelebt haben und gestorben sein soll. In der Folge entwickelte sich sein Grab zu einem regelrechten Wallfahrtsort, da dort immer wieder Wunder geschehen sein sollen. So errichtete man 1324 über diesem eine steinerne Kirche. Nach wenigen Jahrhunderten geriet das Grab in Vergessenheit, doch wurde Anfang des 17. Jahrhunderts die Wallfahrt durch das Kloster Beuerberg wiederbelebt. Der Erfolg war so groß, dass die Kirche erweitert werden musste. Die Säkularisation 1803 bedeutete jedoch das endgültige Aus für den Wallfahrtsort. Das Gasthaus neben der Kirche, das schon so alt wie die Wallfahrt ist, wird übrigens seit mehr als 100 Jahren die Fischerrosl genannt; und zwar in Anlehnung an das urwüchsige Fischerkind, von dessen Leben der Dichter Maximilian Schmidt in seinen Starnbergersee-Geschichten erzählte.

Ausgangspunkt: Parkplatz (593 m) beim Ambacher Erholungsgelände (gebührenpflichtig) (Navi: 82541 Ambach), MVV-Regionalbus 373 Seeshaupt Bf. – Wolfratshausen Bf.

Höhenunterschied: 180 m.
Anforderungen: Keine.
Einkehr: Zahlreiche Gasthäuser und Restaurants in St. Heinrich und am Starnberger See.

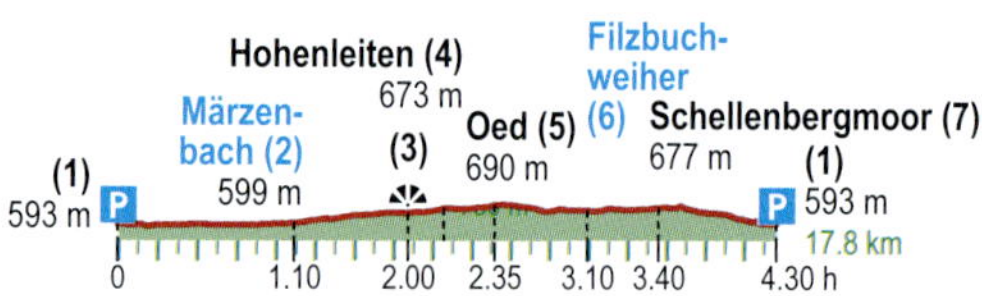

Vom Parkplatz beim **Ambacher Erholungsgelände (1)**, 593 m, aus gehen wir südwärts durch das Parkgelände und erreichen, bei den Tischtennisplatten nach rechts schwenkend, das Ufer des Starnberger Sees. An diesem entlang folgen wir dem Fußweg bis zum **Buchscharner Seewirt**. Weiter führt ein Pfad am Seeufer entlang. Sollte dieser überflutet sein, müssen wir ein Stück an der Staatsstraße entlanggehen. Nun schließt sich ein abschnittsweise asphaltierter Radweg an, dem wir teils an der Staatsstraße entlang, teils durch den Wald, aber stets in Ufernähe folgen. Haben wir einen Blick auf die Kirche von St. Heinrich erhascht, breitet sich rechter Hand ein Schilfbestand aus – dieser Verlandungsbereich ist ein wichtiges Vogelschutzgebiet. Wir folgen noch ein kurzes Stück der Staatsstraße, überqueren dann

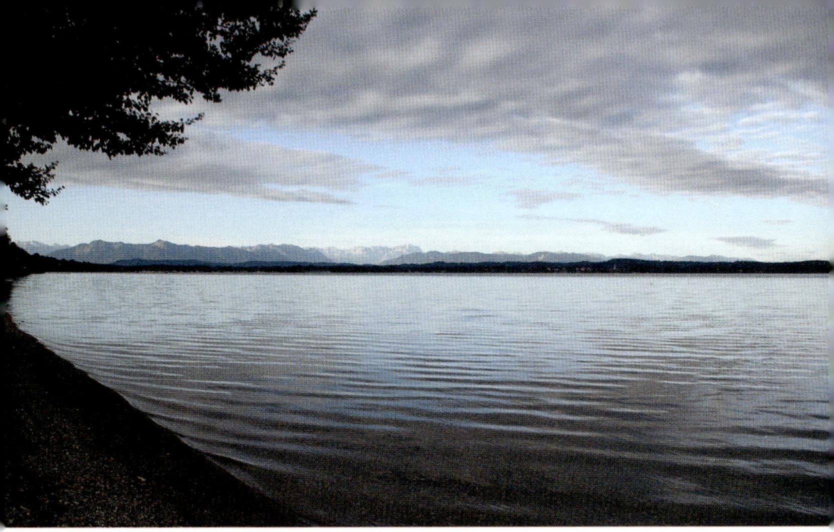

Sommermorgen am Starnberger See. Bereits von der Sonne bestrahlt zeichnet sich die Alpenkette am Horizont ab. In der Mitte das markante, etwas hellere Zugspitzmassiv.

den Märzenbach und nehmen an einer Bank den Grasweg nach links. An der Staatstraße angelangt, überqueren wir diese und gehen auf der Schechener Straße weiter. Biegt letztere an einer **Eiche** scharf nach rechts ab, so wandern wir geradeaus auf dem breiten Kiesweg weiter. Nun geht es entlang des **Märzenbaches (2)**, 599 m, mit seinem rötlichen Wasser durch den Nonnenwald; hier liegen immer wieder Äste quer und Baumwurzeln sind ausgespült. Dadurch ist der Bach ein wichtiger Lebensraum und bietet für Vögel zahlreiche Nist- und für Fische Versteckmöglichkeiten. Erst nachdem wir den Bach überquert haben, entfernen wir uns von ihm.
An der nächsten Weggabelung halten wir uns rechts. Der Weg steigt nun sanft an, an der nächsten Wegkreuzung biegen wir links ab. Weiter durch Mischwald gegangen, führt uns schließlich eine Brücke mit Bergblick über die Autobahn A 95. Nun schlängelt sich der Weg noch kurz durch den Wald, dann an Weiden und Wiesen vorbei. Mit weitem Panoramablick auf die Alpenkette und Richtung Loisachtal wandern wir auf **Faistenberg (3)**, 648 m, zu. Vor dem Weiler bereits biegen wir an einer Scheune links in einen Wiesenweg ein und gehen am Zaun entlang. Haben wir das Sträßchen erreicht, so folgen wir diesem nach links. Es geht durch eine Senke, in der sich ein kleines Feuchtgebiet befindet, und dann hinauf nach **Hohenleiten (4)**, 673 m, das schon von Weitem sichtbar auf einer Molassekuppe thront. Wir gehen das Sträßchen weiter und passieren Märzanderl. Nach gut 300 m

zweigt links ein Kiesweg ab, der uns durch ein feuchtes Wäldchen nach **Oed (5)**, 690 m, hinaufbringt. Nun folgen wir dem Sträßchen etwas hinab. Da ein Schild auf einen bissigen Hund hinweist und der Weg mit »Privatweg – Durchgang verboten« beschildert ist, halten wir uns an der Weggabelung links. Dieses landschaftlich reizvolle Asphaltsträßchen führt uns über den Weiler Speck zur Staatsstraße, der wir nach rechts folgen. Kurz nachdem wir die erste rechte Abzweigung nach Filzbuch passiert haben, führt uns ein Feldweg nach links auf den nächsten Wald zu. Hier folgen wir dem Kiesweg bis zum idyllisch gelegenen **Filzbuchweiher (6)**, 662 m. Dieser weist einen zonierten Verlandungsbereich auf, der zu den Seiten hin in Niedermoorbereiche mit Streuwiesen und Hochmoorflächen übergeht. Struktur- und Artenreichtum machen diese Bereiche sehr wertvoll.
Sämtliche Abzweigungen ignorierend führt uns der Forstweg schließlich wieder nahe an die A 95 heran und nach einem Auf und Ab an eingeschnittenen Gräben vorbei, die bereits der Loisach im Osten zustreben. In einer scharfen Linkskurve wieder unter der A 95 hindurch, halten wir uns danach links und wandern am Südrand des **Naturschutzgebietes »Schellenbergmoor« (7)**, 677 m, entlang. Hinter den Fichten erstreckt es sich, wir können auch einmal einen Blick auf die als Streuwiesen genutzten Niedermoorflächen erhaschen, an die sich Übergangs- und Hochmoorflächen anschließen. Haben wir die höchste Stelle erreicht, an der eine Blockhütte steht, geht es nun den Schellenberg hinab. An der **Wegkreuzung (8)**, 659 m, wandern wir kurz nach rechts und biegen dann gleich wieder links ab. Weiter hinab führt uns der Forstweg durch den Eurasburger Wald. Wir ignorieren sämtliche Ab-

Der Weiler Hohenleiten thront auf einem Molassezug.

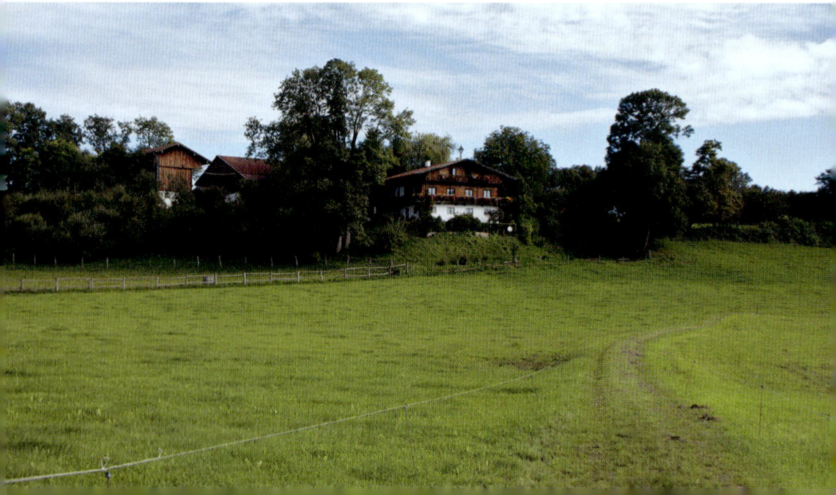

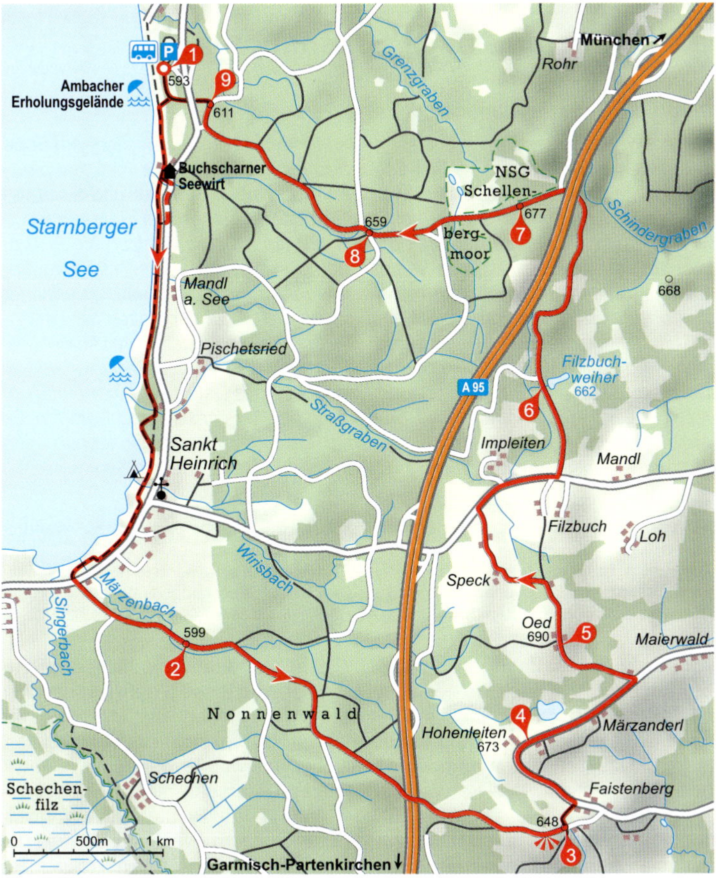

zweigungen und gelangen schließlich zur Staatsstraße. Bereits vor der Einmündung aber gehen wir nach rechts weiter und nehmen dann im Wald den links abzweigenden **Fußpfad (9)**, 611 m. Eine Unterführung bringt uns unter der Staatsstraße hindurch – das Ambacher Erholungsgebiet erreichen wir, wenn wir den Fußweg geradeaus nehmen. Nun wenden wir uns an den Tischtennisplatten nach rechts und gelangen auf schon bekanntem Wege zum **Ausgangspunkt (1)** zurück.

TOP **16**

Von Iffeldorf nach Seeshaupt

3.30 Std.

Durch die Eiszerfallslandschaft der Osterseen

Hier hat der abschmelzende Gletscher deutliche Spuren hinterlassen. Am Ende der letzten Eiszeit waren die hier liegenden Eismassen bereits vom Haupteisstrom abgetrennt. Durch Schmelzwässer wurden sie in Schotter und Sand gebettet. Die Schüttungen bauen heute die ebenen Flächen der Randterrassen von Seeshaupt, Staltach und Iffeldorf auf. Nur langsam schmolzen die Eisbrocken ab, unterschiedlich große Vertiefungen blieben zurück. Diese Toteislöcher füllten sich teils mit Wasser, von denen wiederum einige vollständig verlandet sind und heute Moore tragen. Material, das in die Gletscherspalten gefüllt wurde, bildet heute bahndammartige Oser. Die unregelmäßig geformten Hügel (Kames) sind die Reste von Füllungen zwischen den Eisblöcken. Großteils als Naturschutzgebiet und FFH-Gebiet ausgewiesen, ist das Osterseengebiet reich an verschiedenen Lebensräumen für viele, teils seltene Pflanzen- und Tierarten. Es ist aber auch ein beliebtes Erholungsgebiet, denn das Wasser der flachen Seen ist sommers fast immer um 1 bis 2 °C wärmer als im Starnberger See.

Ausgangspunkt: Bahnhof Staltach (Iffeldorf), 599 m (Navi: 82393 Iffeldorf, Am Bahnhof 1).
Zielpunkt: Bahnhof Seeshaupt (601 m), Rückfahrt mit dem Zug, verkehrt stündlich.
Höhenunterschied: 120 m im Aufstieg, 110 m im Abstieg.
Anforderungen: Problemlose Wanderwege und Sträßchen.
Einkehr: Gasthäuser und Restaurants in Iffeldorf und Seeshaupt, Waldhaus am Fohnsee (Di–So 11.30–20 Uhr, Mo Ruhetag).

Vom **Bahnhof Staltach (Iffeldorf) (1)**, 599 m, wandern wir entlang der Straße »Am Bahnhof« nach Westen zum Sportplatz. An diesem geht es links vorbei, bis wir kurz darauf auf einen Feldweg (Allee) stoßen. Diesem folgen wir nach rechts, alle Abzweigungen ignorierend, bis links eine private Auffahrt abgeht. Direkt daneben führt ein öffentlicher Kiesweg abwärts, auf dem wir beschattet entlang des Naturschutzgebietes Osterseen bis zu einer Kreuzung mit Infotafel wandern. Hier halten wir uns links in Richtung der Wegweisung Fohnsee/Ostersee. Nach gut 400 m kiesigem Waldweg kommt die nächste Kreuzung, wo wir geradeaus weitergehen bis zu einem Holzschild, das in handschriftlich eingravierten Lettern auf die Schutzbedürftigkeit und Bedeutung des Waldes hinweist.
Ein wurzelreicher Waldpfad geleitet uns zum **Fohnsee (2)**, 589 m. Durch das Schilf schimmert der Zwiebelturm der Iffeldorfer Kirche St. Vitus, die auf dem hohen Terrassenrand steht. Dahinter ist der Einschnitt des Kesselberg-Passes zu sehen, über den im Eiszeitalter mehrmals ein Gletscherstrom aus dem Gebirge hervorgestoßen ist und sich im Alpenvorland ausgebreitet hat. Wir wandern nach links am Ostufer des Fohnsees entlang über ein Os und überque-

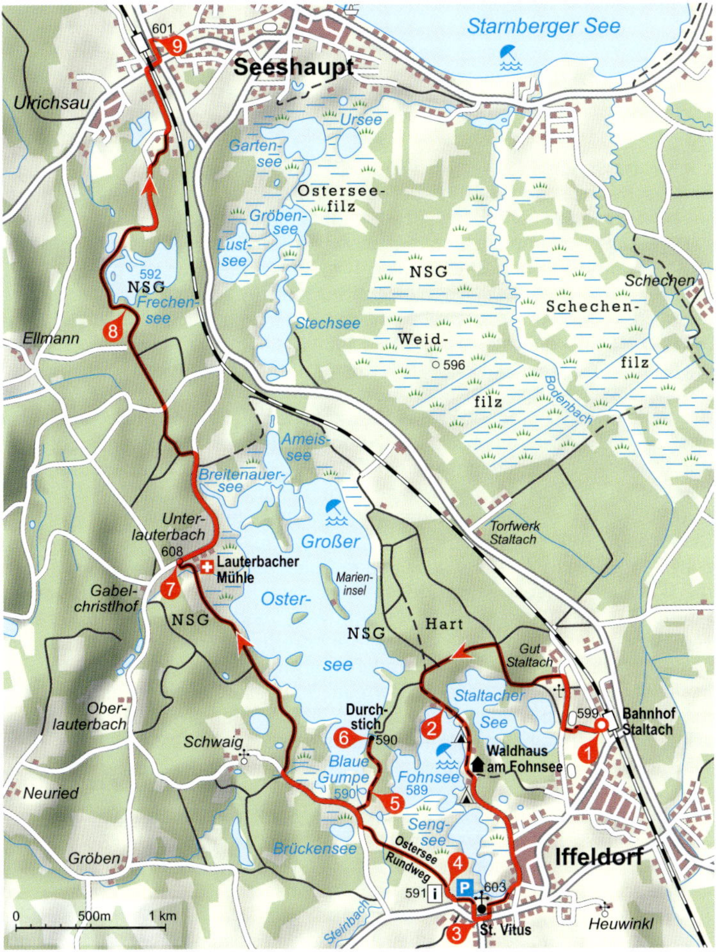

ren eine kleine Brücke – links der Staltacher See. Am Campingplatz vorbei folgen wir stets dem Kiesweg. Nach dem Fohnseestüberl bringt uns das Sträßchen auf die Randterrasse. Auf aussichtsreichem Weg gelangen wir zu den ersten Häusern von **Iffeldorf**. Nach einem guten Stück steigt die Osterseen-

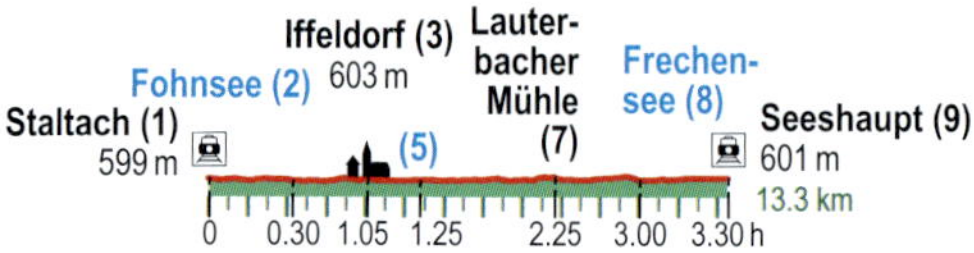

straße wieder an. Hier zweigt nach rechts ein Fußweg (Wegweiser »**Rundweg Ostersee**«) ab. Diesem folgen wir am Waschsee vorbei hinauf zur **Kirche St. Vitus (3)**, 603 m. Wir umrunden diese im Uhrzeigersinn und gehen den Fischersteig hinab. Wieder am Ufer des Waschsees entlang, gelangen wir bald zu einem Parkplatz, den wir geradeaus überqueren, auf die Infotafel mit uns schon bekanntem Inhalt zuhaltend. Gleich dahinter steht eine **Infosäule der Limnologischen Station (4)**, 591 m. Wir folgen nun stets dem Wegweiser »Rundweg Ostersee«. Nach einem Stück am Waldrand entlang und dann auf schilfgesäumtem Weg weist dieser uns an einer Infotafel nach rechts. Über einen Steg gelangen wir über einen kleinen Bach und zu einer Bank am Fuße eines Oses. Hier befindet sich linker Hand die **Blaue Gumpe (5)**, 590 m, – ein großer, klarer Quelltopf, bestehend aus zwei Trichterquellen, an deren Wänden das stets etwa 10° warme Wasser Kalk abscheidet. Der Pfad führt uns weiter über das Os zu einem künstlichen **Durchstich (6)**, 590 m, zwischen Fohnsee und Ostersee, der einst angelegt wurde, um Torf aus dem Weidfilz zum Starnberger See zu transportieren, was aber nie gemacht wurde.

Auf gleichem Weg zurück, folgen wir nun stets der Wegweisung Richtung **Lauterbach**. Wir wandern durch Wälder, an Toteislöchern vorbei und am schilfbestandenen Westufer des Großen Ostersees entlang. Seine Inseln sind die höchsten Erhebungen von Osern, was wir kurz vor der **Lauterbacher Mühle (7)**, 608 m, von aussichtsreichem Weg überblicken können. Das einstige Sanatorium, heute eine private Herz-Kreislauf-Klinik, umrunden wir im Uhrzeigersinn und folgen dem Sträßchen abwärts. Am Waldrand geht es mit Blick auf den schilfgesäumten Breitenauer See weiter. Taucht rechts eine Bank mit Infotafel auf, so verlassen wir das Asphaltsträßchen etwa 50 m weiter nach links und folgen nun dem gekiesten Forstweg. Gelangen wir gleich nach den mächtigen Resten einer **abgestorbenen Buche** zu einer Wegkreuzung, so verlassen wir ihn und gehen für die nächsten ca. 600 m geradeaus weiter, bis unser Weg eine scharfe Linkskurve macht. Hier folgen wir dem halb rechts abzweigenden Weg hinab. An der nächsten Weggabelung weist ein Schild rechter Hand auf das Wasserschutzgebiet hin. Wir aber gehen halb links weiter und gelangen hinab zum idyllischen **Frechensee (8)**, 592 m, – ebenfalls ein Toteisloch, das von Grundwasser gespeist wird. Nun dem Weg an seinem Westufer entlang folgen und an einer weiteren Infotafel vorbei. Wir wandern am Waldrand (Kiesweg) entlang, bevor es an einer Schranke (»Durchfahrt verboten«-Schild) in einem Rechts-Links-Schlenker weitergeht. Bei den ersten Häusern von Seeshaupt wird unser Weg zum Asphaltweg. Weiter auf dem Unteren Flurweg, überqueren wir nach rechts den Bahnübergang und wandern nach links zum **Bahnhof Seeshaupt (9)**, 601 m.

3.00 Std.

Hohenkasten und Pollingsried 17

Durch den Wald zu einer einsamen Kapelle

Diese Wanderung eignet sich besonders für das Frühjahr, wenn in den Wäldern Buschwindröschen, Veilchen und Schlüsselblumen teils regelrechte Teppiche bilden. Sie führt uns durch eine Drumlinlandschaft mit Weihern zu einer einsamen Kapelle im Wald. In den Akten taucht Pollingsried erstmals im 12. Jahrhundert auf, als das dortige Gut und die Kapelle an das Kloster Polling gelangten. Die heutige Kapelle stammt größtenteils aus dem Jahr 1701 und ist dem heiligen Georg und der heiligen Anna geweiht. Ansonsten ist der Weiler aufgelassen, als einzige Zeugnisse erinnern vier Tiefbrunnen – wohl noch aus dem 17. Jahrhundert – an bessere Zeiten.

Ausgangspunkt: Hohenkasten (682 m) (Navi: 82390 Eberfing, Hohenkasten).
Höhenunterschied: 130 m.
Anforderungen: Vorsicht entlang der Kreisstraße. Sonst stille Sträßchen und Forstwege. Am Schluss geht's über die Wiese!
Einkehr: Unterwegs keine.
Tipp: Im Sommer ist ein effektives Insektenschutzmittel vonnöten, damit man der Aufforderung der Bayerischen Staatsforsten, den Wald zu genießen, auch nachkommen kann.

Vom ehemaligen Wirtshaus **Hohenkasten (1)**, 682 m, aus folgen wir knapp einen Kilometer der Kreisstraße abwärts Richtung Antdorf. Dann zweigt halb links ein Sträßchen Richtung Neuried/Gröben ab, das wir entlanggehen. Neuried lassen wir links liegen und wandern weiterhin bergab nach **Gröben (2)**, 633 m, weiter. Das erste stattliche Bauernhaus mit Traufbundwerk links ist denkmalgeschützt.
Wir passieren den Weiler und wandern Richtung Lauterbach weiter. Nach der Kuppe folgen wir geradeaus dem Sträßchen durch Aufforstungsflächen. Schließlich gelangen wir im Bereich einer **Wegkapelle (3)**,

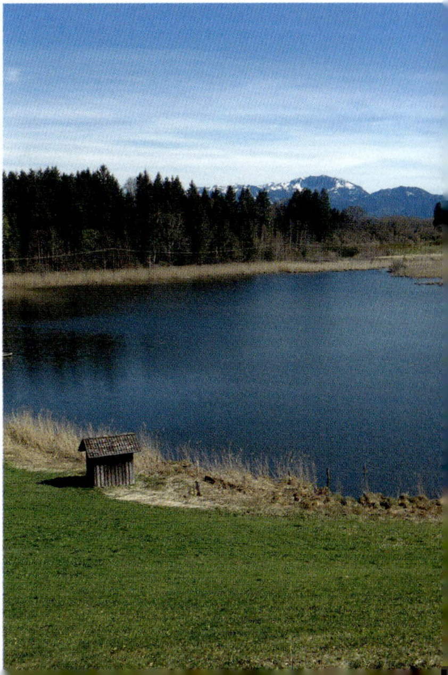

Der Streitberger Weiher. Die höchste Erhebung im Hintergrund ist die Benediktenwand.

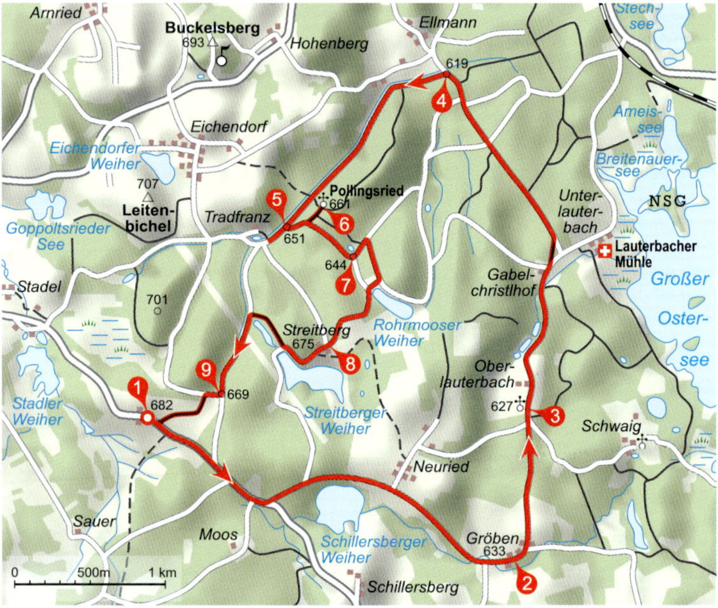

627 m, auf eine große Lichtung. Hier weist ein Schild auf die Schutzgebiete im Bereich der Osterseen hin. Wir wandern am Gehöft Oberlauterbach vorbei, dann nimmt uns der Wald wieder auf. Auf der nächsten Lichtung liegt der Gabelchristhof. An der Wegkreuzung wandern wir geradeaus auf dem Kiesweg weiter. Sämtliche Abzweigungen und Beschilderungen ignorierend geht es recht eben wieder durch den Wald. Als Entschädigung für diesen etwas monotonen Verlauf und als Belohnung des Wanderers, der zeitig im Jahr loszieht, bilden hier im Frühjahr zahlreiche Frühblüher teils regelrechte Teppiche. An einer größeren **Wegkreuzung (4)**, 619 m, – hier ein stehendes Totholz mit Zunderschwämmen – biegen wir links ab, dem Wegweiser Richtung Hohenkasten und Pollingsried folgend. Nun geht es am Waldrand entlang eines mäandrierenden Bächleins, der im Frühjahr dicht mit nach Knoblauch duftendem

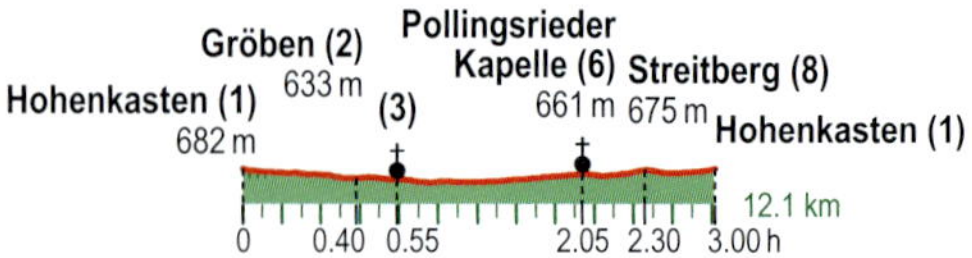

Bärlauch gesäumt ist, sanft aufwärts. Wir verlassen das Wiesental und gelangen wieder in den Wald. Hier sind in dem Bächlein auch Fische zu entdecken. Auf sonnigem Weg geht es weiterhin sanft aufwärts, bis unser Weg einen von links kommenden Forstweg aufnimmt. Von dieser **Weggabelung (5)**, 651 m, aus wandern wir noch ein Stück geradeaus bis zur idyllisch gelegenen Einöde **Tradfranz**. Zurück zur Weggabelung, folgen wir dem Forstweg ein Stück aufwärts, bis in einer Rechtskurve (Schild: Lauterbach) ein gekiester Spurweg links abzweigt. Geradeaus führt er uns zur **Pollingsrieder Kapelle (6)**, 661 m. Hier standen bis um 1900 Häuser, woran nur noch die abgedeckten Tiefbrunnen aus dem 17. Jh. und Pflanzen wie das Kleine Immergrün erinnern.
Nun gehen wir wieder zur Abzweigung zurück und biegen nach links Richtung Lauterbach ab. Wir kommen an einem nur zeitweise wassergefüllten **Toteisloch (7)**, 644 m, vorbei, wo wir nach links weitergehen. An der nächsten Wegkreuzung biegen wir rechts ab und gelangen so zum **Rohrmooser Weiher** mit großer Verlandungszone, welcher wie der Streitberger Weiher einst zum Kloster Polling gehörte. Wir gehen gleich rechts über seinen Damm und danach gleich links hinauf über einen Drumlin nach **Streitberg (8)**, 675 m, weiter. Folgen wir dem Sträßchen geradeaus, kommen wir in einer Rechtskurve mit Bergblick am Streitberger Weiher vorbei. Ein weiterer Weiher schließt sich fast nahtlos an. Um diesen herum folgen wir dem Kiesweg nach links und wandern dann weiter durch den Wald an einem Graben mit Sumpfdotterblumen entlang zwischen zwei Drumlins hindurch. Haben wir den **Waldrand (9)**, 669 m, erreicht, gehen wir kurz nach rechts, bevor uns ein links abzweigender Wiesenweg zum bald sichtbaren ehemaligen Wirtshaus **Hohenkasten (1)** zurückführt.

Blick von Hohenkasten auf das gleichnamige Filz.

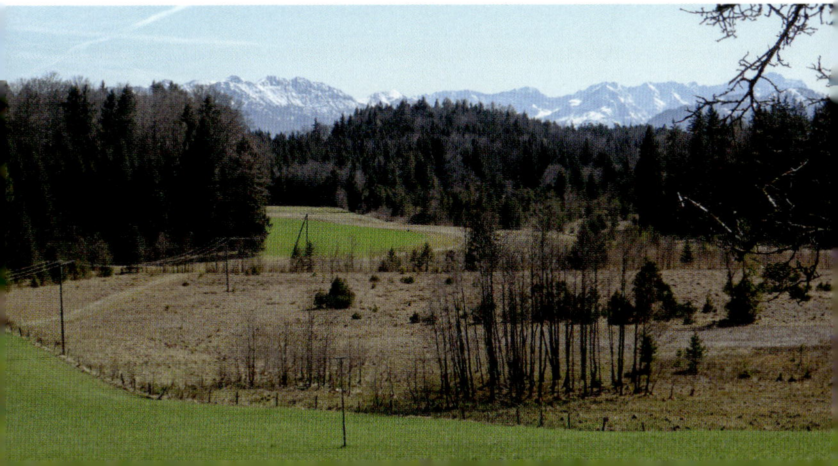

TOP **18**

Zwieselberg, 1348 m, und Blomberghaus

5.00 Std.

Über Bad Heilbrunns Hausberge

Ausgangspunkt ist Bad Heilbrunn, ein beliebter Kurort. Die Heilkraft des hier austretenden jodhaltigen Wassers, das die Kelten um 400 v. Chr. zur Salzgewinnung nutzten, entdeckten schon die Mönche von Benediktbeuern. In der Folgezeit war die Quelle lange verschüttet, doch lebten Sagen und Legenden fort. Abt Walter machte sie 1159 wieder zugänglich. Im 16. Jahrhundert wurde Bad Heilbrunn zum »Kurfürstlichen königlich-bayerischen Kurbad«. Auch Kurfürstin Henriette Adelheid von Savoyen, die Gattin von Ferdinand Maria von Bayern, kam ab 1656 immer wieder zur Kur hierher. Der Heilkraft des Wassers schrieb sie zu, dass sie nach sieben kinderlosen Ehejahren ihrem Gatten mehrere Kinder, darunter auch einen Thronfolger, schenken konnte. Ihr zu Ehren erhielt die Quelle den Namen Adelheidquelle.

Ein wichtiges Etappenziel ist der Blomberg. Im Isarwinkel erzählt man anstelle der Storchengeschichte, dass von diesem herab die Kinder geholt werden. Dahinter steckt, dass sich im Dreißigjährigen Krieg die Frauen der Umgebung dort oben versteckt haben.

Ausgangspunkt: Haus des Gastes Bad Heilbrunn (683 m) (Navi: 83670 Bad Heilbrunn, Wörnerweg 4), RVO-Bus Linien 9591 Bad Tölz Bf. – Penzberg Bf. und 9612 Bad Tölz Bf. – Kochel Bf.
Höhenunterschied: 890 m.
Anforderungen: Kondition ist für diese Wanderung gefragt. Auch etwas Trittsicherheit kann im Anstieg auf das Stallauer Eck nicht schaden. Restliche Strecke problemlos. Die Tour ist ausgeschildert als HK 9, doch in umgekehrter Richtung. Der Abschnitt über Stallauer Eck, Zwiesel bis Blomberg-Talstation ist in beiden Richtungen markiert (roter Punkt an Bäumen).
Einkehr: Blomberghaus (mit Sessellift erreichbar, an schönen Tagen oft überlaufen), DingDong Gartenlokal (Fr–So ab 15 Uhr geöffnet). Gasthäuser und Restaurants in Bad Heilbrunn.
Tipp: Sommerrodelbahn und weitere Attraktionen für Kinder an der Blombergbahn, Kräuter-Erlebnis-Park in Bad Heilbrunn.

Vom Haus des Gastes in **Bad Heilbrunn (1)**, 683 m, aus wenden wir uns nach links und gehen über die Birkenallee vorbei an den Verlandungsberei-

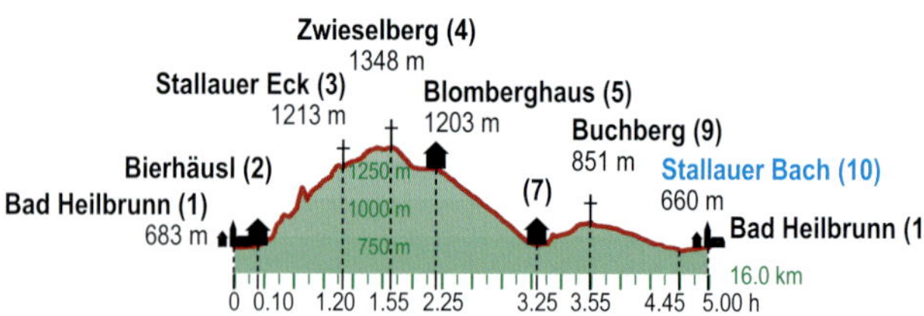

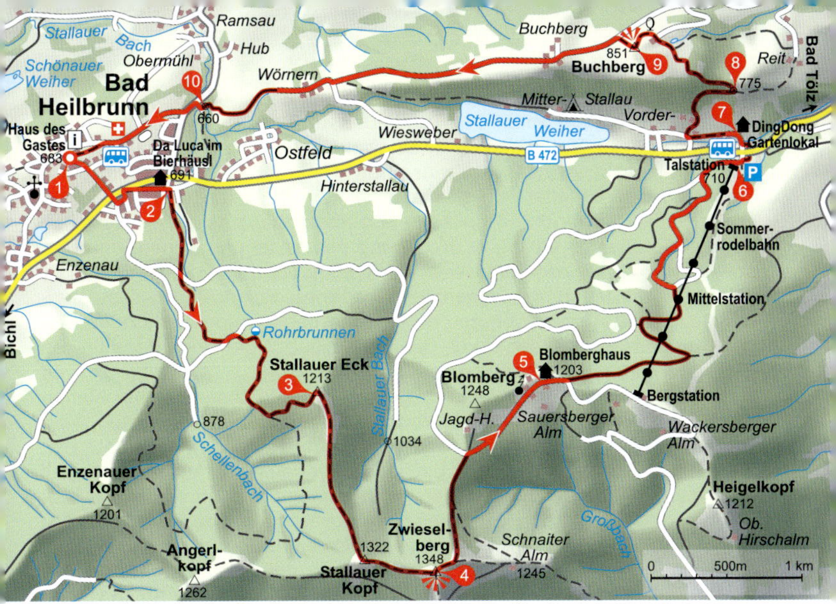

chen des Kirchfelder Weihers. Dann nehmen wir die Unterführung rechts und queren die viel befahrene Tölzer Straße. Nun gehen wir kurz links und dann ein Stück an der Bundesstraße entlang, bis halb rechts der Bierhäuslweg abzweigt. Dieser führt uns zum Restaurant **Da Luca im Bierhäusl (2)**, 691 m, das im 18. Jahrhundert im Auftrag des Klosters Benediktbeuern erbaut wurde. Hier gab es auch einmal eine Ziegelei, in der der spätere italienische Diktator Mussolini vor dem Ersten Weltkrieg gearbeitet hat.

Gleich gegenüber weist uns die Beschilderung nach rechts über eine private Einfahrt. Nun wandern wir auf einem Pfad durch den Wald hinauf. Anfangs einen Bach entlang, folgen wir sodann stets der Beschilderung teils steil aufwärts. Treffen wir auf einen Forstweg, so queren wir ihn und folgen dem Pfad geradeaus weiter steil aufwärts. Ein Schild weist nach rechts zu einem Aussichtspunkt. Kurz darauf erreichen wir einen weiteren Forstweg, den wir ebenfalls queren und sogleich den halb links abzweigenden Pfad aufwärts nehmen, welcher mit roten Punkten an den Bäumen markiert ist. Dieser mündet steil in einen weiteren Forstweg, dem wir kurz nach links folgen. Am schon weithin sichtbaren Wegweiser nehmen wir den nach rechts abzweigenden Pfad hinauf. Nun folgen wir der Markierung bzw. den Wegweisern durch den Wald auf das grasbewachsene Plateau unseres ersten Gipfels, des **Stallauer Ecks (3)**, 1213 m. Von hier aus kann man die erste Aussicht genießen, wenn auch durch die Bäume etwas eingeschränkt.

Nun geht es über eine Wiese hinab zu einem Sattel und sodann wieder durch den Bergwald hinauf zum **Stallauer Kopf**, welcher kaum als Gipfel wahrnehmbar ist. Durch den Bergwald wandern wir kurz hinab und dann hinauf zum grasbewachsenen **Zwieselberg (4)**, 1348 m, mit großem Holzkreuz. Bei klarem Wetter wird man mit einer Fernsicht bis zu den Hohen Tauern, der Kampenwand im Chiemgau und teils sogar bis zu den Dolomiten belohnt. Ebenso ist die nahe Umgebung mit Isartal und Benediktenwand sowie nach Norden das Fünfseenland mit dem Starnberger See und manchmal sogar der Münchner Fernsehturm zu sehen. Kein Wunder, dass er zu den schönsten Aussichtsbergen der Bayerischen Voralpen gehört! Wir folgen nun dem Wanderweg durch den Wald hinab. Über einen Schotterweg gelangen wir nach rechts zum **Blomberghaus (5)**, 1203 m, das zur Einkehr lädt. Gleich nebenan befindet sich Deutschlands höchstgelegener Kletterwald. Zur Gipfelstation hinüber führt der Kunstweg »Sinneswandel«.
Nun wandern wir auf dem geschotterten **Forstweg** (Rodelweg) durch den Wald hinab Richtung Talstation. Ein paar Mal queren wir den Sessellift, auf etwa halbem Weg gelangen wir an der Sommerrodelbahn vorbei. Hier folgen wir weiter dem breiten Forstweg hinab zur **Talstation der Bergbahn (6)**, 710 m. Die B 472 queren wir mithilfe der Unterführung und wandern kurz links und dann nach rechts über die Parkplätze. Jenseits des Stallauer Grabens, an dem das **DingDong Gartenlokal (7)**, 700 m, Fr–So ab 15 Uhr zu einem Imbiss lädt, folgen wir nun der Beschilderung zur Pension Nirvana. Direkt nach dieser geht es nach rechts weiter, stets dem Wegweiser nach

Dieses schmucke Bauernhaus in Buchberg steht unter Denkmalschutz.

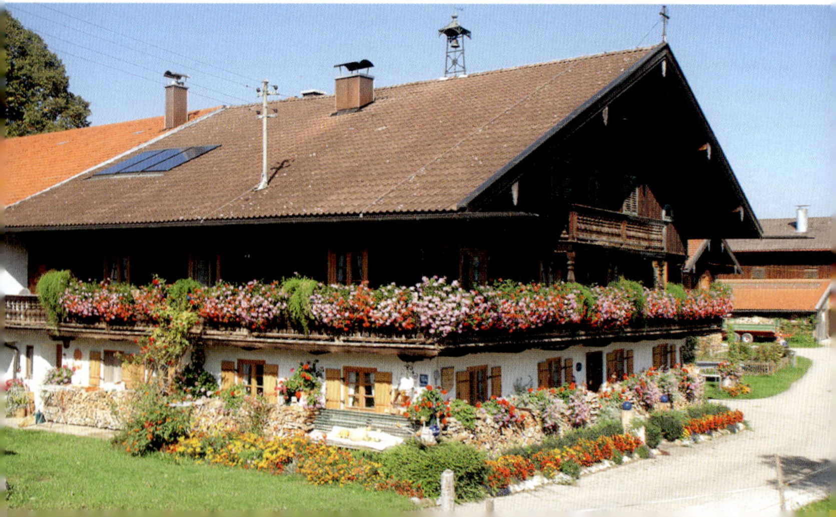

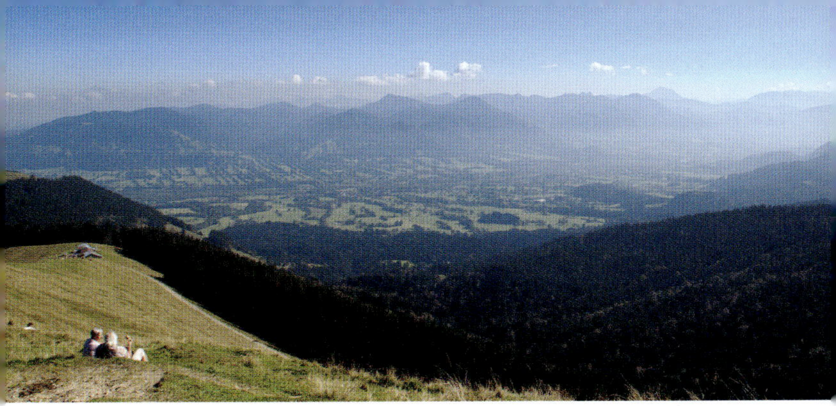

Blick vom Zwieselberg ins Isartal südlich von Bad Tölz. Links etwas unterhalb des Standortes liegt die Schnaiter-Alm.

Bad Tölz folgend. Bald führt uns ein wurzeliger Pfad durch den Wald hinauf. Direkt vor einem **Weidegatter (8)**, 775 m, nehmen wir den links abzweigenden Pfad und wandern weiter hinauf, bis wir im Bereich eines Zaundurchlasses eine Weide erreichen. Nun geht es, den Verkehrslärm hinter uns gelassen, weiter am Waldrand entlang. Nach dem nächsten Weidegatter gehen wir links weiter und folgen dann dem Kiesweg nach rechts, der uns an einem kleinen Weiher vorbei auf ein prächtiges, idyllisch gelegenes Anwesen zuführt. Nun geht es von der mächtigen Linde mit Rastbank aus weglos über eine Wiese zum Gipfelkreuz des **Buchbergs (9)**, 851 m, hinauf, von wo aus wir nochmals den weiten Blick über das Alpenvorland genießen können, im Westen ist auch der Hohe Peißenberg zu erkennen. Errichtet wurde das Kreuz 1988 von der Tölzer Schützenkompanie, die hier alljährlich am letzten Augustsonntag eine Bergmesse mit Bergfest feiert. Für den Weiterweg halten wir auf die Feldscheune zu. Von dort folgen wir dem Asphaltsträßchen nach links. Es bringt uns zum Weiler Buchberg mit seinen prächtigen Bauernhäusern. Dann wandern wir weiter sanft hinab über einen Kiesweg mal an Weiden vorbei, mal ein kurzes Stück durch den Wald, stets jedoch Richtung Bad Heilbrunn. So passieren wir Wörnern. Zieht unser Weg in einer langen Linkskurve am Waldrand entlang, verlassen wir ihn nach links, dem Wegweiser nach Bad Heilbrunn folgend. Ein Pfad mit einigen Stufen führt uns hinab zum **Stallauer Bach (10)**, 660 m, den wir mittels eines Steges queren. Nun gelangen wir, kurz nach rechts gegangen, zur Asphaltstraße, der wir nach links auf einem Fußpfad folgen. Nun haben wir auch schon die ersten Häuser von Bad Heilbrunn erreicht. Hier queren wir die Straße und gelangen über den Wörnerweg an Sportplatz und Fachklinik vorbei und durch den Kräuter-Erlebnis-Park geradewegs zu unserem **Ausgangspunkt (1)** zurück.

19 Von Penzberg zur Loisach

3.00 Std.

Die Loisach und ihre Moore

Die bedeutenden Flusstalvermoorungen der Loisach- und Erlfilze beherbergen seltene Pflanzen- und Tierarten. Die Hochmoorbereiche sind überwiegend ungenutzt, nur an ihren Rändern finden sich Streuwiesen. In der Loisach kommen seltene Fische wie Koppe und Huchen vor. Sie stellt die Verbindung zu den großen Mooren im Bereich des Kochelsees, des Murnauer Mooses und der Tölzer Moore dar. Voreiszeitlich nahm sie jedoch einen anderen Verlauf als heute und schuf den Durchbruch durch den Molasseriegel, an dem heute der Riederner Weiher liegt. Diese Abflussbahn in Richtung des heutigen Starnberger Sees wurde aber während der letzten Eiszeit zugeschüttet, die Loisach musste ihren Lauf verlegen und schuf einen neuen Durchbruch bei Achmühl.
Start und Ziel ist die Stadt Penzberg, welche eine erstaunliche Entwicklung genommen hat. Als 1808 die Höfe und Weiler der Umgebung zusammengefasst wurden, existierten nur drei Penzberger Höfe. Die neue Gemeinde erhielt den Namen St. Johannisrain. Doch in der Folgezeit entwickelte sich der Kohlebergbau äußerst positiv, besonders durch den Anschluss an die Eisenbahn 1865. Die inzwischen auf etwa 6000 Einwohner angewachsene Siedlung wurde 1911 nach dem größten Ortsteil in Penzberg umbenannt und nur acht Jahre später zur Stadt erhoben. Nach Schließung des Bergwerks 1966 ist Penzberg heute mit über 16.000 Einwohnern ein Mittelzentrum mit Industrie und Gewerbe.

Ausgangspunkt: Bahnhof Penzberg (601 m) (Navi: 82377 Penzberg, Philippstr. 32).
Höhenunterschied: 70 m.
Anforderungen: Keine. Überflutungsgefahr im Bereich von Schönmühl (bei Hochwasser lieber andere Tour auswählen).
Einkehr: Gasthaus Schönmühl; Restaurants und Cafés in Penzberg.

Vom Bahnhof **Penzberg (1)**, 601 m, aus gehen wir kurz rechts und dann ca. 200 m stadteinwärts weiter, bevor wir die Bahnhofstraße überqueren und der Ludwig-März-Straße in spitzem Winkel nach Süden folgen. Mittels einer Unterführung queren wir die Gleise und gelangen geradeaus aus der Stadt heraus. Über den bewaldeten Molasseriegel erreichen wir eine **Kreuzung (2)**,

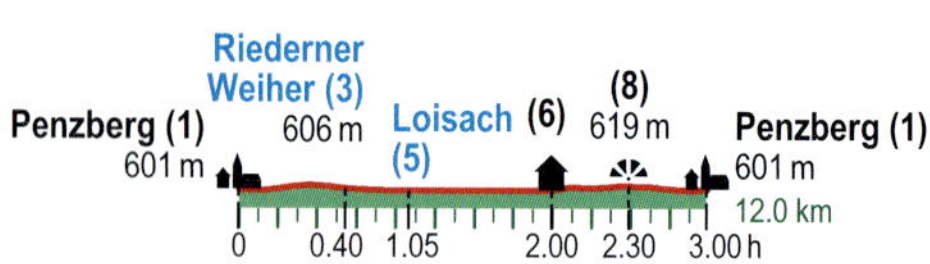

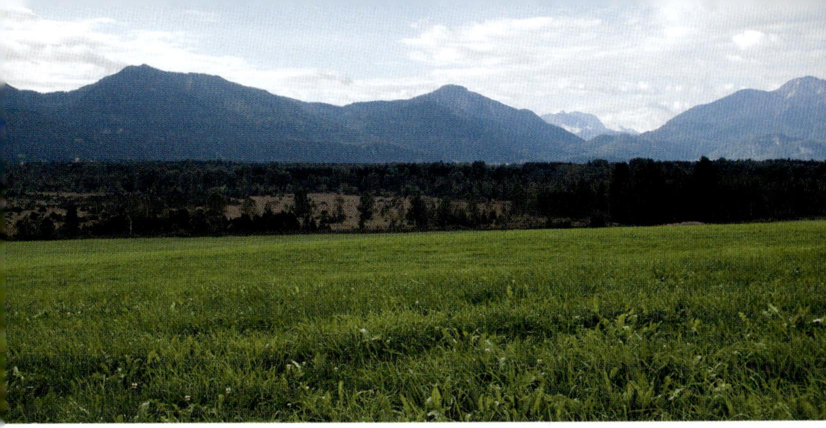

Blick auf die Loisachfilze, die sich – teils bewaldet – bis zum Kochelsee hinziehen. Dieser liegt direkt vor der Kesselbergmulde, dem Einschnitt in der Bergkette. Links sind die beiden Türme der Klosterkirche von Benediktbeuern zu erkennen.

618 m, von wo aus unter anderem die Benediktenwand zu sehen ist. Links liegt St. Johannisrain, wir jedoch wenden uns nach rechts. Der gekieste Weg führt uns zum **Riederner Weiher (3)**, 606 m, der mit seinen Streuwiesen einen wichtigen Wiesenbrüterbiotop darstellt. An der Südostecke des Weihers wandern wir an dem Anwesen vorbei südwärts weiter, direkt auf die Berge

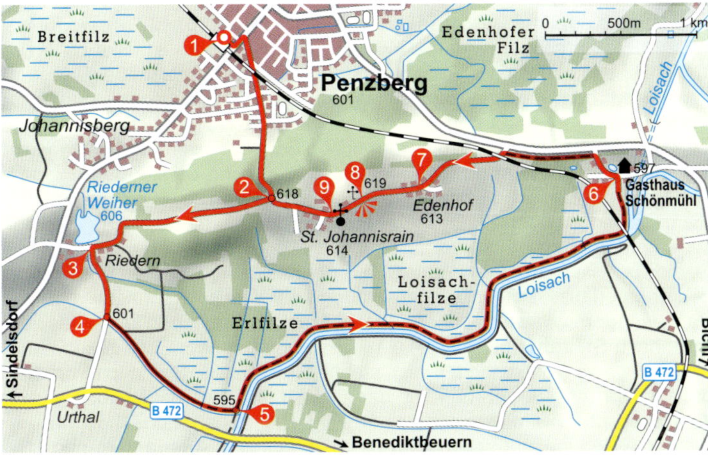

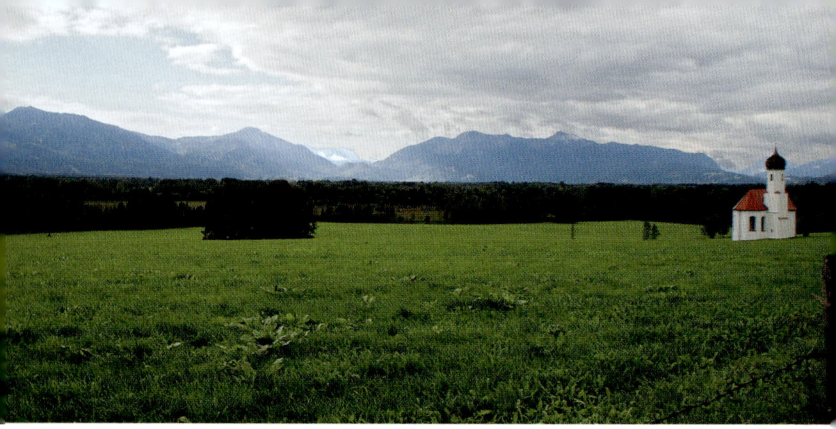

Die Kirche von St. Johannisrain. Dahinter das Bergpanorama mit den beiden Einschnitten am Kesselberg (links) und bei Eschenlohe (rechts, hinter der Kirche).

zu. Vor dem zweiten **Graben (4)**, 601 m, folgen wir dem Feldweg nach links. Im Bereich der Erlfilze erreichen wir die **Loisach (5)**, 595 m. Wir wenden uns nach links und wandern flussabwärts auf einem schmalen Pfad größtenteils durch dichte Schilfbestände. Einst mäandrierte die Loisach hier auf einer Breite von bis zu 800 m, heute ist sie durch Hochwasserdämme auf ein etwa 30 m breites Flussbett festgelegt. Linker Hand ist die ehemalige Erosionskante zu sehen. Später wird der Weg wieder breiter, und nach der Eisenbahnbrücke erreichen wir das Gasthaus **Schönmühl (6)**, 597 m, wo für das Jahr 1487 erstmals eine Mahl- und Sägemühle erwähnt ist. Hier halten wir uns links, das asphaltierte Sträßchen bringt uns zur Staatsstraße. Dieser folgen wir auf dem Radweg nach links. Nach ca. 500 m zweigt ein Sträßchen links Richtung Edenhof und St. Johannisrain ab. Wir passieren den Weiler **Edenhof (7)**, 613 m, mit seinen schmucken Bauernhäusern und gelangen zu einem **Aussichtspunkt (8)**, 619 m, mit Feldkreuz und Bänken. Von hier aus kann man das Loisachtal mit seinen Filzen überblicken sowie ein Bergpanorama genießen, das von Benediktenwand über Jochberg und Herzogstand bis zum Ammergebirge reicht, vorgeschaltet die Flyschberge. Über die Einschnitte, die sogenannten Gletschertore (links der Kesselberg, rechts bei Eschenlohe), drangen die Gletscherzungen während der Vereisungsphasen vor.
Dann wandern wir weiter über den Höhenrücken, der schon lange besiedelt wird, nach **St. Johannisrain (9)**, 614 m, weiter. Die Kirche mit Zwiebelturm, die schon von Weitem sichtbar ist, steht etwas abseits. Sie ist in ihrem Kern gotisch und im 18. Jahrhundert barockisiert worden. Bald haben wir die **Kreuzung (2)**, 618 m, vom Hinweg erreicht. Hier gehen wir nach rechts über den Molasseriegel auf bekanntem Wege zurück zum **Ausgangspunkt (1)**.

2.45 Std.

Von Bichl nach Benediktbeuern 20

Durch die Loisach-Kochelsee-Filze zum Kloster Benediktbeuern

Schon lange ist die Geschichte von Bichl eng mit der des Klosters Benediktbeuern verknüpft. Der Hügel, auf dem die St. Georgs-Kirche steht, war einst Versammlungsort und Gerichtsplatz des Klostergerichts. Auch das Gotteshaus selbst ist 1751/52 von dem berühmten Barockarchitekten Johann Michael Fischer im Auftrag des einstigen Benediktinerklosters errichtet worden. Reich ausgestattet mit Fresken, zählt sie zu den künstlerisch beeindruckendsten Dorfkirchen Bayerns. In der Barockzeit galt Bichl als das Handwerkerdorf im Klosterland Benediktbeuern. Es stellte den Großteil des klösterlichen Bautrupps, von hier kamen die führenden Handwerker.

Ausgangspunkt: Bahnhof Bichl (615 m) (Navi: 83673 Bichl, Bahnhofstr. 17).
Höhenunterschied: 30 m.
Anforderungen: Keine.
Einkehr: Klosterbräustüberl Benediktbeuern, Gaststätten und Restaurants in Benediktbeuern und Bichl.
Variante: Erweiterung über Hochmoorpfad, nicht nur für Kinder ein Erlebnis (ca. 400 m zusätzlich).

Vom Bahnhof **Bichl (1)**, 615 m, aus wenden wir uns kurz nach rechts und biegen dann, stets der Beschilderung zur **Loisach** bzw. zum Moosweg folgend, zweimal links ab. So gelangen wir an den Ortsrand, wo wir nach links die Gleise passieren. Nun geht es geradeaus weiter, die Bundesstraße überqueren wir auf einer Brücke. Sämtliche Abzweigungen ignorierend gelangen wir an einer Streuwiese vorbei zu einem Altwasser, an dem der befestigte Weg links vorbeiführt. Dann geht es gleich halb rechts auf einem Kiesweg

Die vermoorten Hinterprieler Wiesen bei Benediktbeuern.

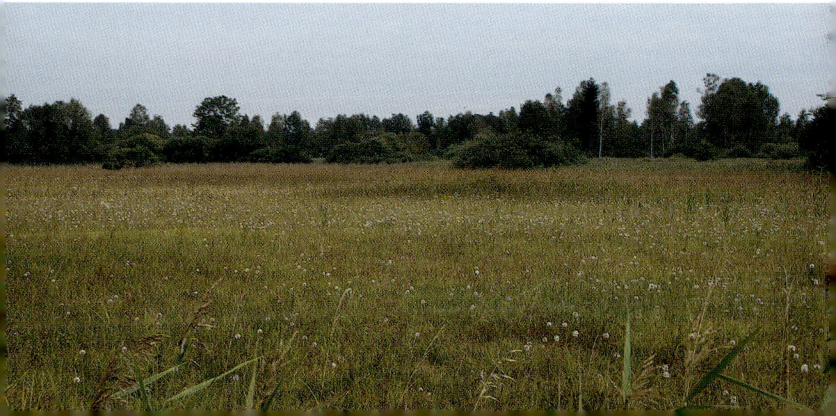

weiter, der uns zu einer Bank unter Birken an der **Loisach (2)**, 595 m, bringt. Nun folgen wir dem von Weiden gesäumten Flusslauf nach links an Streuwiesen und Wäldern vorbei. Unter einer Brücke hindurch passieren wir die Bundesstraße. Es geht durch Moorwaldreste und an einer Holzhütte vorbei. An der nächsten **Kreuzung (3)**, 594 m, biegen wir links Richtung Benediktbeuern ab. Der Kiesweg führt zum **Hochmoorpfad (4)**, 594 m, über den wir eine kleine Erweiterung machen können; wir stoßen dann knapp 100 m später wieder auf den Hauptweg. Nun wandern wir geradeaus in einer schattigen Allee durch die **Angerfilze**. Nach Süden fällt der Blick auf die Bergkulisse mit dem Einschnitt beim Kesselberg. Wir kommen an einer **Vogelbeobachtungsstation (5)**, 598 m, vorbei, wo wir ornithologisch tätig werden können. An der Weggabelung wandern wir rechts an einem Entwässerungsgraben entlang weiter. Rechts steht ein Feldkreuz, der Blick fällt auf die Streuwiesen und den bewaldeten Molassezug dahinter. Dann biegt unser Weg links ab, es geht an der **Vogelstation Moosmühle (6)**, 604 m, vorbei, wo nicht nur im Winter ein Aufenthalt lohnt. Das Moor ist hier von geraden Entwässerungsgräben durchzogen. Nun wandern wir an Wiesen, Heustadeln, Streuwiesen und Schilfbeständen vorbei. In den zahlreichen Heustadeln wurde früher das Heu zwischengelagert, denn es konnte mit den Fuhrwerken nicht von den sommers nassen Wiesen abtransportiert werden, sondern erst bei gefrorenem Boden. Nach einem Wanderparkplatz führt uns eine Allee auf das **Kloster Benediktbeuern (7)**, 616 m, zu, das wir an den Parkplätzen erreichen, wenn wir uns an der Wegkreuzung links halten. Nun gehen wir nach rechts

Der Hochmoorpfad bei Benediktbeuern.

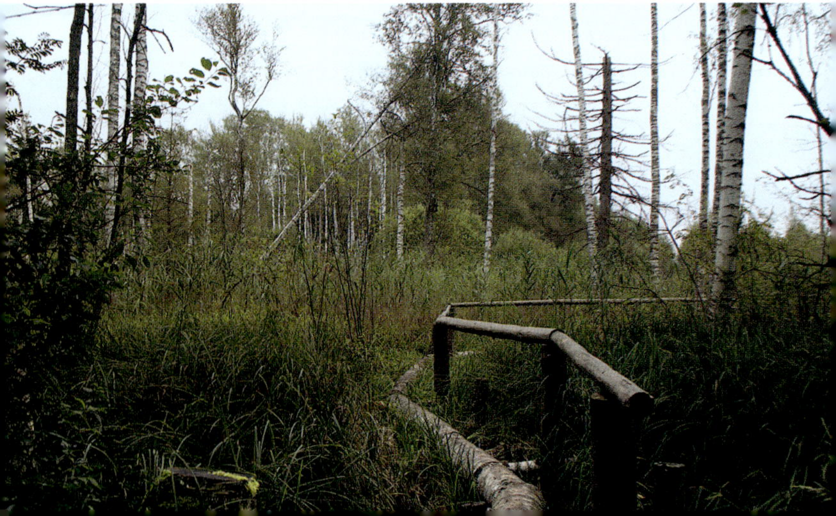

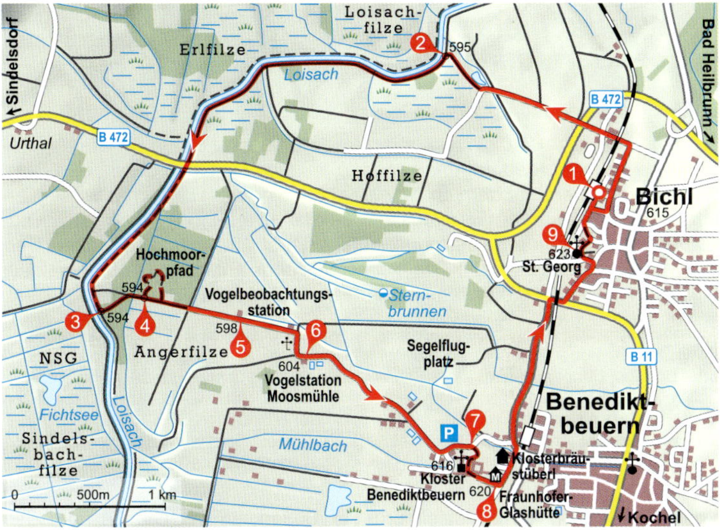

durch den Torbogen über den Klosterhof und verlassen ihn wieder nach links. An der Klostergärtnerei vorbei gelangen wir entlang der Klostermauer zur **Fraunhofer-Glashütte (8)**, 620 m. Das Museum im ehemaligen Klosterwaschhaus erinnert an das mathematisch-optische Institut mit Glasschmelze, das 1805–1818 im Kloster untergebracht war und in dem Joseph von Fraunhofer das wellenfreie Flintglas entdeckte.

Vor den Gleisen biegen wir links ab. Mit Blick nach links auf die beiden Türme der Klosterkirche wandern wir stets geradeaus. An der Einmündung folgen wir dem Radwegweiser nach Bichl nach links, um dann gleich wieder rechts in die Meichelbeckstraße abzubiegen. Eine wenig befahrene Allee bringt uns zur B 11. Mit dieser überqueren wir die Gleise und biegen dann gleich nach links in die Sindelsdorfer Straße ein. In **Bichl** mit seinen schmucken Häusern halten wir uns links und steigen über die Stufen zu der auf einem Rundhöcker befindlichen **Kirche St. Georg (9)**, 623 m, hinauf. Nach dem Besuch der Kirche nehmen wir den Fußpfad nach links, überqueren das Sträßchen und gehen leicht versetzt, dem Schild zum Bahnhof folgend, weiter hinab. Das Bahngäßl führt uns schließlich zum Ausgangspunkt in **Bichl (1)** zurück.

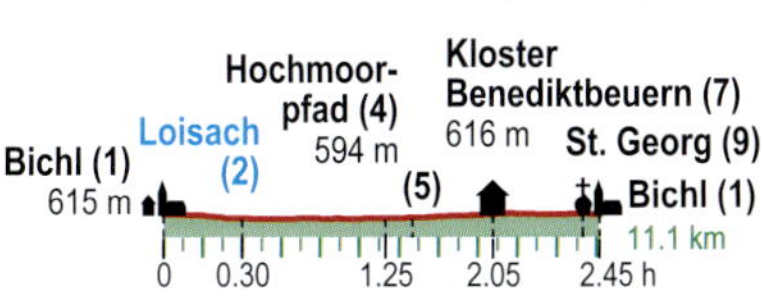

21 Wildbachlehrpfad bei Benediktbeuern

2.45 Std.

Wildes Wasser gezähmt?

Nachdem im Jahr 1990 ein verheerendes Hochwasser große Schäden in Benediktbeuern und Ried angerichtet hatte, machte man sich daran, den Lainbach zu verbauen. Auf dem im Jahr 1996 angelegten Wildbachlehrpfad werden die verschiedenen Elemente der Wildbachverbauung, die die Wiederholung einer solchen Katastrophe verhindern sollen, erklärt. Daneben werden auf den insgesamt zehn Tafeln die schützende Funktion des Bergwaldes, die Geologie sowie die Flora und Fauna im Lainbachtal erläutert.

Ausgangspunkt: Mariabrunn (663 m) (Navi: 83671 Benediktbeuern, Wurzweg) oder Bahnhof Benediktbeuern (über Bahnhofstraße, Dorfstraße und Mariabrunnweg).
Höhenunterschied: 390 m.
Anforderungen: Anstieg zur Bauern-Alm führt durch recht steiles Gelände, in dem etwas Trittsicherheit und Schwindelfreiheit erforderlich sind. Ansonsten problemlose Wanderung überwiegend auf Forstwegen.
Einkehr: Unterwegs keine. Gaststätten in Benediktbeuern.
Variante: Rückweg auf Wildbachlehrpfad (dann leichte Tour).

Vom **Wanderparkplatz Mariabrunn (1)**, 663 m, an der Brücke über den Lainbach aus folgen wir dem Wegweiser zur Bauern-Alm nach links. Am rechten Ufer des Lainbachs geht es an den Tafeln des Wildbachlehrpfades vorbei sanft bergauf. Tafel 4 behandelt die Geologie des Einzugsgebietes des Lainbachs und weist auf die kurz danach rechts anstehenden **Flyschschichten (2)**, 720 m, hin. Diese sind steilgestellt, Sand- und Tonsteinschichten wechseln sich ab, wobei hier die unterschiedlichen Gesteine augenfällig in Erscheinung treten: Die weicheren Tonsteinschichten verwittern schneller und werden abgetragen, die Sandsteinschichten bleiben übrig. Schließlich gabelt sich der Lainbach auf. Über die von rechts kommende **Schmiedlaine (3)**, 749 m, führt eine Brücke. Bald überqueren wir auch die **Kohllaine**, später ein zweites Mal. Nach Tafel 10 gelangen wir wieder zu einer Eingangstafel des **Wildbachlehrpfades**, wo wir der Beschilderung zur Bauern-Alm nach links über einen **Holzsteg (4)**, 806 m, folgen. Schon nach etwa 150 m zweigt links ein Pfad ab. Steil geht es, mit roten Punkten markiert, durch den Wald hinauf zur unbewirtschafteten **Bauern-Alm (5)**, 958 m. Geht man aber ein paar Meter zwischen Gebäude und Wegkreuz die Wiese hinauf, so hat man einen guten Ausblick auf das Massiv der Benediktenwand.

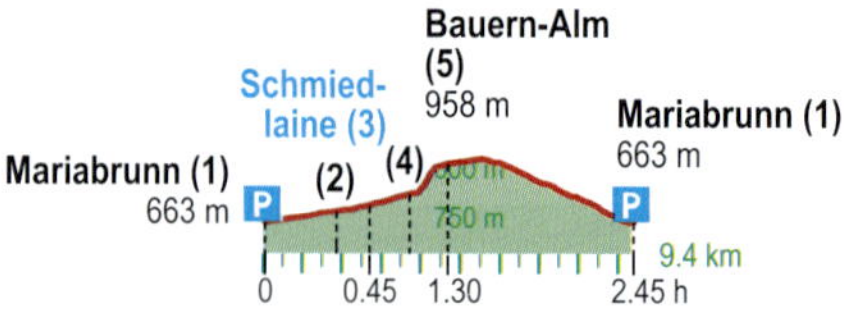

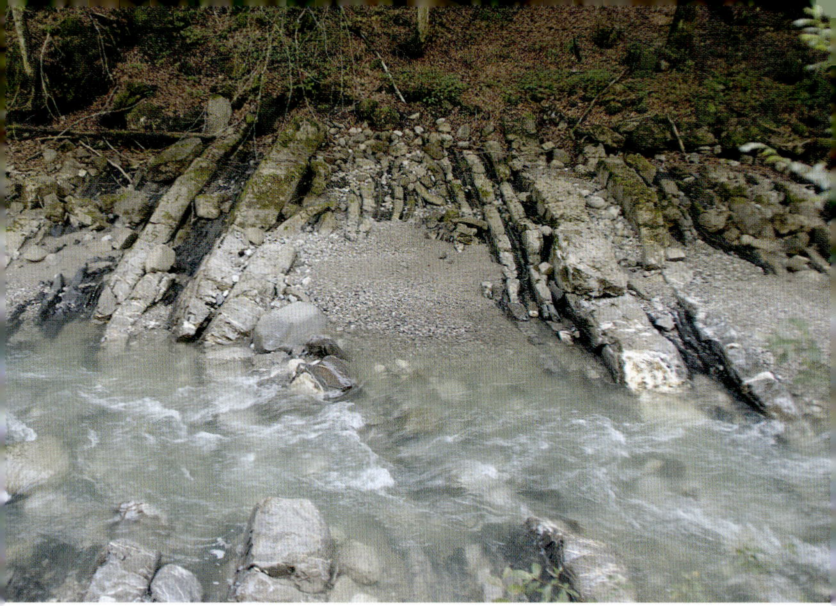

Steilgestellte Schichten im Flussbett des Lainbachs.

Wir folgen weiterhin der Forststraße, die in eine weitere **Forststraße (6)**, 975 m, mündet. Gemäß dem Wegweiser nach Mariabrunn setzen wir die Wanderung fort. An der nächsten **Einmündung (7)**, 968 m, – hier sind die Wegweiser neben einer Bank etwas versteckt – führt unser Weg nach links. Stetig bergab wandern wir nun auf der Forststraße mit Blick auf die Benediktenwand talwärts weiter. Vom Hang ziehen immer wieder kleine wasserführende Gräben herab.

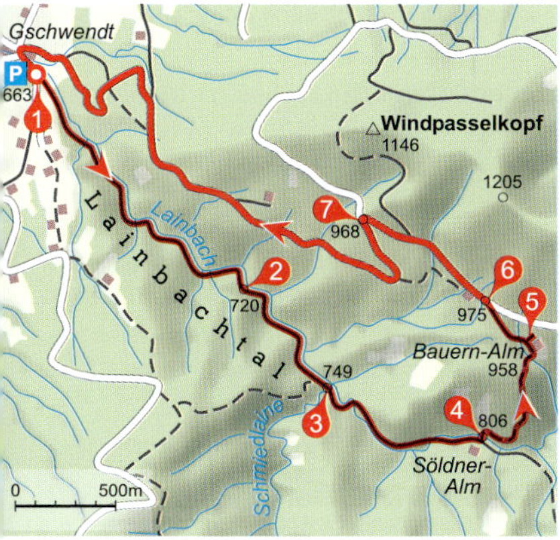

Schließlich gelangen wir mit Blick auf Benediktbeuern und das Loisachtal hinab, halten uns links und erreichen so wieder den **Wanderparkplatz Mariabrunn (1)**.

22 Von Benediktbeuern zum Kochelsee

4.50 Std.

Über Pfisterberg und Kohlleite zum Volkshelden

Das breite Muldental der Kohlleite trennt den Flysch im Norden vom Kalkalpin im Süden. An dieser geologischen Grenze konnte sich in der letzten Eiszeit ein Eisstrom eintiefen, das Tal ausschürfen und mit Moränenmaterial füllen. Heute wird die Lichtung als Niederleger für die Kochler Almen südwestlich des Rabenkopfes genutzt.
In Kochel steht das bekannte Schmied-von-Kochel-Denkmal. Es erinnert an den tapferen Schmied Balthasar, der in der sogenannten Sendlinger Mordweihnacht 1705 als letzter Aufständischer einen heldenhaften Tod starb. Die Vorgeschichte war, dass die Österreicher Bayern besetzten und von den Oberländern verlangten, für sie in Italien und Ungarn zu kämpfen. Voller Empörung schmiedeten Letztere den Plan, in einem nächtlichen Angriff die Besatzer in München zu überrumpeln. Trotz Verbündeter in der Stadt wurde die Verschwörung verraten und das 3000-köpfige Bauernheer niedergemetzelt.

Ausgangspunkt: Alpenwarmbad (649 m) (Navi: 83671 Benediktbeuern, Schwimmbadstr. 32) oder Bahnhof Benediktbeuern (über Bahnhofstraße, Dorfstraße und Schwimmbadstraße). Wer mit dem Bus kommt, startet am besten im Ortsteil Pechlern (RVO-Linie 9612 Bad Tölz Bf. – Kochel Bf.).
Höhenunterschied: 290 m.
Anforderungen: Stabiler Tritt und ein wenig Ausdauer nötig. Für etwas kühlere Tage, da im zweiten Teil sonnig.
Einkehr: Restaurant Waldschänke in Ried, Gaststätten und Restaurants in Kochel und Benediktbeuern.
Varianten: An den Ötzliften Bundesstraße überqueren und durch Pessenbach und Ort nach Brunnenbach. Für heiße Tage: Tour in Kochel beenden und mit dem Zug zurück nach Benediktbeuern.

Vom Parkplatz am **Alpenwarmbad Benediktbeuern (1)**, 649 m, aus folgen wir dem Feldweg unterhalb des Erlebnisbades. Stets dem Wegweiser nach Kochel folgend, geht es an der nächsten Weggabelung halb links weiter. Auf einem Wiesenweg, dann auf einem Pfad durch den Wald und schließlich am Waldrand entlang wandern wir weiter aufwärts. Mündet unser Weg in einen Spurweg, so folgen wir diesem nach rechts und erreichen bald mit Ausblick auf Kloster Benediktbeuern auf einem Asphaltsträßchen die schmucken

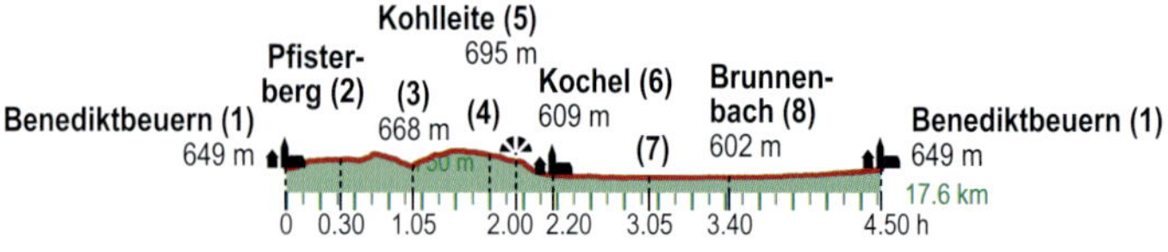

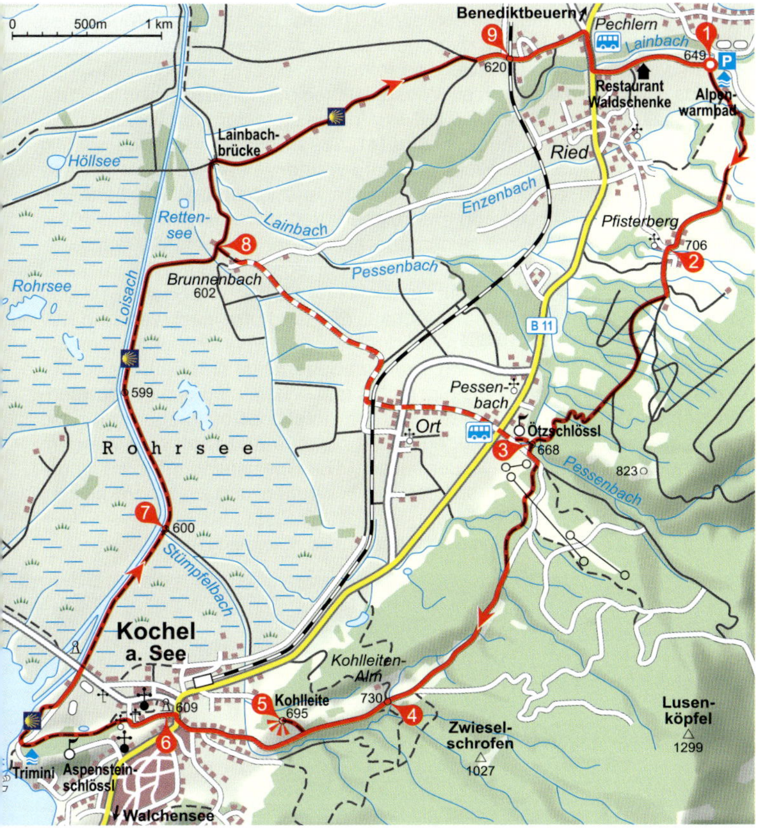

Bauernhöfe auf dem **Pfisterberg (2)**, 706 m. Am Wegweiser gehen wir geradeaus Richtung Kochel/Pessenbach weiter. Bald öffnet sich der Blick auf die Kochelsee-Loisach-Moore. Kurz im Wald folgen wir dem Forstweg nach rechts erst ein wenig abwärts, dann wieder etwas hinauf. Zweigt unser Wanderweg nach rechts ab, folgen wir weiterhin dem Wegweiser Kochel/Pessenbach. Nun geht es auf einem Pfad durch den Wald und mittels einiger Holzstege über eingetiefte Bäche teils steil hinab zu einer Wegkreuzung oberhalb des **Ötzschlössls (3)**, 668 m, in Pessenbach, das sich hinter hohen Bäumen versteckt. Hier folgen wir anfangs dem Kiesweg aufwärts, verlassen diesen aber noch vor dem Weiderost nach rechts. Bald führt der Wiesenweg unter den Ötzliften hindurch, dann geht es durch einen Bergmischwald. Erreichen wir wieder den Forstweg, so folgen wir diesem nach rechts weiter aufwärts. Dann geht es durch ein Wiesentälchen mit Bergblick sanft abwärts. Auch der Kochelsee taucht bald auf. Wir folgen stets der Wegweisung nach Kochel, auch an der **Kohlleiten-Alm (4)**, 730 m, wandern wir geradeaus weiter abwärts über die Kohlleite mit ihren Weiden. Direkt vor dem Wasserbehälter weist ein Schild nach rechts zum Aussichtspunkt **Kohlleite (5)**, 695 m, den wir nach etwa 150 m erreichen. Von hier aus eröffnet sich der Blick auf den Kochelsee mit seinen anschließenden Mooren, die vom Gletscher gerundeten Rundhöcker sowie die umliegenden Berge. Zurück auf dem Forstweg, folgen wir diesem jetzt steil hinab nach **Kochel**. Die Kalmbachstraße bringt uns an einem Landhaus mit Rundturm, Fachwerk und Elementen des Heimatstils, in dem heute eine Ferienwohnung untergebracht ist, an prächtigen Bauernhäusern sowie an Bauerncafé und Rathaus vorbei. An der Einmündung gehen wir kurz rechts und sehen vor uns das **Schmied-von-Kochel-Denkmal (6)**, 609 m. Vor dem Hotel zur Post biegen wir in die Hanersimmergasse ein und folgen dieser bis zum **Friedhof**. Nun wandern wir geradewegs an dessen Mauer entlang. Der Spazierweg führt uns unterhalb des Aspensteinschlössls durch ein Wäldchen und an einem kleinen

Der Weg entlang der Loisach führt am Schilfgürtel des ehemaligen Rohrsees vorbei.

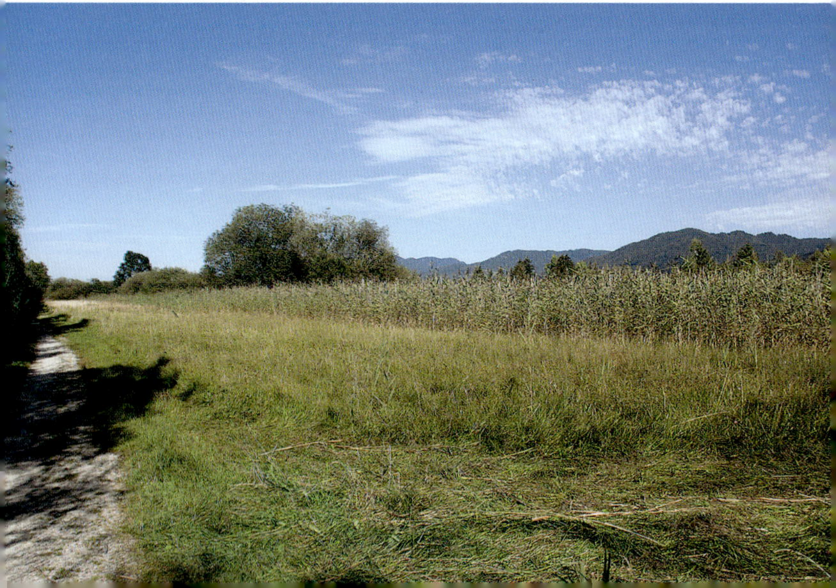

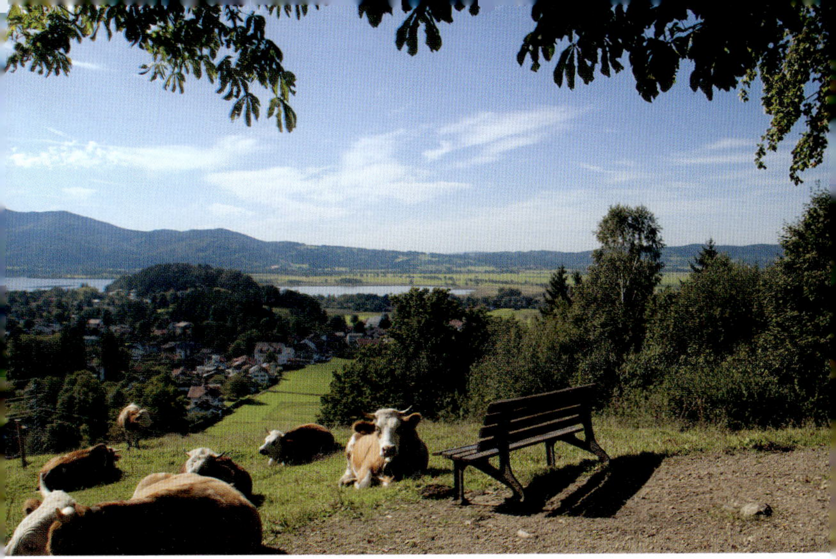

Auf der Kohlleite mit Blick auf den Kochelsee und die anschließenden Loisachmoore.

Moorgebiet vorbei zum Parkplatz des **Trimini-Bads**. An der Einmündung queren wir die Straße und wandern nun an der Infotafel zum Prälatenweg vorbei nach rechts am Seeufer entlang. In gleicher Gehrichtung gelangen wir an Schießanlage und Sportplatz vorbei zur Schlehdorfer Straße, welche wir leicht nach links versetzt überqueren. Direkt vor der Brücke nehmen wir den Fußweg, der immer entlang der Loisach durch ein riesiges **Verlandungsmoor (7)**, 600 m, führt. Letzteres ist erst durch die in der ersten Hälfte des 20. Jahrhunderts erfolgte Regulierung der Loisach und ihrer daraus resultierenden Eintiefung entstanden, da deswegen der Rohrsee verlandete.
An der Einmündung gehen wir halb links weiter. Schließlich führt uns der Kiesweg vom Fluss weg und zum **Gehöft Brunnenbach (8)**, 602 m, das einst am See lag. Von hier aus bestand ein Fährverkehr nach Groß- und Kleinweil, Unterau und Schlehdorf. Wir biegen links ab, dem Wegweiser nach Benediktbeuern folgend. Gelangen wir zur **Lainbachbrücke**, so überqueren wir diese nach rechts und wandern geradeaus durch das Moos sanft ansteigend nach **Benediktbeuern**. Die Eisenbahnlinie queren wir mittels einer **Unterführung (9)**, 620 m. Der Mondscheinweg bringt uns zur B 11, der wir auf der linken Straßenseite ein Stück weit südwärts folgen. Jenseits des Lainbachs biegen wir links in die Van-Felsen-Straße Richtung Restaurant Waldschänke ein. An diesem vorbei führt uns das Sträßchen durch den Wald zurück zum **Ausgangspunkt (1)**.

23 Rabenkopf, 1555 m

5.00 Std.

Über Orterer-Alm und Staffel-Alm

Der Weg führt anfangs durch die Flyschzone, deren Gesteine leicht verwittern und eher weiche Oberflächenformen bilden. Die Gipfelbereiche von Rabenkopf und Schwarzeck sind dagegen neben Hauptdolomit aus Plattenkalk aufgebaut. Dieser ist als Kalkgestein sehr wasserdurchlässig und trägt nur flache Böden, was sich auch auf die Almwirtschaft auswirkt. Die meisten Almflächen sind durch Brandrodung wohl seit dem 16. Jahrhundert entstanden und relativ groß, da auch die weniger ergiebige Waldweide einen beträchtlichen Anteil einnimmt. Neuerdings werden am Rabenkopf zum Erosionsschutz ehemalige Waldweideflächen standortgerecht aufgeforstet. Die meisten der Almen sind Berechtigungsalmen, was bedeutet, dass sie – früher jahrhundertelang zum Kloster Benediktbeuern gehörend – heute Eigentum des Staates sind. Die Berechtigung für deren Bewirtschaftung wird aber oft schon sehr lange immer demselben Hof erteilt, wobei Viehzahl, Weidezeit und -dauer genau festgelegt sind. Durch die hofnahe Lage werden die meisten der Jachenauer Almen heute noch bestoßen, aber nur mit weniger arbeitsintensivem Jungvieh.

Ausgangspunkt: Pessenbach (650 m), Parkplatz Ötzgasse (Navi: 82431 Kochel, Pessenbach). RVO-Bus 9612 Bad Tölz Bf. – Kochel Bf.
Höhenunterschied: 940 m.
Anforderungen: Besonders zw. Rabenkopf und Schwarzeck und weiter bis zur Pessenbacher Schneid sind Trittsicherheit und Schwindelfreiheit gefragt. Auch etwas Kondition ist auf dieser Tour nützlich.
Einkehr: Orterer-Alm (Mitte Mai–Mitte Okt. an Wochenenden u. Feiertagen), Staffel-Alm (Mitte Mai–Mitte Okt. Mo Ruhetag).
Variante: Vom Rabenkopf über die Staffel-Alm auf gleichem Weg wieder zurück (ohne ausgesetzte Felsenpassage).

Vom Parkplatz Ötzgasse in **Pessenbach (1)**, 650 m, aus überqueren wir die Bundesstraße B11. Hier ist eines der wenigen Hinweisschilder auf den Weg über die Staffel-Alm zum Rabenkopf (Nr. 454/451) zu finden. Anfangs folgen wir dem befestigten Forstweg und biegen dann in einer **Rechtskurve (2)**,

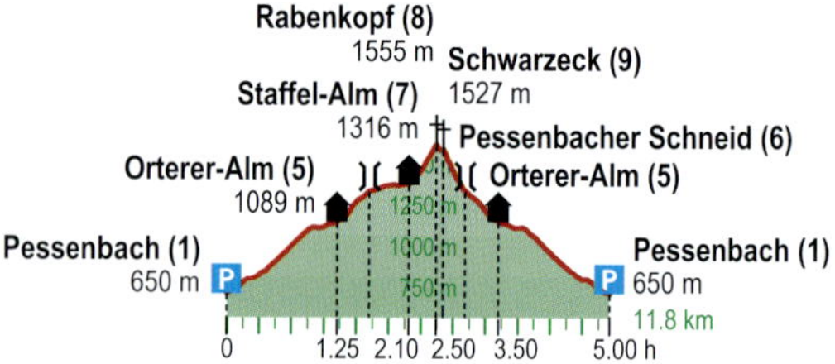

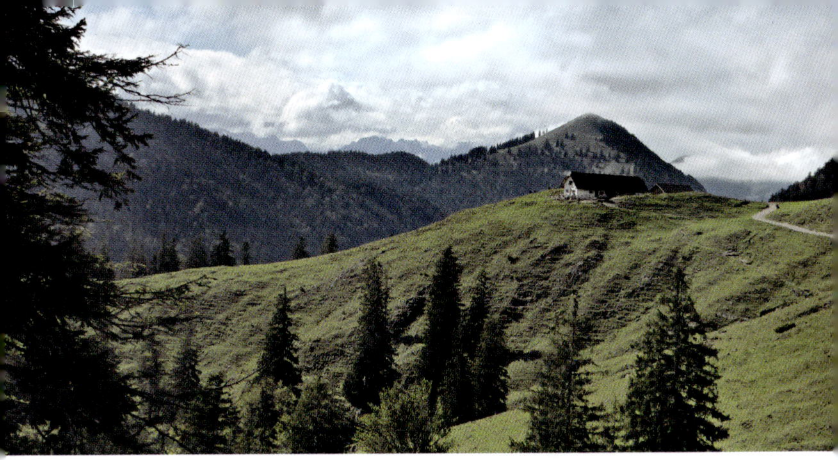

Die Staffel-Alm mit den typischen Gangerl infolge der Beweidung durch Kühe. Im Hintergrund der Bergelskopf.

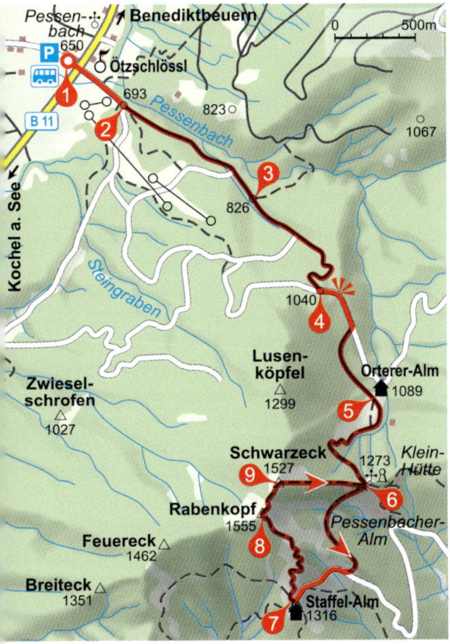

693 m, links in einen grobschottrigen alten Forstweg ein (Markierung 454). Teils als Hohlweg führt er uns oberhalb des Pessenbachs durch den Wald aufwärts, abzweigende Wege ignorieren wir. Zweigt an einer **Weggabelung (3)**, 826 m, nach links ein Pfad ab, so halten wir uns auf dem breiteren Weg rechts. Nachdem wir einen weiteren, nach rechts abzweigenden Weg ignoriert haben, folgen wir an der nächsten **Weggabelung (4)**, 1040 m, dem ausgebauten Forstweg nach links. So erreichen wir nach ca. 150 m einen Platz, von dem man bei klarer Sicht einen schönen Blick ins Alpenvorland über die Loisach-Moore und den Starnberger See bis nach München hat. Nach ca. 400 m weist uns die Markierung 454 (rot-weiß-rot)

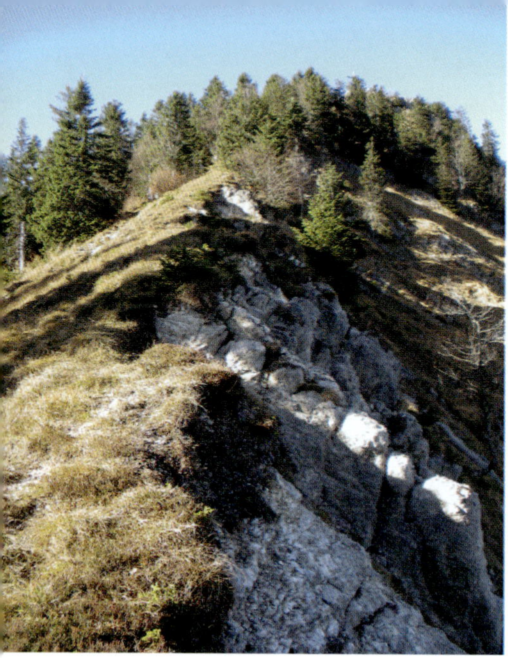

Nicht weit vom Grat entfernt führt hier der Steig zum Rabenkopf hinauf. Teils ist er etwas ausgesetzt.

nach rechts auf einen Weg, der uns zur **Orterer-Alm (5)**, 1089 m, führt, in der wir auch einkehren können.

Von hier aus steigen wir auf einem schmalen Pfad, dem Girgl-Fischer-Weg, hinauf zum **Pessenbacher Schneid (6)**, 1273 m, genannten Sattel. Dort steht ein Feldkreuz und ein Gedenkstein, gewidmet den toten Kameraden des Sportvereins Penzberg aus dem Ersten Weltkrieg. Der Rastplatz gewährt uns einen Blick tief hinein in die Alpen. Wenige Meter entfernt nehmen wir an der Wegkreuzung den mit E4 bzw. Via Alpina gekennzeichneten Weg nach halb rechts. Entlang eines steilen Grashangs passieren wir auf einem schmalen Pfad einige Quellbäche des Staffelbaches und stoßen schließlich auf den Almweg, der uns nach rechts zur bewirtschafteten **Staffel-Alm (7)**, 1316 m, bringt. Das Almgebäude gehört zu den wenigen gemauerten Almen. Beim Bau um 1858/60 musste noch jeder Stein einzeln heraufgetragen werden. Im Inneren finden sich die freigelegten Tiermalereien, die Franz Marc zugeschrieben werden.

Gleich hinter der Alm biegt ein Pfad rechts von dem ausgebauten Almweg ab hinauf zum Rabenkopf. Der in kurzen Passagen etwas ausgesetzte Steig führt uns auf den Gipfel des **Rabenkopfs (8)**, 1555 m, mit wunderbarem Rundblick in die Alpen und das Alpenvorland. Über eine mit Drahtseil und Trittbügeln gesicherte Felsstelle und weiter am Grat entlang, gelangen wir zum **Schwarzeck (9)**, 1527 m. Von hier aus führt uns der Pfad steil hinab an der Bergwacht-Hütte vorbei zurück zur **Pessenbacher Schneid (6)**, 1273 m. Ab hier auf den bereits beim Anstieg benutzten Wegen zurück zum **Ausgangspunkt (1)**.

Blick vom Rabenkopf auf Karwendel- und Wettersteingebirge.

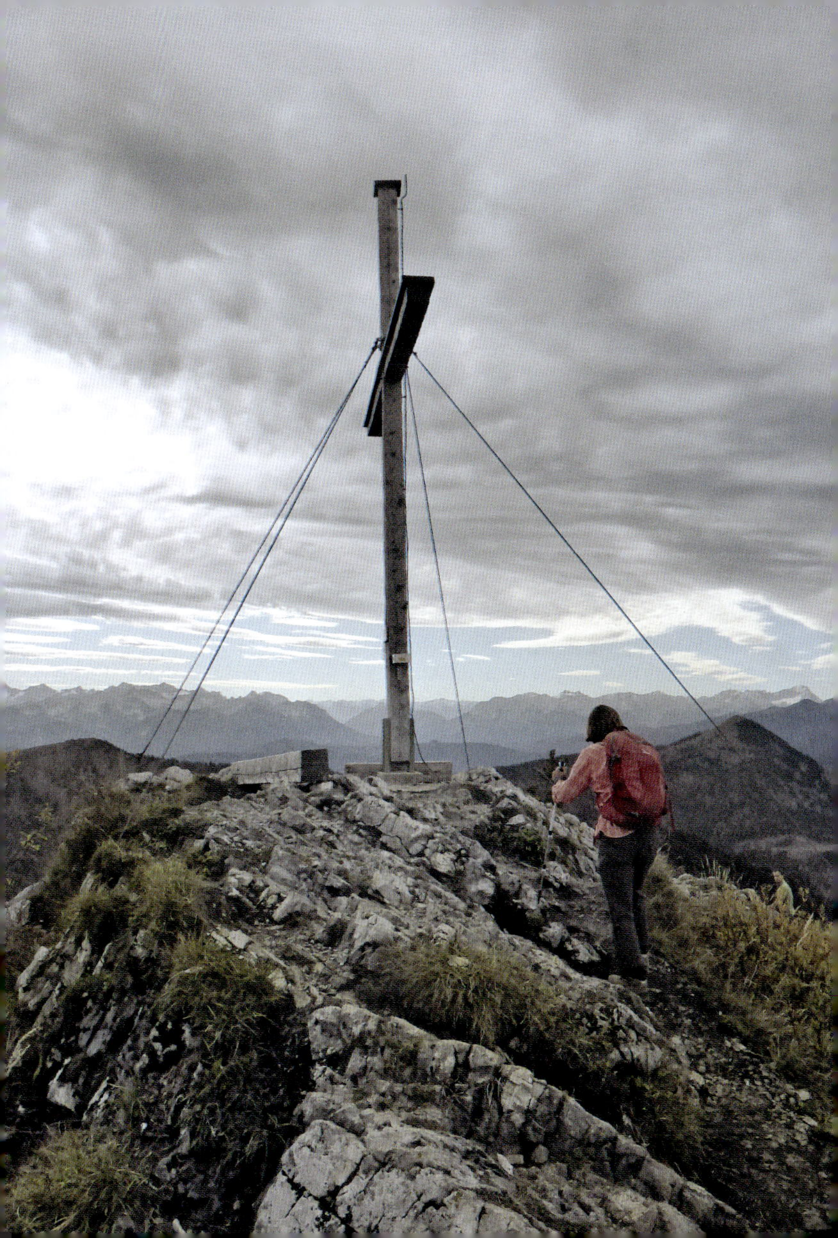

24 Kochelseerunde

2.50 Std.

Über den Schlehdorfer Felsenweg

Vor der Kulisse von Heimgarten, Herzogstand und Jochberg liegt der Kochelsee, dessen Becken von den eiszeitlichen Gletschern eingetieft worden ist. Umgeben ist er von Hügeln aus festem Gestein, die typischerweise inmitten einer Moor- und Seenlandschaft zu finden sind. Ihre gerundete Form haben die aus recht widerständigen Gesteinen des Kalkalpins bestehenden Hügel durch die abhobelnde Wirkung des Gletschers erhalten. Bereiche mit weicherem Gestein wurden stärker erodiert, hier entstanden Mulden wie das Becken des Kochelsees.

Ausgangspunkt: Bahnhof in Kochel (607 m) (Navi: 82431 Kochel, Bahnhofstr. 23).
Zielort: Schiffsanleger nahe Schlehdorf (600 m). Zurück mit dem Motorboot (Fahrpläne unter motorschifffahrt-kochelsee.de); Rückfahrt alternativ mit der RVO-Buslinie 9611 (ab Tourist-Information).
Höhenunterschied: 80 m im Aufstieg, 90 m im Abstieg.
Anforderungen: Etwas Trittsicherheit auf dem Schlehdorfer Felsenweg. Aber problemlos.
Einkehr: Mehrere Gasthäuser und Restaurants in Kochel, Altjoch und Schlehdorf.

Vom **Bahnhof Kochel (1)**, 607 m, aus gehen wir zuerst am Parkplatz vorbei ortseinwärts und biegen dann am Maibaum rechts in den Friedhofszaunweg ein. An der nächsten Kreuzung folgen wir der Radwegweisung Richtung Ohlstadt/Schlehdorf nach links. Nun wandern wir über den Döllerfeldweg mit Blick auf Kochel und Berge an den Feuchtwiesen der Loisach-Kochelsee-Moore vorbei. Schließlich stoßen wir auf die Schlehdorfer Straße, der wir ein Stück weit nach rechts folgen. Haben wir die Loisach erreicht, so queren wir noch vor der Brücke die Straße und passieren Sportplatz und Schießanlage. Im Bereich einer großen Parkfläche zweigt nach rechts ein Kiesweg, markiert als **Jakobsweg (2)**, 600 m, zum See ab, dem wir folgen. Hier stehen bereits die ersten Bänke. Unser Ziel, Schlehdorf mit seinem Kloster, ist schon am Seeufer gegenüber zu erkennen. An einer Infotafel zum Prälatenweg vorbei lassen wir, stets am Seeufer entlanggehend, das **Freizeitbad Trimini** links liegen. Am Schiffsanleger vorbei, gelangen wir schließlich zu dem Schild »Naturbelassener Erholungsraum«. Dieses weist uns auf eine »Sackgasse« hin, weswegen wir der Beschilderung zum Kochelsee-Südufer nach links folgen. Die Bayerlandstraße bringt uns am Kurpark vorbei zur Mittenwalder Straße hinauf. Dieser

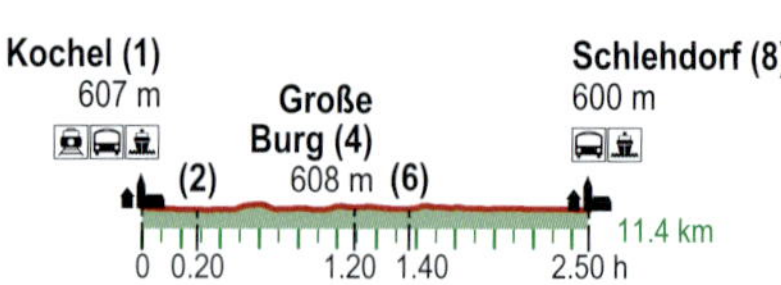

folgen wir nach rechts anfangs auf dem Gehsteig, dann auf einem Fußweg. Im Bereich des **Franz Marc Museums** gehen wir nach rechts die Stufen hinab und auf dem Pfad zum Seeufer.
Nach den Parkplätzen folgen wir dem Wiesenweg und wandern bald wiederum die Straße entlang. Beim Hotel »Grauer Bär« folgen wir dem Wegweiser zum Schiffsanleger und gehen weiter auf dem Kiesweg am Seeufer entlang. Nach dem Campingplatz »Rechter« folgen wir der **Abzweigung (3)**, 618 m, von der Kesselbergstraße Richtung Infozentrum Walchenseekraftwerk nach rechts. Bald sehen wir rechts einen bewaldeten Hügel namens **Große Burg (4)**, 608 m. Hier befand sich bereits um 1600 v. Chr. eine Befestigung. Der Felskögel aus Wettersteinkalk ist teils mit wärmeliebenden Kiefern- und Kalkbuchenwäldern bestanden. Dort, wo die blanken Felsen anstehen, hat man um 1700 Steine gebrochen und etwa für die Seitenaltäre der Klosterkirche von Benediktbeuern verwendet. Wir verlassen die kleine Asphaltstraße noch vor dem Walchensee-Kraftwerk und biegen nach dem **Hotel Alpenpark (5)**, 610 m, nach rechts zum Seeufer ab. Nun folgen wir stets dem

Das Walchenseekraftwerk (links) nutzt die 200 m Höhenunterschied zwischen dem Walchensee und dem Kochelsee. In der Bildmitte ragt der Herzogstand auf.

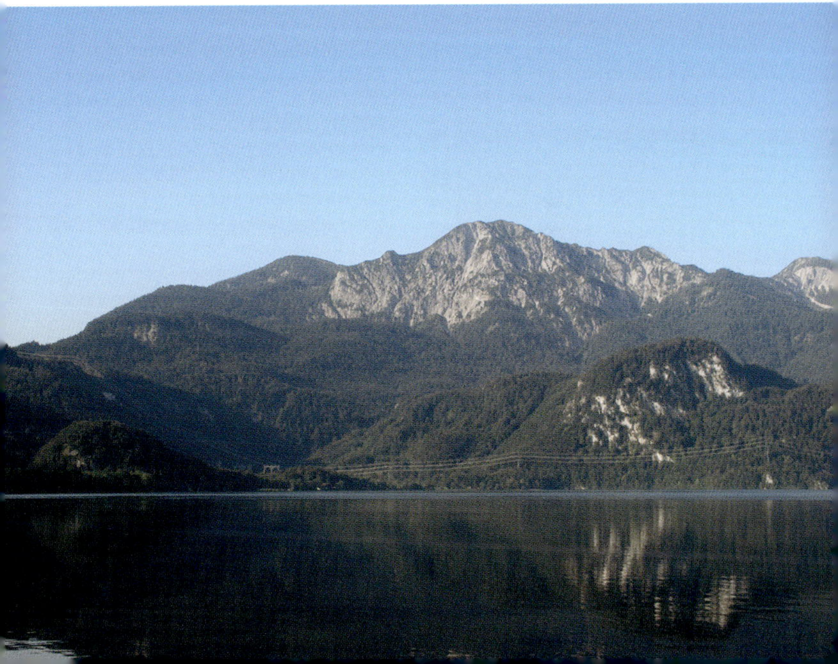

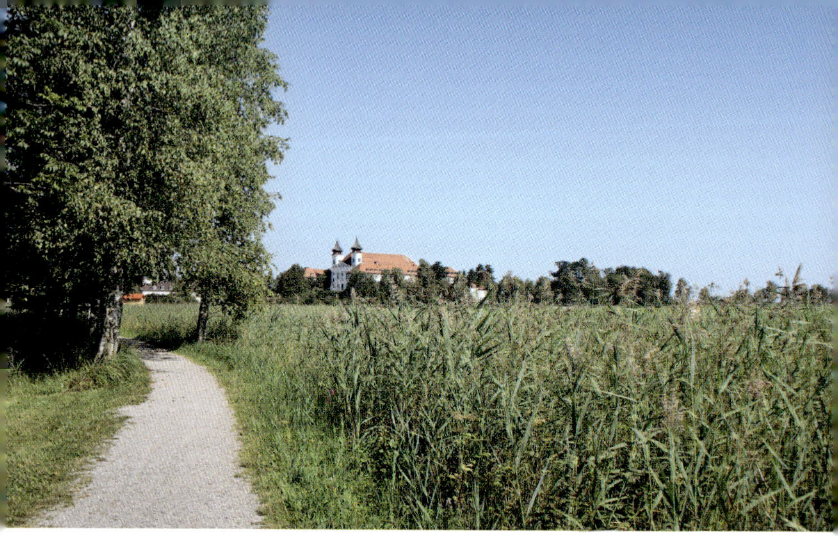

Das Kloster von Schlehdorf.

Wegweiser »Schlehdorf–Felsenweg«, welcher uns an einer kleinen Kapelle vorbei wieder kurz zum Seeufer führt. Nach einigen Häusern von Altjoch queren wir den Auslass des Walchensee-Kraftwerks mittels einer **Brücke (6)**, 603 m. Dieses nutzt seit 1924 den Höhenunterschied von 200 m zwischen Walchen- und Kochelsee für die Stromgewinnung.

Über eine Weide gelangen wir zum Waldrand. Auch hier folgen wir wieder dem Wegweiser **»Schlehdorf Felsenweg«**. Dessen Anlage hängt eng zusammen mit dem Bau des Kraftwerkes. Für die bis zu 2000 Arbeiter, die größtenteils aus Niederbayern und dem Bayerischen Wald kamen, wurden Barackenlager in der Raut südlich von Schlehdorf errichtet. Für deren täglichen Weg zur Arbeit wurde der Weg in den Fels

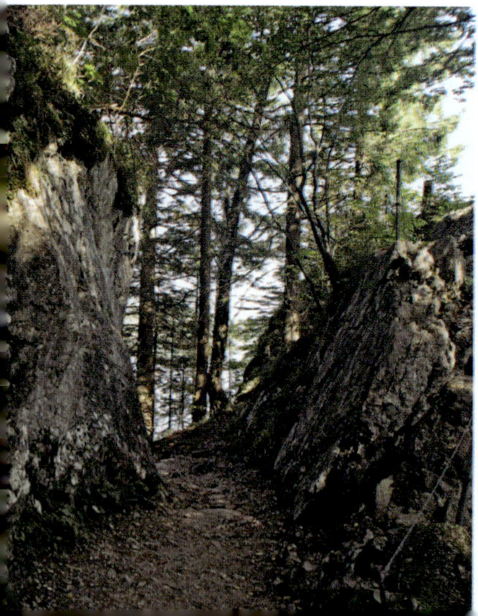

Auf dem gut gesicherten Schlehdorfer Felsenweg.

gehauen. Anfangs geht es auf einem Forstweg auf- und dann wieder abwärts zum felsigen Ufer. Bald schließt ein ungekiester Weg an, der an den schmäleren Stellen mit Drahtseilgeländer gesichert ist. Im Bereich der Nase kann ein Gipfelkreuz erklommen werden. Immer wieder ist ein Ausblick auf den See, die angrenzenden Berge und das Kloster Schlehdorf möglich. Entfernt sich der Weg schließlich vom See, so folgen wir an einer Weggabelung dem Wegweiser »Schlehdorf« nach rechts. Bald wandern wir auf einer kleinen Straße an Weiden, Wiesen und den zerstreut liegenden Häusern von **Raut** vorbei. Zu Klosterzeiten gab es hier einmal eine zugehörige Schwaige. Mit Blick auf Schlehdorf und sein Kloster nehmen wir nach einem Feldkreuz mit Bank die Asphaltstraße nach rechts. Haben wir **Schlehdorf** erreicht, so biegen wir nach einem Bächlein halb rechts in einen als Fußweg beschilderten **Weg (7)**, 601 m, ein. Dieser führt uns an Streuobstwiesen, Bauerngärten und dem Verlandungsbereich des Kochelsees vorbei. Wieder auf der Seestraße folgen wir beim **Gasthof Klosterbräu** der Wegweisung zum Schiffsanleger. Nach dem Parkplatz gelangen wir über einen von Birken begleiteten Kiesweg zum **Schiffsanleger (8)**, 600 m, von wo aus wir nach Kochel fahren können. Dort geht es auf bekanntem Wege zum **Bahnhof (1)** zurück.

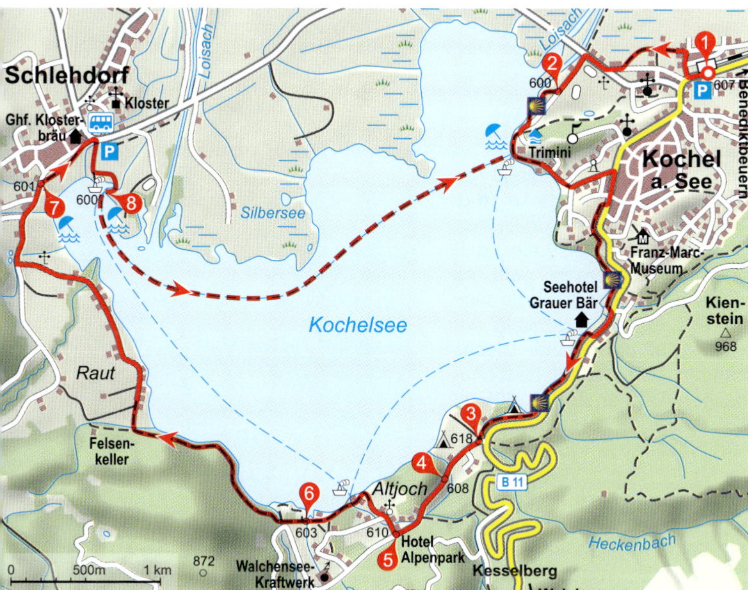

25 Weiler-Rundweg

2.00 Std.

Loisachflößer, Großweiler Moos und Wasserfall

Begünstigt durch die Lage an der Loisach, spielte die Flößerei in Groß- und Kleinweil jahrhundertelang eine wichtige Rolle. Holzstämme aus dem bewaldeten Alpenraum wurden zu Flößen zusammengebunden und über Loisach und Isar nach München oder weiter über die Donau verfrachtet. Auf diesen wurden neben dem Holz selbst Baumaterialien, Kohle, Naturalien, Vieh und auch Menschen transportiert. Mitte des 20. Jahrhunderts wurde die Flößerei auf der Loisach eingestellt, nachdem nach und nach die leistungsfähigere Eisenbahn den Transport übernommen hatte. Großweil war Sitz des Flößerbundes, eines Zusammenschlusses aller Flößer des Oberlandes. An die gefährliche und überaus anstrengende Arbeit der Flößer erinnert heute ein Denkmal an der Loisachbrücke.

Ausgangspunkt: Parkplatz an der Loisach in Kleinweil (607 m) (Navi: 82439 Kleinweil, Sindelsdorfer Str.), RVO-Bus 9611 Murnau Bf.–Kochel Bf., Haltestelle Großweil Rathaus, der Startpunkt der Wanderung ist von hier aus über die Kleinweiler Straße und auf der Sindelsdorfer Straße über die Loisachbrücke erreichbar.

Höhenunterschied: 180 m.

Anforderungen: Problemlose Wanderung mit durchgehender Beschilderung (Weiler Rundweg). Nur im Bereich des Hohlwegs Rutschgefahr.

Einkehr: Hofcafé am Stern, Gasthäuser in Großweil.

Tipp: Freilichtmuseum Glentleiten.

Vom Parkplatz an der Loisach in **Kleinweil (1)**, 607 m, aus überqueren wir die Straße. Hier steht direkt neben der Loisachbrücke das Denkmal »Flößer mit Floß«. Nun folgen wir der Moosstraße, nach einem Altwasserarm geht es rechts auf einem Kiesweg weiter. Am Gehölz wechseln wir wieder auf die Straße. Dieses markiert den Verlauf des ehemaligen **Triftkanals (2)**, 605 m, der heute in diesem Bereich kein Wasser mehr führt. Er wurde ab 1716 auf Veranlassung von Kurfürst Max II. Emanuel angelegt, um den Kochelsee mit seinen gefährlichen Strömungen zu umgehen. Außerdem wurde durch diese Abkür-

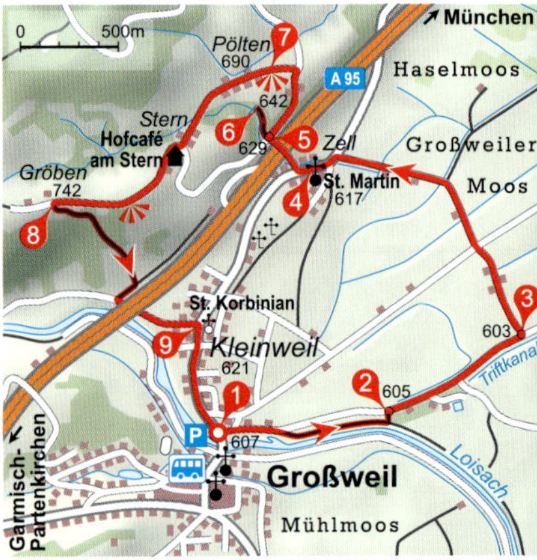

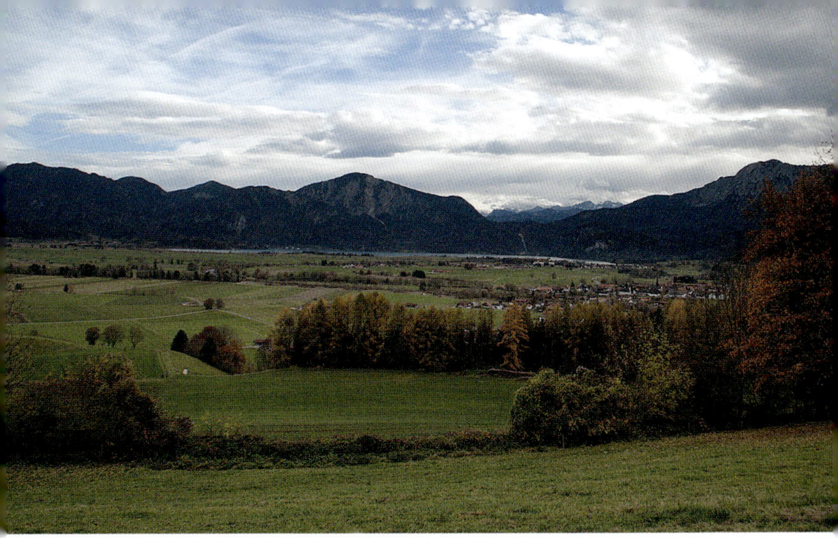

Bei guter Fernsicht sind jenseits des Kochelsees die Berge des Karwendels zu erkennen.

zung die Transportzeit um zwei Stunden reduziert. Später diente er als Entwässerungsgraben. Ein Schild weist auf die Bedeutung des Gebietes für Wiesenbrüter hin. Nach einem wasserführenden Abschnitt des Triftkanals zweigt ein asphaltierter **Weg (3),** 603 m, links ab. Diesem folgen wir und gehen geradeaus durch das **Großweiler Moos** mit seinen artenreichen Feuchtwiesen und den verstreuten Heustadeln. An der Weggabelung bei einer Birke biegen wir in stumpfem Winkel nach links ab und gelangen zur Staatsstraße, die uns, wiederum links gegangen, nach **Zell** bringt. Wir wandern an der **Kirche St. Martin (4)**, 617 m, vorbei, neben der sich auch die letzte Station eines Kreuzweges befindet, welcher mit 13 weiteren Bildsäulen von Kleinweil hierher führt. Ihre Reliefs sind im späten Nazarenerstil des ausgehenden 19. Jahrhunderts gestaltet, dargestellt ist der Leidensweg Christi.
Nach der Bushaltestelle biegen wir rechts Richtung Pölten, Stern und Gröben ab. Wir überqueren die A 95 und gehen an der **Kreuzung (5)**, 629 m, für einen kurzen Abstecher zum **Wasserfall (6)**, 642 m, geradeaus weiter. Einst wurde durch die Kraft des Klammbachs eine Hammerschmiede betrieben, bis das Gebäude 1895 abbrannte. Wieder zurück, wenden wir uns nach links und wandern über eine weite Kehre den steilen Südhang des Molassezuges hinauf nach **Pölten (7)**, 690 m. Hier bietet sich eine Aussicht auf das Loisachtal mit dem Walchensee-

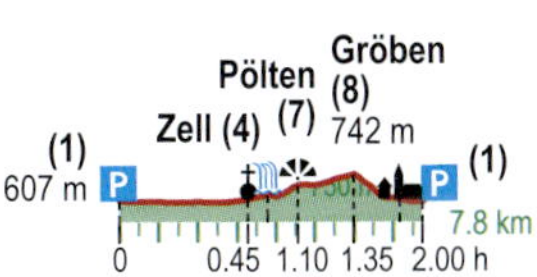

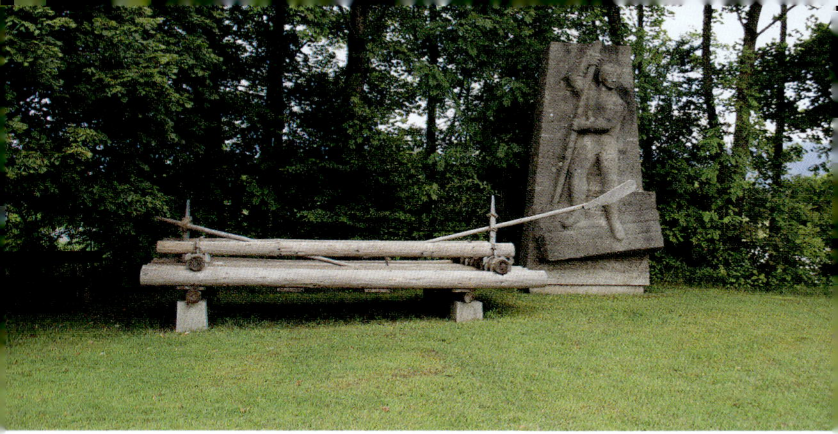

Flößerdenkmal an der Loisachbrücke.

kraftwerk, den Klöstern Schlehdorf und Benediktbeuern und die Alpen von Benediktenwand bis zur Zugspitze. An Weiden vorbei geht es nach Stern, wo wir dem Wegweiser nach rechts folgen. Dann noch ein Stück hinauf, wieder mit weitem Ausblick. Am ersten Gehöft von **Gröben (8)**, 742 m, nehmen wir den Wiesenweg links hinab. Am Waldrand wenden wir uns nach links und folgen dem Hohlweg. Dieser führt teils steil durch den Wald hinab. Hier ist etwas Vorsicht geboten, denn auf den Steinen kann es leicht rutschig sein. Schließlich gabelt sich der Hohlweg, wir können entscheiden, welchen Weg wir nun gehen möchten. Mit der Loisach queren wir wieder die Autobahn, bei deren Bau um 1970 es zu Problemen mit alten Kohlebergwerksstollen kam, die nicht abgestützt waren. Die Lage Kleinweils auf einer Terrasse der Loisach, die sich hier in die Grundmoräne eingetieft hat, ist gut zu erkennen.

Bald gelangen wir nach **Kleinweil**. An der **Ortskapelle St. Korbinian (9)**, 621 m, mit ihrem barocken Zwiebelturm gehen wir rechts und wandern geradewegs zum **Ausgangspunkt (1)** zurück.

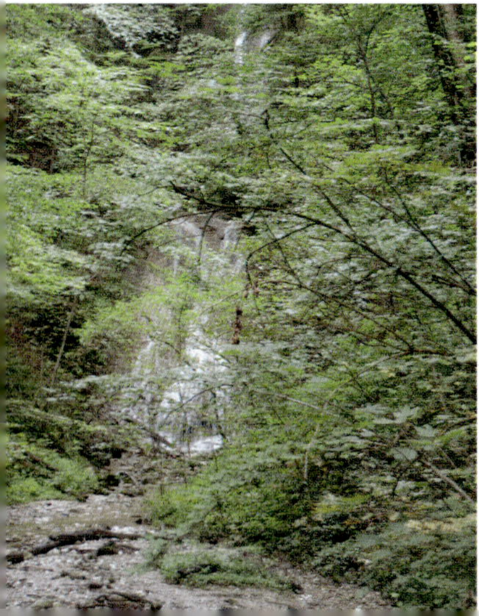

Wasserfall zwischen Zell und Pölten.

3.00 Std.

Von Habach zur Höhlmühle 26

Mühlentour mit Aussicht

Diese Tour führt zum mitten im Wald gelegenen Forsthaus Höhlmühle mit interessanter Geschichte. Die ursprüngliche Höhlmühle stand nämlich seit dem Jahr 1500 etwas weiter bachabwärts und wurde als Ölmühle genutzt, wovon sich auch der Name ableitet. Als der damalige Müller um 1850 im Lotto gewann, erbaute er die heutige Höhlmühle. Neben der Getreide- und Sägmühle war auch schon eine kleine Schankwirtschaft dabei. 1910 erwarb dann Ottmar von Poschinger-Camphausen, der einem bayerischen Adelsgeschlecht entstammte und unter anderem Gutsherr auf Riegsee war, das Gebäude und baute es zu einem Forsthaus mit Gaststätte um, als welche es bis vor Kurzem noch genutzt worden ist.

Ausgangspunkt: Parkplatz Steinberg (gleichnamige Straße), Habach (653 m) (Beschilderung Schule an der Obersöcheringer Straße folgen) (Navi: 82392 Habach, Steinberg), RVO-Bus 9617 Penzberg Bf. – Sindelsdorf.
Höhenunterschied: 220 m.
Anforderungen: Keine. Vorsicht an der Bundesstraße. Bis Höhlmühle mit »Höhlmühlrunde« gegenläufig beschildert, danach Markierung H3.
Einkehr: Gasthaus Zum Trödler in Habach (öffnet erst ab 18 Uhr, Mo und Di Ruhetag, troedler-habach.de). Eichbichl-Stüberl (Anfang 2024 vorübergehend geschlossen) an der Variante gelegen.
Variante: Ab Höhlmühle kann man auf der Asphaltstraße zurückgehen.

Vom Parkplatz Steinberg in **Habach (1)**, 653 m, aus wandern wir sanft hinab, immer auf den Kirchturm zuhaltend, und biegen links in die Hauptstraße ein. Die sechs größeren Gebäude waren einst die Stiftshäuser der Kanoniker, die kleineren die Anwesen der Bediensteten. Nach der **Stiftskirche St. Ulrich (2)** (Abzweigung: 645 m), biegen wir rechts ab in die gleichnamige Straße. Bald danach biegt nach rechts der Stiftsweg ab, der uns zum **Ulrichsbrunnen (3)**, 645 m, bringt, welcher zu den ältesten seiner Art im Bistum Augsburg zählt. Bischof Ulrich, der hier wohl ein kleines Eigenkloster hatte, besuchte diesen bis zu seinem Tod 973 einmal im Jahr und erfrischte sich an ihm. Hier treffen wir wieder auf die St.-Ulrichs-Straße, in die wir rechts einbiegen. An der Einmündung geht es nach links in die Hofheimer Straße. Wir verlassen diese jedoch gleich wieder nach links. Auf dem asphaltierten, parallel verlaufenden Feldweg queren wir die B 472 mithilfe einer Unterführung. Nun wenden wir uns nach rechts und wandern gleich darauf nach links zwischen Weiden und Wiesen west-

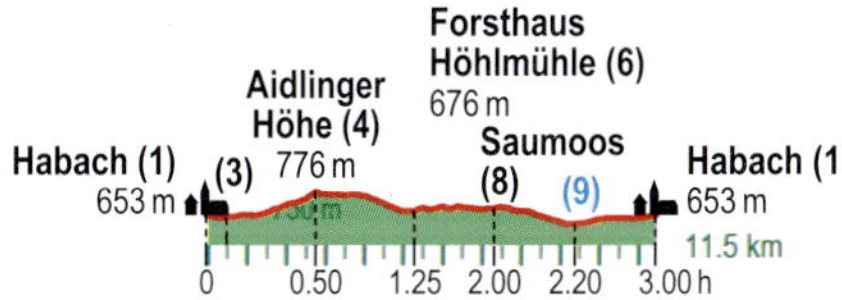

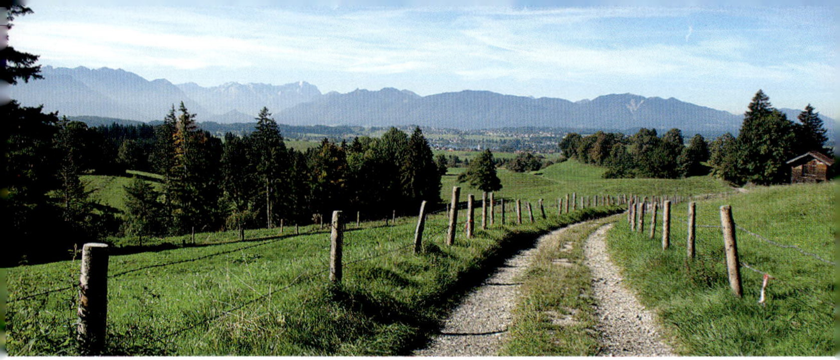

Auf der Aidlinger Höhe. Etwas rechts der Bildmitte ist der Riegsee zu erkennen.

wärts. An der Einmündung nehmen wir den asphaltierten Weg entlang eines Bachs nach links. An einem Anwesen vorbei steigt dieser leicht an und geleitet uns in den Wald hinein. Hier wandern wir über einen Kiesweg weiter hinauf. An der nächsten Weggabelung halten wir uns rechts. Der Weg senkt sich etwas zu einem Bachlauf hinab und steigt dann wieder sanft an. Bald geht es nahe einem weiteren eingeschnittenen kleinen Bachlauf meist durch Fichtenforst aufwärts. An der Einmündung wandern wir nach rechts weiter und halten uns dann links. Der Weg steigt bald steiler an. Auf dem Hauptweg verlassen wir den Wald und passieren ein Gatter.

Haben wir die **Aidlinger Höhe (4)**, 776 m, erreicht, halten wir uns noch rechts und wandern mit Blick auf Riegsee und Umgebung an Weiden vorbei etwas hinab. Nach einem weiteren Gatter biegen wir scharf nach links ab. Es bietet sich ein Alpenpanorama von den Ammergauer Bergen im Westen über das Wettersteinmassiv mit der Zugspitze bis zum Estergebirge. Wir wandern nun ostwärts über die **Hohe Lüß** an Weiden vorüber. Im Wald folgen wir dem teils etwas eingeschnittenen Weg geradeaus. Dann wandern wir hinab zu einer **Einmündung (5)**, 745 m, im Bereich eines Bachgrabens. Hier geht es rechts weiter hinunter zu einem Sträßchen, das uns nach links zum Lothdorfer Bach bringt, an den Weiher und Niedermoor mit Streuwiesen anschließen. Haben wir die Straßenkreuzung mit den Wegweisern nach Aidling und Murnau erreicht, wenden wir uns nach links und erreichen bald das ehemalige **Forsthaus Höhlmühle (6)**, 676 m.

Nach dem letzten Gebäude (versteckter Wegweiser nach Habach) biegt nach rechts ein Kiesweg ab, der uns sanft aufwärts in den Wald führt. In der 2. Rechtskurve halten wir uns an der **Weggabelung (7)**, 694 m, links. Es geht etwas hinab zu einem Bachlauf und dann wieder hinauf zu einer weiteren Kreuzung. Hier wandern wir in spitzem Winkel nach links weiter und, sämtliche abzweigende Wege ignorierend, um den Stöcklesberg herum. Zwar geht es meist durch Fichtenforst oder an Aufforstungsflächen vorbei, doch gelangen wir bald zu einer Einmündung, nach der uns eine Überraschung erwartet, wenn wir links abbiegen. Rechts liegt das **Saumoos (8)**, 689 m, eine Sattelvermoorung mit zahlreichen seltenen Pflanzen und Tieren. Links haben Jagdfreunde einen Bildstock, einen Findling und eine Rastbank aufgestellt. Wir folgen dem Weg an Streuwiesen und Waldrand entlang.

Bald geht es wieder durch den Wald, wo wir, meist sanft abwärts wandernd, weiter alle Abzweigungen ignorieren. Schließlich verlassen wir den Wald mit Blick auf Dürnhausen. Anfangs am Waldrand entlang, folgen wir dann dem Sträßchen hinab in den Talgrund. Dort biegen wir im Bereich der Hochspannungsleitung links ab und wandern auf dem Radweg Richtung Habach/Murnau an Wiesen und Weiden vorbei. Schließlich erreichen wir den **Lothdorfer Bach (9)**, 612 m, der hier in zwei Arme geteilt ist. Auf dem Steilhang steht das Wohnhaus der Thomamühle. Wir folgen dem Sträßchen weiter nach links und wandern durch das ungewöhnlich breite Tal, geschaffen durch Gletscher-Schmelzwässer. An der Gabelung zur **Jaudenmühle** gehen wir nach rechts auf dem Asphaltsträßchen bergan, wobei wir uns links halten, immer dem Radschild Habach/Murnau folgend. Nach einem kurzen Stück auf dem Radweg – halbkreisförmig angelegt –, noch bevor es unter der B 472 hindurch geht, biegen wir links ab, dem grünen Radschild bzw. der Beschilderung Obermühle folgend. Nach ca. 50 m überqueren wir die Straße, um auf den Rad-/Fußgängerweg zu gelangen, der uns unter der Bundesstraße hindurch in Richtung Habach leitet. Im Ort halten wir auf den Kirchturm zu. Dann auf bekanntem Weg zum **Ausgangspunkt (1)**.

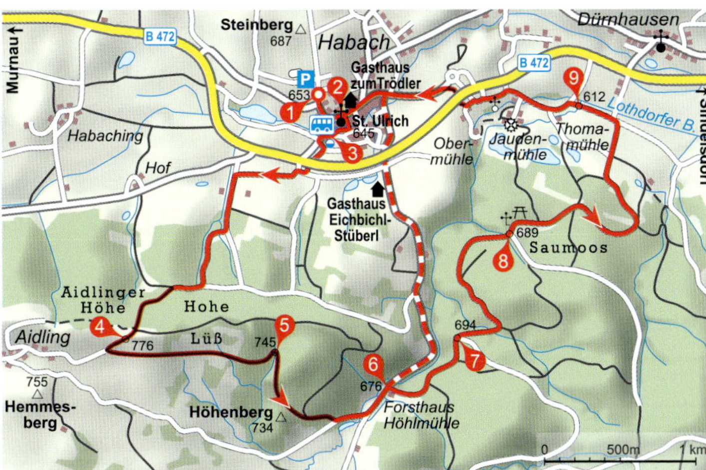

27 Von Murnau nach Guglhör

2.45 Std.

Über einen aussichtsreichen Höhenrücken zur Berggastwirtschaft

Von dem lang gestreckten Höhenrücken aus, einer Molasserippe, hat man einen weiten Blick über die Mooslandschaften hinweg auf das Gebirge mit Benediktenwand, Estergebirge, Wettersteinmassiv und Ammergauer Alpen sowie auf kleine Ortschaften in idyllischer Lage. Nach einer Schlaufe geht es aussichtsreich auf demselben Weg zurück.

Ausgangspunkt: Parkplatz Murnau-Weindorf (693 m) (Navi: 82418 Murnau, Hagener Leite 41). Mit Ortsbus vom Bahnhof zur Haltestelle (Punkt 26) Hagener Str./Leitenweg. Nähere Infos: omobi.de/ortsbus-murnau.

Höhenunterschied: 160 m.
Anforderungen: Keine. Ein Teil der Tour ist als Guglhör-Rundweg ausgeschildert.
Einkehr: Bergwirtschaft Guglhör. Außerdem weitere Gasthäuser und Restaurants in Murnau.

Bergwirtschaft Guglhör mit Biergarten.

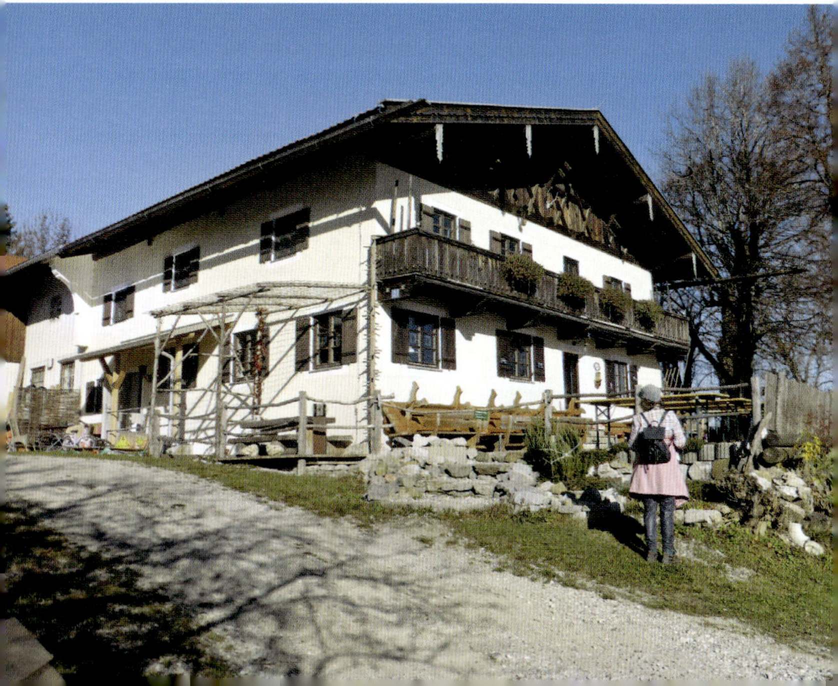

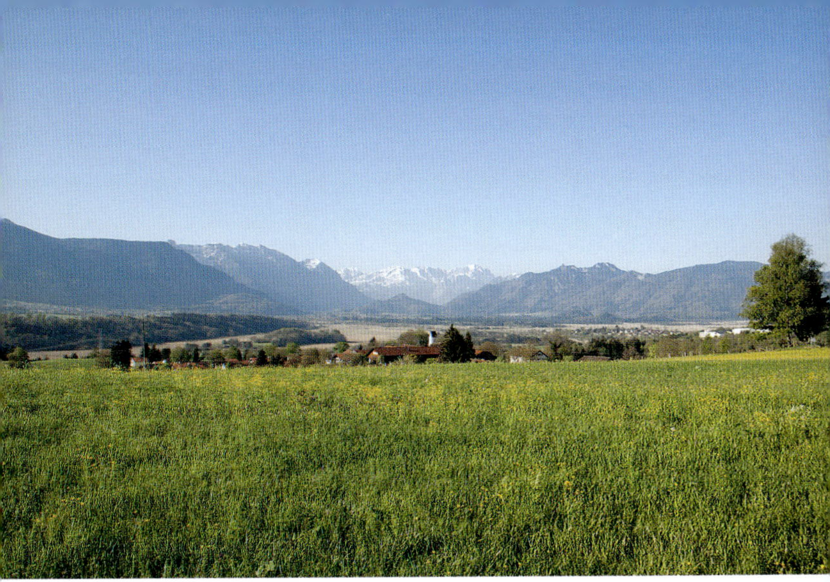

Blick über Hagen und das Murnauer Moos hinweg zum Wettersteinmassiv mit der prägnanten Gestalt der Zugspitze.

Vom Parkplatz im Ortsteil **Weindorf (1)**, 693 m, aus wandern wir mit Blick auf die Alpen entlang der Hager Leite ostwärts. An warmen Tagen kann man hier mit etwas Glück eine Zauneidechse entdecken. Wird unser Weg von der Straße aufgenommen, folgen wir ihr etwas aufwärts und gelangen in die Ortsmitte von **Hagen (2)**, 695 m. Wer jetzt schon einer Rast bedarf, für den steht gleich bei der Kirche St. Blasius ein Biergarten bereit. Weiter geht es links. Ein anfangs asphaltierter Weg bringt uns auf den aussichtsreichen Höhenrücken. Von hier aus blicken wir auf Hagen sowie die Moore und die Alpenkette. Stets der Beschilderung folgend, wandern wir an Wiesen und Weiden vorbei ostwärts weiter. Nach einem kurzen Stück durch den Wald und über eine Weide sehen wir rechts Perlach liegen. Unser Wiesenweg mündet nun an einem **Feldkreuz mit Birke (3)**, 730 m, und Bank in ein von Perlach

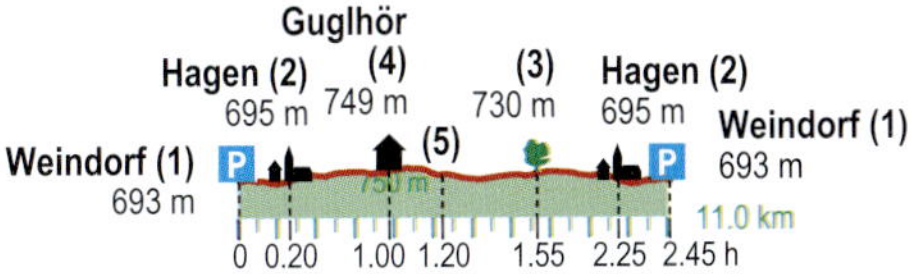

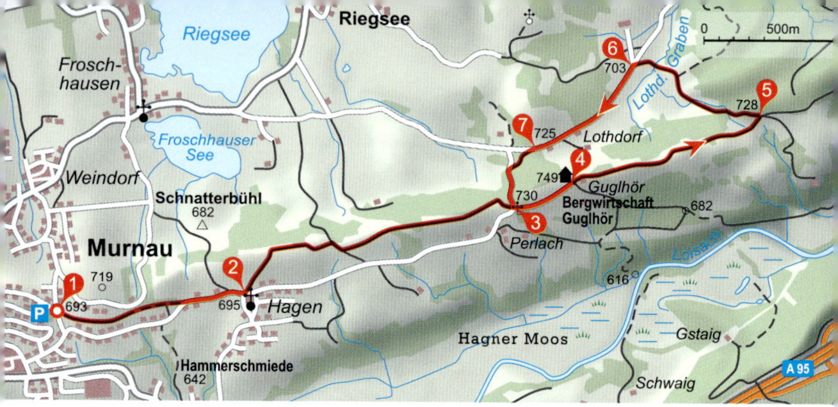

heraufkommendes Sträßchen. Hier beginnt unser eigentlicher Rundweg, für den wir diesem weiter bis **Guglhör (4)**, 749 m, folgen. Hier züchtet das bayerische Stamm- und Landgestüt Schwaiganger, das letzte seiner Art, selten gewordene Schaf- und Rinderrassen. Außerdem lädt die Bergwirtschaft Guglhör zur Einkehr ein. Danach geht es auf einem Feldweg über den Molasserücken in Richtung Großweil geradeaus weiter – mit herrlichem Blick u. a. auf die Benediktenwand. Nachdem der Feldweg in einen Pfad übergegangen ist, stoßen wir auf einen weiteren **Feldweg (5)**, 728 m, in den wir links einbiegen. Immer diesem folgend und alle Abzweigungen ignorierend überqueren wir den Lothdorfer Graben – links und rechts sind noch die Reste eines Übergangsmoores zu sehen –, bis wir durch ein Gatter zu einem **Sträßchen (6)**, 703 m, gelangen. Diesem folgen wir nach links in Richtung Riegsee, wobei wir den Ortsteil Lothdorf passieren. Kurz nachdem wir den Wald betreten haben, geht links ein ansteigender **Forstweg (7)**, 725 m, ab, der nur ein wenig später in das Sträßchen überleitet, das uns weiter bergauf zu dem **Feldkreuz mit Birke (3)** führt. Von dort geht es dieselbe Strecke zurück zum **Ausgangspunkt (1)** der Wanderung.

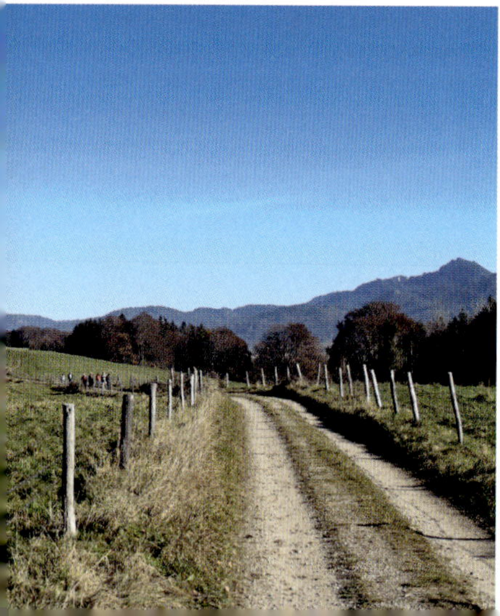

In Richtung Großweil auf dem Molasserücken – rechts die Benediktenwand.

3.40 Std.

Vom Staffelsee über den Molasseriegel ins Murnauer Moos

28 TOP

Großartige Ausblicke im Land des Blauen Reiters

Diese Tour stellt eine Aneinanderreihung von landschaftlichen Höhepunkten dar. Vom malerischen Staffelsee geht es über den Molasseriegel sowie mit Blick auf das Murnauer Moos zum »Ähndl«. Der Staffelsee liegt in einer Mulde mit weichen Gesteinen, die durch den Gletscher vertieft wurde. Ihn durchziehen in Ost-West-Richtung Rippen aus härteren Gesteinen, deren Spitzen die sieben Inseln bilden. Südlich schließt der aufgebogene Muldenrand an. Hier bilden widerständige Gesteinsschichten den als Molasseriegel bezeichneten Höhenzug, der das Staffelseebecken vom Murnauer Moos trennt, welches auch durch die schürfende Kraft des Gletschers geformt wurde. Mit Abschmelzen des Eises bildete sich ein See, der später verlandete. Durch aufwachsende Torfmoose entstanden Nieder- und Hochmoore. Die bewaldeten Hügel in der bräunlichen Moorlandschaft heißen Köchel. Sie bestehen aus widerständigen Gesteinen des Helvetikums und des Flyschs und wurden, wie die Staffelseeinseln, durch das darüberbewegte Gletschereis zugerundet.

Ausgangspunkt: Bhf. Murnau (692 m) (Navi: 82418 Murnau, Bahnhofplatz 1).
Höhenunterschied: 230 m.
Anforderungen: Keine.
Einkehr: Gaststätte Ähndl, Cafés und Restaurants in Murnau.

Variante: Tour kann abgekürzt werden. Rückkehr von Grafenaschau und Seeleiten-Berggeist mit der Bahn (verkehrt stündlich).
Tipp: Biologische Station Murnauer Moos (murnauermoos.de).

Blick von der Kottmüllerallee auf das Murnauer Moos mit den bewaldeten Köcheln. In der rechten Bildhälfte das »Ähndl«.

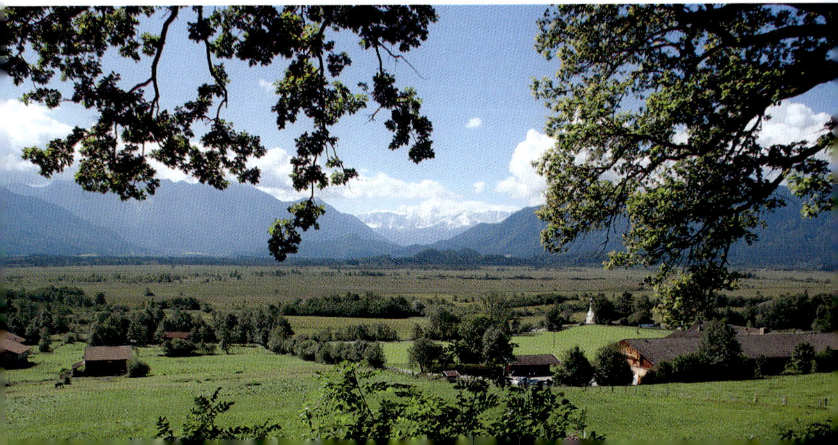

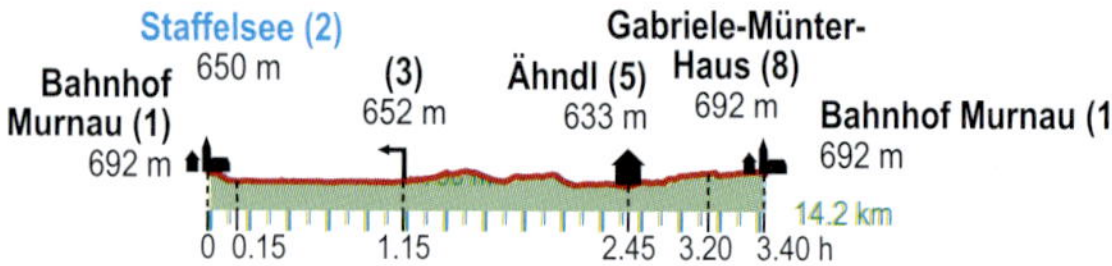

Am **Bahnhof Murnau (1)**, 692 m, wenden wir uns nach rechts und folgen einem Fußweg unter den Gleisen hindurch. Nun geht es teils steil hinab, am Minigolfplatz vorbei, zum **Staffelsee (2)**, 650 m. Hier wenden wir uns nach links und wandern nach der Anlagestelle Achele rechts auf dem schattigen Seewaldweg am Südufer entlang. Links ragt steil der bewaldete Molassezug auf, immer wieder rieseln kleine Bäche die Hänge hinab. Dann gelangen wir zum Verlandungsbereich des Staffelsees und in das angrenzende Obernacher Moos. Gleich nach der Querung des Greinbachs biegen wir links ab (**Abzweigung (3)**, 652 m). Entlang des mäandrierenden Baches, an dem Uferabbrüche und Kiesbänke von natürlicher Dynamik zeugen, geht es nun durch den Wald sanft aufwärts. Er hat hier die verschiedenen Schichten des Molasseriegels durchbrochen. Nach einem Stück über einen wurzeligen Pfad hinauf geht es wieder einen Kiesweg hinab. Stets folgen wir dem Hauptweg, wir können uns an den in entgegengesetzte Richtung weisenden Schildern **(Staffelsee-Rundweg)** orientieren. Öffnet sich der Wald, geht es noch ein kleines Stück hinauf. Rechts stehen die Häuser vom Hinteren Grainbichl auf einer weiteren Molasserippe. Nun treffen wir auf ein Sträßchen, das uns hinab zur Staatsstraße führt. An dieser gehen wir ein kurzes Stück nach links entlang, überqueren sie und folgen dem asphaltierten Weg. Dieser geht bald in einen Fußpfad über, der uns über die Gleise auf die Moosrainer Straße geleitet, der wir nach links hinab folgen. Wir können die Tour hier beenden, biegen dafür nach rechts ab und gelangen so zum Bahn-Haltepunkt Grafenaschau. Dann verpassen wir aber einen aussichtsreichen Weg, für den wir den nach links abzweigenden Wanderweg nehmen (ab hier Wegweiser »Ramsach Kircherl«).

Durch einen Wald wandern wir wieder zur Eisenbahnlinie hinauf. Bald haben wir den aussichtsreichen **Weg (4)**, 680 m, erreicht. Mit Blick auf das Murnauer Moos mit seinen Köcheln und die Berge – rechts Ammergebirge und Rißberg, links Estergebirge, mittig Wettersteingebirge – wandern wir nun mal rechts, mal links der Trasse ostwärts. Das Murnauer Moos ist das größte zusammenhängende, noch weitgehend intakte Moorgebiet Mitteleuropas und steht unter Naturschutz. Haben wir eine Wegkreuzung erreicht, so wandern wir erst ein Stück rechts hinab (links ginge es zum Bahn-Haltepunkt Seeleiten-Berggeist) und biegen nach der Panoramakarte kurz vor dem Wald links ab. Durch Gebüsch und lichten Wald geht es hinab. Vor uns liegt der idyllische **Rollischsee**. Wir folgen dem Kiesweg auf und ab an Weiden vorbei. So gelangen wir zur **Ramsachkirche St. Georg (5)**, 633 m, auch **Ähndl** genannt, das schon in vorchristlicher Zeit eine Kultstätte war. Das Wirtshaus daneben lädt zur Einkehr. Für den Weiterweg folgen wir der Birkenallee sanft aufwärts. Bald zweigt links ein Fußweg ab, der uns in wenigen Minuten zum **Drachenstich (6)**, 648 m, führt. Dabei handelt es sich um eine romantische Schlucht mit einem kleinen Wasserfall. Hier soll der Sage nach der Murnauer Lindwurm seine vielen Jungfrauen verspeist haben.

Wir wandern zurück und gehen auf aussichtsreichem Weg aufwärts. Über die **Kottmüllerallee (7)**, 677 m, die mit ihren über 140 mächtigen Eichen um 1870/80 für die Sommerfrischler gepflanzt worden ist, erreichen wir **Murnau**. An der nächsten Weggabelung steht das **Gabriele-Münter-Haus (8)**, 692 m, einst Wohnhaus und Atelier der berühmten Malerin und ihres langjährigen Lebensgefährten Wassily Kandinsky, welche zusammen mit anderen bekannten Vertretern der abstrakten Kunst wie Franz Marc die Gruppe »Der Blaue Reiter« gründeten. Hier gehen wir links und folgen einem Fußweg, welcher uns mit Blick auf Murnau an der Eisenbahnlinie nach Oberammergau entlang nach rechts über die Gleise der Strecke nach Garmisch bringt. Dann biegen wir gleich links in den Kurpark ab und folgen der Beschilderung zum Bahnhof. Mündet unser Weg in eine Straße, so wenden wir uns nach rechts und gelangen so zu Bayerns ältestem **König-Ludwig-Denkmal (9)**, 693 m, das aus dem Jahre 1894 stammt. Am Postamt biegen wir links ab und gelangen an Cafés vorbei zu einer Kreuzung. Hier gehen wir kurz rechts und dann gleich wieder links an der evangelischen Christuskirche vorbei. Vor der mächtigen Linde biegen wir links ab, ein Fußweg führt uns zu einem Kreisverkehr. Von hier ist der **Bahnhof (1)** schon zu sehen.

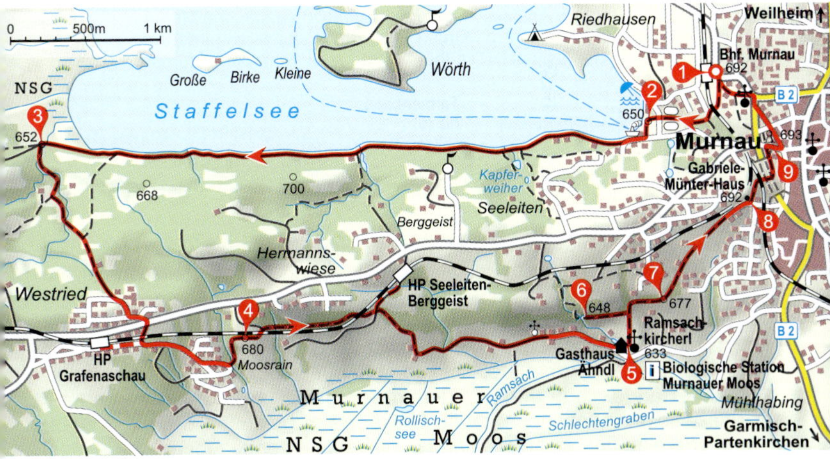

29 Große Staffelsee-Runde

5.30 Std.

Blauer See, grüne Wälder, braune Moore

Unter den sieben Inseln im Staffelsee ist die Insel Wörth nicht nur die größte, sondern auch die geschichtsträchtigste. Schon Kelten und Römer haben ihre Spuren hinterlassen. Im 6. Jahrhundert stand hier eine Steinkirche – eine der ältesten Oberbayerns. Unter den Karolingern wurde ein Kloster eingerichtet, von dem wohl die Besiedlung und Inkulturnahme der Umgebung ausging und in dem wahrscheinlich das Wessobrunner Gebet entstanden ist. Im 11. Jahrhundert wurde das Kloster aufgelöst, die Klosterkirche entwickelte sich zur zentralen Pfarrkirche für die Umgebung. Lange war die Insel über einen schmalen Holzsteg mit dem Festland verbunden. Als sich die Beschwerden der Gläubigen über den beschwerlichen und besonders im Winter gefährlichen Weg häuften, wurde schließlich 1773 die Kirche von Seehausen erbaut. Heute findet auf diesem einstigen Kirchenweg alljährlich an Fronleichnam eine Seeprozession mit Ruderbooten zur neuromanischen Kapelle St. Simpert aus dem Jahr 1838 statt.

Ausgangspunkt: Bahnhof Murnau (692 m) (Navi: 82418 Murnau, Bahnhofplatz 1).
Höhenunterschied: 190 m.
Anforderungen: Sehr lange Tour mit wenig Schatten, doch sind Abkürzungen mit dem Schiff möglich, Anlegestellen in Uffing, Seehausen und Achele/Murnau (dann auch für Kinder geeignet). Die Tour ist ausgeschildert, allerdings gegen den Uhrzeigersinn. Bei Überflutung im Bereich Halbinsel Burg über Dorf- und Seestraße von Seehausen nach Riedhausen (Variante).
Einkehr: Gasthäuser in Uffing, Seehausen, Riedhausen und Murnau.
Tipp: Bootsfahren und Baden im Staffelsee (z. B. Strandbad Murnau).

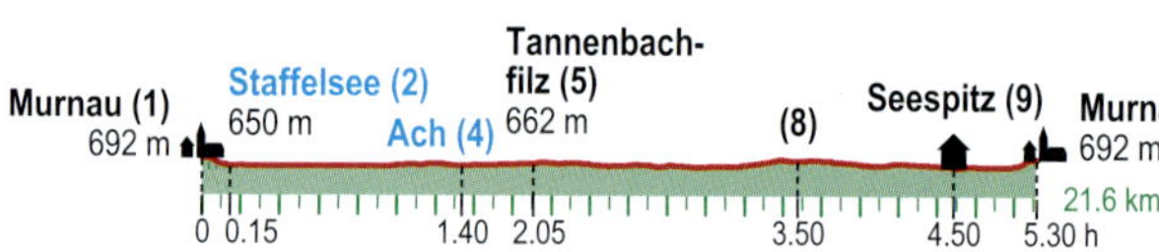

Am Bahnhof **Murnau (1)**, 692 m, wenden wir uns nach rechts und folgen einem Fußweg unter den Gleisen hindurch. Nun geht es teils steil hinunter, am Minigolfplatz vorbei, zum **Staffelsee (2)**, 650 m. Hier wenden wir uns nach links und kommen an der Anlagestelle Achele vorbei. Dann wandern wir nach rechts auf dem schattigen **Seewaldweg** am Südufer entlang. Links ragt steil der bewaldete Molassezug auf, immer wieder rieseln kleine Bäche die Hänge hinab und münden in den Staffelsee. Auf diesen und auf seine Inseln eröffnen sich häufig Blicke. Dann gelangen wir zum Verlandungsbereich des Staffelsees und in das angrenzende Obernacher Moos, das teils noch als Streuwiese genutzt wird. Gleich nach der Querung des Greinbachs wandern wir an der **Abzweigung (3)**, 652 m, geradeaus weiter, bald auf breitem Weg am Waldrand entlang. Schließlich biegt dieser nach Norden ab und führt als Kiesweg durch das Obernacher Moos, wo unter anderem Sonnentau und Enzian zu finden sind. Dann geht es im Bereich einer bewaldeten Molasseerhebung, die sich in einigen der Staffelseeinseln fortsetzt, etwas hinauf.

Wieder hinab halten wir uns rechts. Haben wir die **Ach (4)**, 653 m, mit ihrem braunen Moorwasser erreicht, queren wir sie auf einer Holzbrücke und wandern nach links weiter an ihr entlang an einem Wiesenbrütergebiet vorbei. An der Einmündung in einen gekiesten Geh- und Radweg geht es rechts weiter durch den **Tannenbachfilz (5)**, 662 m. Licht mit Spirken bestanden, ist der östliche Teil noch recht naturnah. Wir folgen dem Asphaltsträßchen

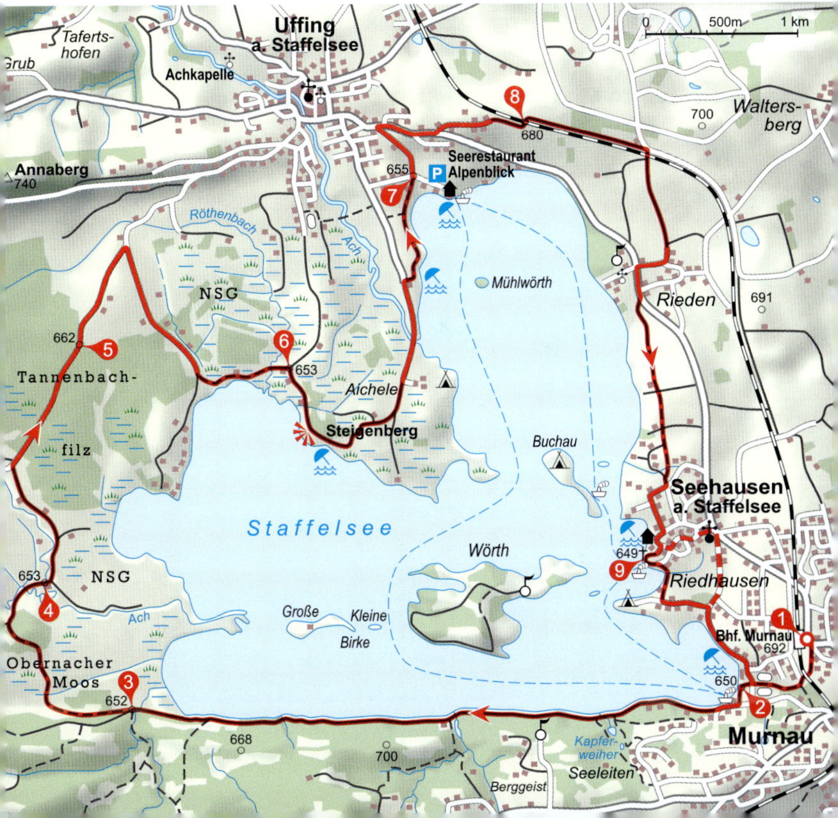

weiter durch die wellige Moränenlandschaft auf eine mächtige Eiche zu. Hier geht es in spitzem Winkel in südöstlicher Richtung weiter an Wiesen vorbei. Nach einem Stück durch den Wald wandern wir halb links auf einem Kiesweg Richtung Uffing weiter. Dieser führt uns bald scharf nach links über den im Gehölz versteckten Röthenbach. Dann geht es wieder an Feuchtwiesen vorbei und über den Tannenbach. So gelangen wir zu einer **Kreuzung (6)**, 653 m, wo wir rechts weitergehen. An orchideenreichen Wiesen vorbei wandern wir nahe dem Seeufer weiter Richtung Uffing. Wir können einen Abstecher zum Badeplatz Obersee machen – nach rechts führen Graspfade an offene Stellen des Ufers. Von dort aus bieten sich Ausblicke auf Staffelsee, den bewaldeten Molasseriegel sowie das Gebirge. Dann geht es am Eichenhof vorbei und nach Campingplatz und Bad rechts weiter. An einer **Birkenallee** wandern wir geradeaus vorbei und erreichen bald die ersten Häuser von **Uffing**. An der **Einmündung (7)**, 655 m, biegen wir links ab – rechts ginge es zum **Seerestaurant Alpenblick** – und wandern entlang der Straße nach Uffing hinauf. An der nächsten Einmündung folgen wir nach rechts der Staatsstraße Richtung Murnau, bis links die Galveigenstraße abzweigt (Wegweiser Radweg Murnau). Letztere bringt uns zur **Bahnlinie (8)**, 680 m, hinauf. Diese überqueren wir und nehmen den Kiesweg rechts. Mit weitem Blick auf See und Berge wandern wir an den Gleisen entlang.

Am Südwestrand des Staffelsees liegt ein großer Verlandungsbereich mit Schilfflächen und Großseggen – das Obernacher Moos.

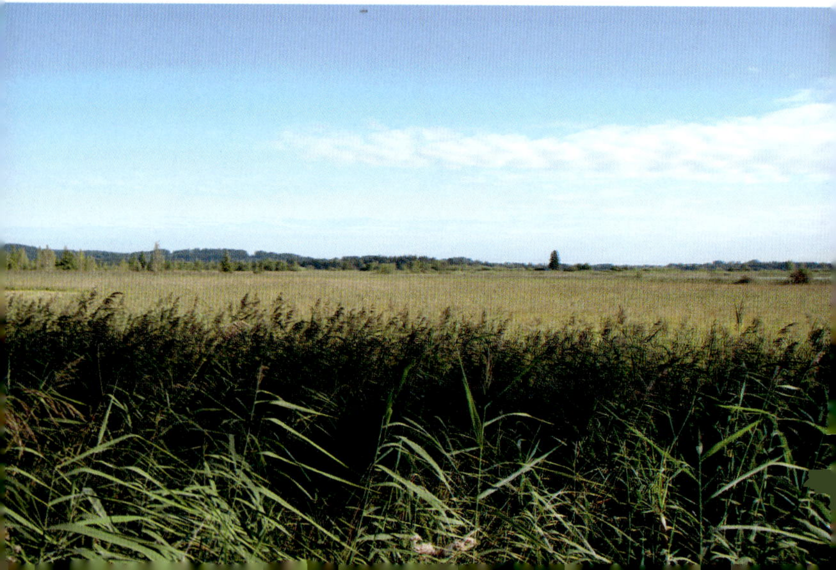

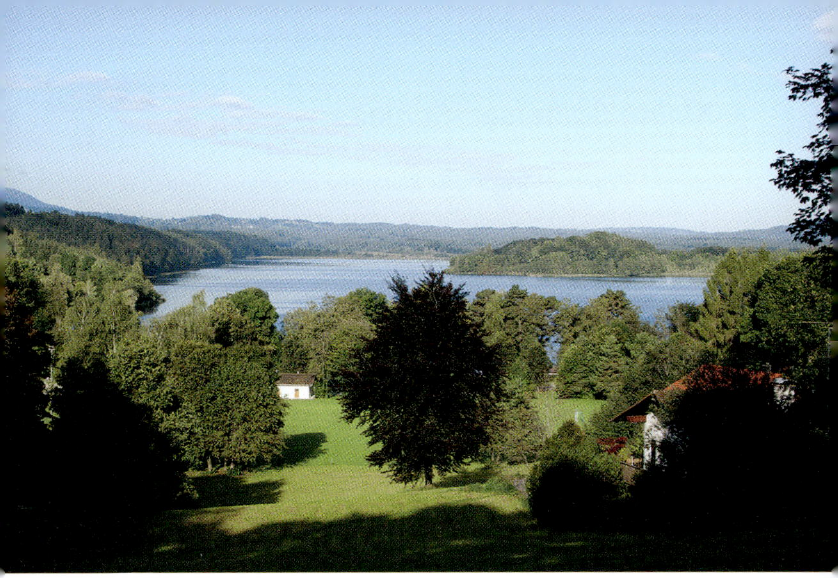

Blick auf das Südufer des Staffelsees mit der Insel Wörth (rechts), einem Molasserücken.

Im Weiteren ist die Orientierung einfach, die Schilder »**Staffelsee-Runde**« weisen den Weg. Nachdem wir die Gleise ein weiteres Mal gequert haben, geht es an Weiden vorbei sanft hinunter nach **Rieden** mit seinen schmucken Bauernhäusern. Wir überqueren die Staatsstraße, gehen kurz an ihr entlang und folgen sodann dem Kiesweg nach rechts. Blicken wir zurück, so sehen wir das Schloss Rieden mit seinen neubarocken Zwiebelecktürmen. Auf und ab wandern wir an Weiden und Feldkreuzen vorbei mit Blick auf Staffelsee und Berge weiter nach **Riedhausen**. Auch hier ist der Wegverlauf sehr gut ausgeschildert. Biegen wir unmittelbar nach dem **Strandbad Seehausen** mit dem Ristorante-Café-Pizzeria »al lago« rechts ab, erreichen wir wieder den Staffelsee. An seinem Ufer entlang folgen wir einem gekiesten Fußweg. Wir passieren das Kreuz am **Seespitz (9)**, 649 m, das an den besagten Steg zur Insel Wörth erinnert. Vermutlich wird es am See zukünftig wieder eine Einkehrmöglichkeit geben (früher konnte man hier im Fischerstüberl einkehren). Nach der **Bootsanlegestelle** Seehausen gehen wir nach rechts auf einem Holzsteg an alten, schmucken Bootshäusern vorbei durch den Schilfbereich weiter (Überschwemmungsgefahr). Ein Kiesweg führt uns in den Ortsbereich von **Seehausen**. Die Beschilderung weist uns auf ufernahen Straßen zurück zum **Murnauer Strandbad**. Von hier aus gehen wir auf schon bekanntem Weg zum **Ausgangspunkt (1)** zurück.

30 Kleine Staffelsee-Schleife

1.30 Std.

Ins Naturschutzgebiet »Westlicher Staffelsee mit angrenzenden Mooren«

Dieses umfasst den Verlandungsbereich des Staffelsees sowie die angrenzenden Moore, wo sich Hochmoore mit Torfstichen und angrenzenden Streuwiesen abwechseln. An Letzteren führt auch unsere Wanderung vorbei. Auf ihnen wurde früher Einstreu gewonnen. Sie zeichnen sich durch das Vorkommen von seltenen Tier- und Pflanzarten wie verschiedenen Orchideen aus. Auch großartige Ausblicke auf See und Berge hat diese kurze Wanderung zu bieten.

Ausgangspunkt: Uffing, Seerestaurant Alpenblick (653 m) (Navi: 82449 Uffing, Kirchtalstr. 30).
Höhenunterschied: 40 m.
Anforderungen: Keine. Flache Spazierwege, sehr gut ausgeschildert.
Einkehr: Seerest. Alpenblick Uffing.
Tipp: Sehr empfehlenswert bei unbeständigem und regnerischem Wetter, da kurz und schön und dann weniger begangen. Oder bei heißem Wetter mit Badepause.

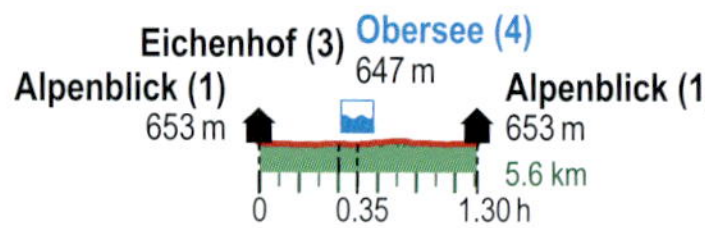

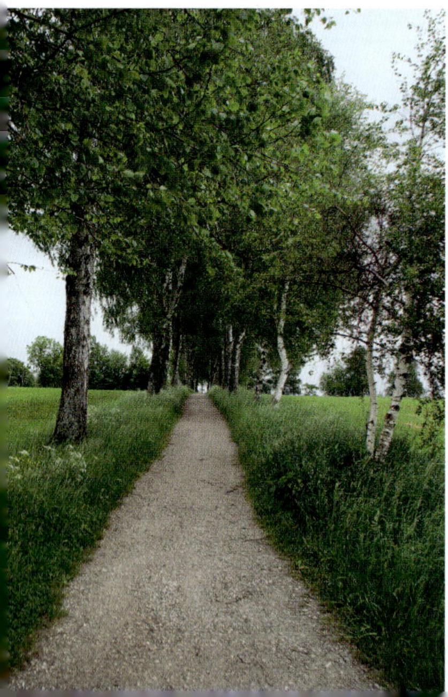

Vom Parkplatz beim **Seerestaurant Alpenblick (1)**, 653 m, aus gehen wir auf der Asphaltstraße kurz ortseinwärts und folgen der Beschilderung »Kleine Staffelsee-Schleife« scharf nach links. An der **Birkenallee (2)**, 650 m, die in den 1930er-Jahren gepflanzt worden ist, gehen wir geradeaus weiter. Immer wieder eröffnen sich Blicke auf den Staffelsee mit seinen bewaldeten Inseln – die große ist die Insel Wörth. Am Bad vorbei gelangen wir ins Naturschutzgebiet. Nach dem Campingplatz führt der Weg links am **Eichenhof (3)**, 651 m, vorbei. Woher dieser seinen Namen hat, kann man leicht erkennen, wenn man auf die mit alten Eichen bestandene Weide links blickt. Um diese geht es nun herum, die

Durch die Birkenallee geht's zurück.

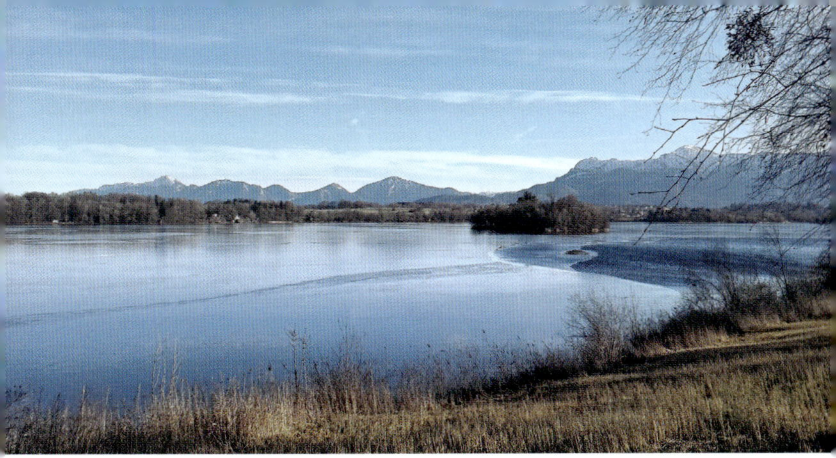

Blick über den See zur Insel Mühlwörth und auf Murnau. Im Hintergrund das Estergebirge und die Kocheler Berge.

ersten Wiesen mit Orchideen und Schwertlilien tauchen auf. Nach links führen Graspfade an offene Stellen des Ufers. Wir sind am Aussichtspunkt am **Badeplatz Obersee (4)**, 647 m, angelangt, von wo sich Ausblicke auf den Staffelsee, den bewaldeten Molasseriegel sowie das Gebirge bieten.
Weiter geht es an orchideenreichen **Wiesen (5)**, 654 m, vorbei. An der nächsten **Kreuzung (6)**, 653 m, biegen wir, dem Schild folgend, rechts ab und erreichen, vorbei an reich blühenden Wiesen, den alten Uffinger Fußballplatz. Hier geht es wieder rechts und dann über die Ach mittels des schon von weitem sichtbaren **Bahlsen-Stegs (7)**, 649 m. Dieser ist ebenso wie die Uffinger Schule nach dem jüngsten Sohn des Gründers der bekannten Keksfabrik benannt. Klaus Bahlsen war ein großer Förderer gemeinnütziger Projekte, und er hat seiner zweiten Heimatgemeinde Uffing, in der er auch begraben ist, einen großen Geldbetrag vermacht. Feuchtwiesen mit Schwertlilien und Orchideen säumen den Weg. Die Birkenallee führt uns schließlich zurück zum **Ausgangspunkt (1)**.

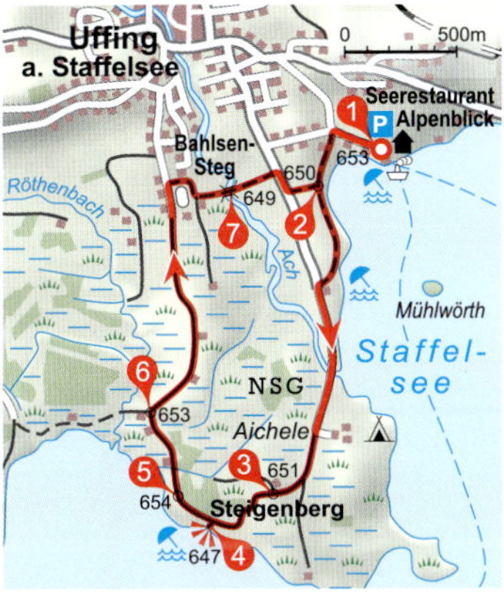

31 Uffing, Heimgarten und Antlüßbichel

2.50 Std.

Ach und Moränenlandschaft

Einst gab es an der Ach in Uffing sechs Mühlen, Sägewerke und Ölschlägereien. Durch den Aufstau hob sich der Wasserspiegel um zwei bis drei Meter, die Fließgeschwindigkeit verringerte sich. So entstand südlich von Uffing ein Moor, seltene Pflanzen und Tiere konnten sich aus dem Obernacher Moos heraus ausbreiten.

Ausgangspunkt: Bahnhof Uffing (666 m) (Navi: 82449 Uffing, Am Bahnhof 1).
Höhenunterschied: 130 m.
Anforderungen: Keine.
Einkehr: Gasthäuser und Restaurants in Uffing.

Aus dem Bahnhof **Uffing (1)**, 666 m, kommend gehen wir rechts und gelangen, rechts abgebogen, über die Bahnhofstraße ortseinwärts. In der Linkskurve gehen wir geradeaus auf der Hechenrainer Straße weiter. Über die Mühlstraße gelangen wir ins Uffinger Mühlenviertel. Dann nehmen wir den Achleitenweg Richtung Vogelmühle, erreichen die **Ach (2)**, 643 m, und gehen weiter zur **Vogelmühle (3)**, 643 m. Hier über den Bach und nach links an den Gebäuden vorbei. An der Einmündung unseres Weges wandern wir rechts weiter. In der scharfen Kurve biegen wir links ab und gehen dann, stets dem Wegweiser »Tafertshofen-Rundweg« folgend, vor der Feldscheune gleich rechts. Ein Steg führt uns über einen Bach. An diesem gehen wir ein Stück nach rechts entlang und gelangen nach einer Feuchtwiese wieder zur Ach. An der Einmündung biegen wir rechts in die Straße ein und überqueren die **Brücke (4)**, 639 m. Die Ach ist hier an der ehemaligen Humplsäge aufgestaut. Wir biegen gleich links ab. Nach Anwesen und Teich überqueren wir wiederum die **Ach (5)**, 636 m, die hier einen Molasseriegel durchbricht, und wandern auf einem Forstweg sanft aufwärts. An der **Kreuzung (6)**, 664 m, mit Bauernhof gehen wir geradeaus und weiter durch den Wald, der hier teils aus Aufforstungen besteht. Sämtliche Abzweigungen ignorie-

Die Bahnlinie nach Uffing ist in das vom Gletscher geschaffene Relief eingepasst.

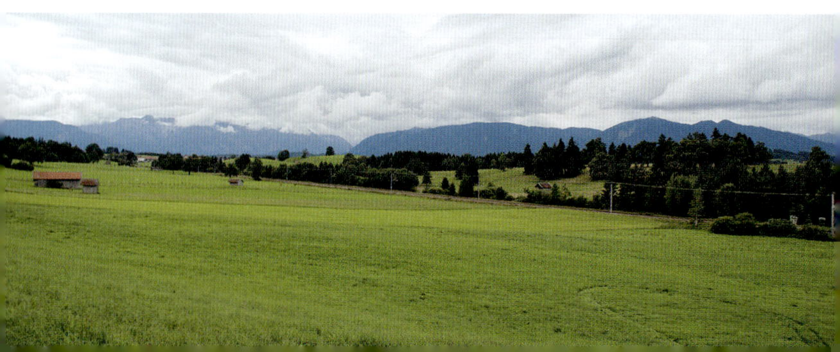

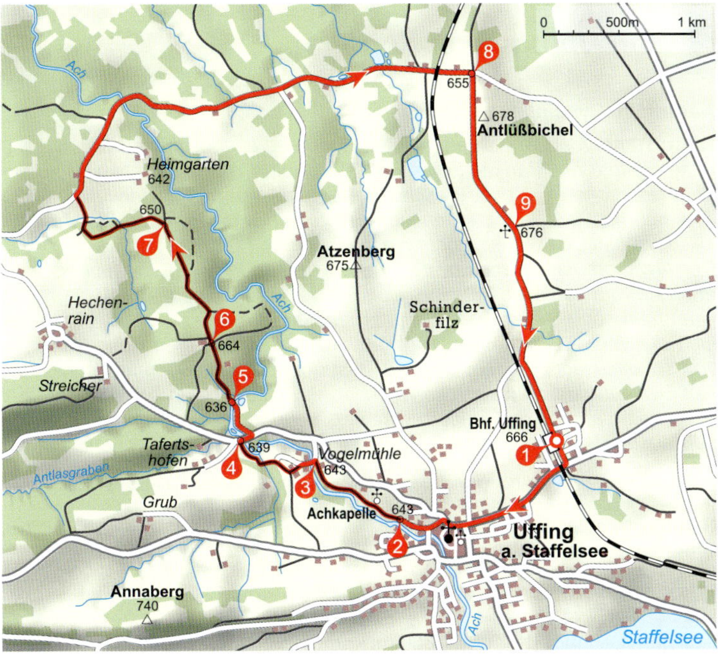

rend, kommt man nach ca. 900 m zu einer Lichtung mit **Wegkreuzung (7)**, 650 m. Hier gehen wir halblinks auf dem Forstweg weiter, der aus dem Hochwald hinausführt, und durchqueren ein Tal. Danach halten wir uns immer rechts, überqueren einen kleinen Bach und wandern zu einem asphaltierten Sträßchen, in das wir rechts einbiegen. Dieses bringt uns über die Ach und durch Wälder, an kleinen Bächen und an Streuwiesen vorbei. Nord-Süd verlaufende Moränenwälle wechseln sich mit Niedermooren in Senken ab. Stets geradeaus gelangen wir zur Bahnlinie, die wir queren. An der nächsten **Kreuzung (8)**, 655 m, biegen wir rechts ab und wandern rechts Richtung Murnau und über den Antlüßbichel auf asphaltiertem Weg geradeaus weiter. Nach einem unter Birken versteckten **Feldkreuz (9)**, 676 m, gehen wir an der nächsten Weggabelung wieder geradeaus weiter und schließlich entlang der Bahnlinie nach links zum **Ausgangspunkt (1)** zurück.

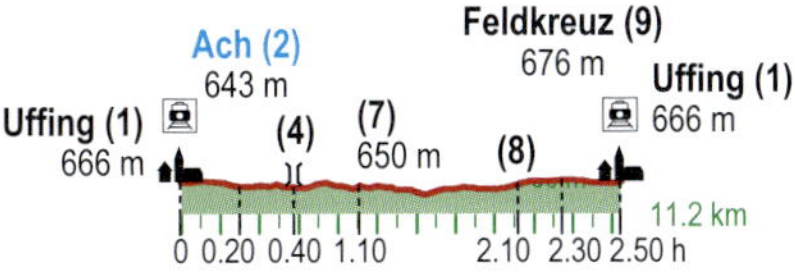

32 Von Uffing nach Schöffau

4.00 Std.

Natürliche Dynamik und Dorfidylle

Diese Wanderung ist als Tafertshofen-Rundweg ausgeschildert. Die Benennung erfolgte zu Ehren der Edlen von Tafertshofen, die im Jahr 1480 die Uffinger Pfarrkirche St. Agatha gestiftet haben und deren einstiger Sitz von der Tour berührt wird. Danach kann man eintauchen in die Ruhe des Waldes. Auf stillen, schattigen Wegen geht es an lauschigen Plätzchen am Bach vorbei. Der Antlasgraben mäandriert frei und unverbaut und wird von einem Grauerlen-Auwald begleitet, der eine reiche Vogel- und Schneckenwelt birgt. Hier kann man noch Steilanrisse, Gleitufer und kleine Altwässer beobachten, die sich durch die Dynamik des Wasserlaufes bilden. Die urtümliche Dorfidylle von Schöffau lädt zu einem Gasthausbesuch. Schon die Sommerfrischler, die seit Eröffnung der Bahnstrecke Weilheim – Murnau 1879 in wachsender Zahl nach Uffing und an den Staffelsee kamen, kehrten dort ein. Dann geht es auf teils aussichtsreichem Wege zurück.

Ausgangspunkt: Bahnhof Uffing (666 m) (Navi: 82449 Uffing, Am Bahnhof 1).
Höhenunterschied: 240 m.
Anforderungen: Problemlose Wanderung, die aber entgegengesetzt als Tafertshofener Rundweg ausgeschildert ist, weswegen etwas Orientierungssinn hilfreich ist.
Einkehr: Gasthaus Lieberwirth Schöffau, Gaststätten und Restaurants in Uffing.
Variante: Start auch in Schöffau möglich.

Aus dem Bahnhof **Uffing (1)**, 666 m, kommend gehen wir rechts und gelangen, rechts abgebogen, über die Bahnhofstraße ortseinwärts. In der Links-

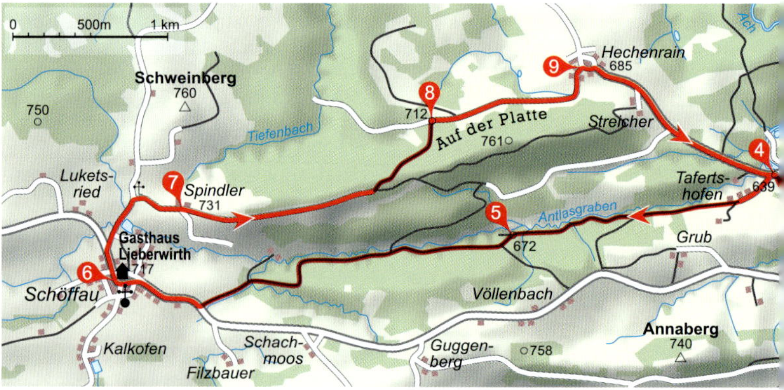

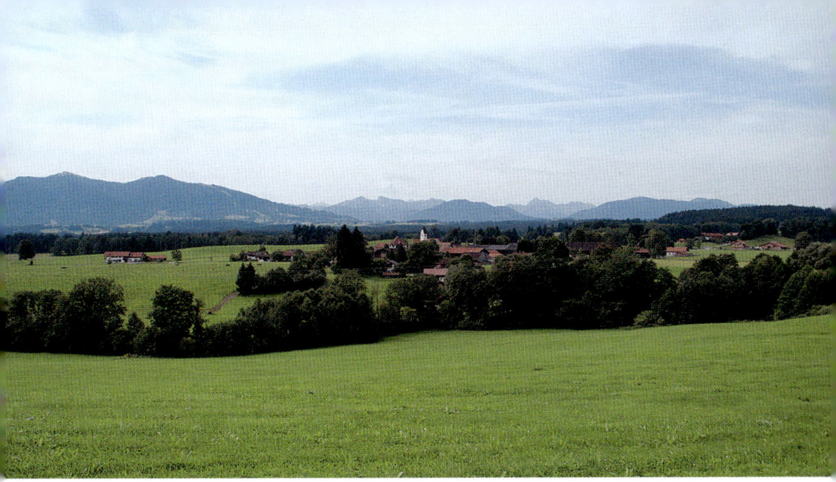

Vom Anwesen Spindler aus geht der Blick über Schöffau hinweg zum Ammergebirge.

kurve gehen wir geradeaus auf der Hechenrainer Straße weiter. Über die Mühlstraße gelangen wir ins Uffinger Mühlenviertel. Dann nehmen wir den Achleitenweg Richtung Vogelmühle und erreichen die **Ach (2)**, 643 m. Hier beginnt ein Fußweg, dem wir entlang des Baches mal durch Wald, mal an Weiden vorbei, folgen. Die Ach fließt hier ruhig und begradigt, eingetieft in die Moränenlandschaft. Rechts oben steht die hölzerne **Achkapelle**. Hier sollen der Sage nach Teufel, Hexen, wilde Jagd und ein fliegender Drache das Tal hinuntersausen und Menschen erschrecken, die spät noch unterwegs sind. In der Kapelle können sie Schutz finden. Immer die Ach entlang, gelangen wir zur **Vogelmühle (3)**, 643 m. Hier überqueren wir den Bach und gehen links an den Gebäuden vorbei. An der Einmündung unseres Weges wandern wir rechts weiter. In der scharfen Kurve biegen wir links ab und gehen dann, stets dem Wegweiser Tafertshofen-Rundweg folgend, vor der Feldscheune gleich rechts. Ein Steg führt uns über einen kleinen Bach. An diesem gehen wir ein Stück nach rechts entlang und gelangen nach einer Feuchtwiese wie-

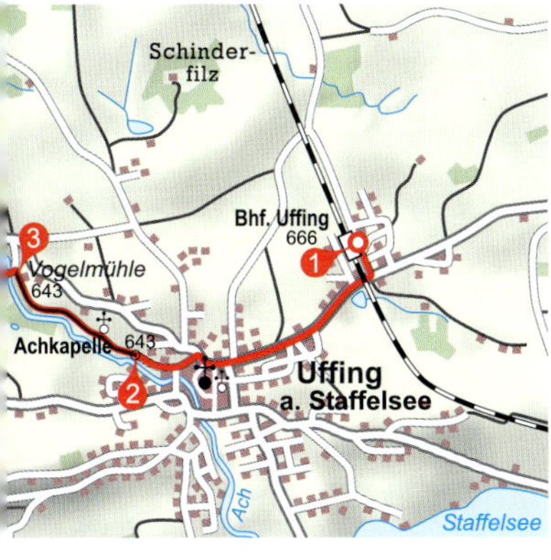

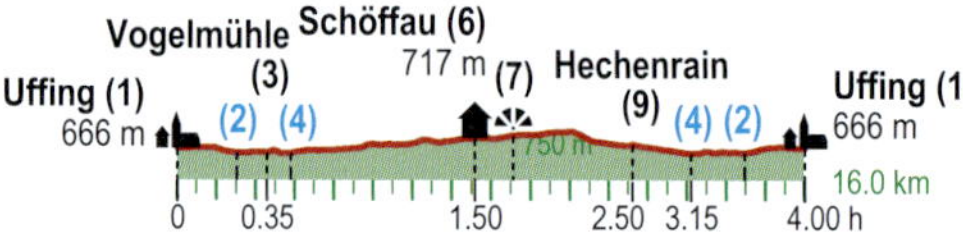

der zur Ach. An der **Einmündung (4)**, 639 m, biegen wir links in die Straße ein und verlassen sie an der nächsten Abzweigung gleich wieder nach links Richtung Antlasgraben. Haben wir den Weiler **Tafertshofen** passiert, wandern wir bald den mäandrierenden Bach entlang, uns stets rechts haltend, weiter durch den Wald und später am Rand eines Wiesentals entlang. Dieses ist in Molasseablagerungen eingetieft. An der **Stelle (5)**, 672 m, von der aus ein Hochstand zu sehen ist, gehen wir halb links ein Stück hinauf. An einer Einmündung folgen wir dem Weg, der aus Völlenbach kommt, nach rechts. Mündet ein Weg, der den Antlasgraben quert, von rechts ein, wandern wir geradeaus Richtung Schöffau weiter.

Weiterhin geht es nahe des Bachlaufs durch den Wald, bis sich der Weg nach links wendet. Ein Stück hinauf, halten wir uns links und folgen dem Weg in einem Bogen an einem weiteren kleinen Graben entlang etwas hinunter bis zu einer Scheune. Hier wieder nach links, schon bald gibt der Wald den Blick auf Schöffau frei. Die Bewohner des schmucken Dorfes mussten jahrhundertelang den beschwerlichen Weg zur Kirche auf der Staffelseeinsel Wörth auf sich nehmen, denn das erste Gotteshaus wurde hier erst Anfang des 16. Jahrhunderts gebaut. Dann gelangen wir zur Kreisstraße, die uns rechts nach **Schöffau** bringt, wo wir an der **Gastwirtschaft zum Lieberwirth (6)**, 717 m, vorbeikommen. 1789 erbaut, mit Fassadenmalerei und Traufbundwerk, steht sie mit dem gegenüberliegenden Stadel, der teils in verschalter Ständerbauweise um 1800 errichtet worden ist, unter Denkmalschutz. An dieser Kreuzung gehen wir links weiter. Ca. 200 m nach Ortsende biegen wir von der Kreisstraße rechts Richtung Kläranlage ab. An einem Weiher vorbei geht es zu einem Feldkreuz mit Bank unter einer Birke (Ausblick). Für den Weiterweg halten wir uns rechts und gelangen zum Anwesen **Spindler (7)**, 731 m, das wir geradewegs passieren. Nun steigt unser Weg sanft an und es eröffnet sich ein weiter Blick auf Schöffau, das Ammergebirge und die vorgelagerten Flyschberge wie Hörnle und Hoher Trauchberg. Gelegentliches Zurückblicken lohnt sich. Wir wandern weiter über den sonnigen Höhenrücken und gelangen schließlich wieder in den Wald. Hier halten wir uns an der ersten Weggabelung links und gehen an der nächsten Kreuzung rechts weiter. Der Schotterweg bringt uns anfangs etwas hinauf »Auf die Platte«, bevor es ein längeres Stück wieder abwärtsgeht. An der **Einmündung (8)**, 712 m, wandern wir rechts weiter an Weiden vorbei nach **Hechenrain (9)**, 685 m. Hier erreichen wir die Straße, die uns nach rechts am Streicherhof und an einer Streuwiese vorbei zur auwaldbegleiteten Ach bringt. Haben wir die schon bekannte **Kreuzung (4)** erreicht, wandern wir nach rechts über die **Vogelmühle (3)** und **Uffing** zum **Ausgangspunkt (1)** zurück.

2.30 Std.

Spatzenhausen, Tauting und Eglfing 33

Auf dem Hungerbach-Rundweg zum Natur-Erlebnis-Spielplatz

Der Hungerbach hat seinen Namen daher, dass er Hungerjahre einleitete. Denn schwoll er an, so war dies ein Zeichen für ein nasses Jahr, in dem das Getreide auf den Feldern verdarb. Sogar bis aus Niederbayern kamen früher reiche Kornbauern hierher, um sich über seinen Abfluss zu informieren. Auch der Riegsee wurde als Hungersee bezeichnet, da er keinen sichtbaren Zu- und Abfluss hat. Einer Sage nach soll er den Hungerbach speisen. Jedenfalls werden beide vom Grundwasser der Murnauer Schotter gespeist, welches relativ stark auf Niederschlagsschwankungen reagiert. Der Hungerbach versickert sogar zwischen Unter- und Obereglfing und tritt erst wieder südlich von Huglfing zutage.

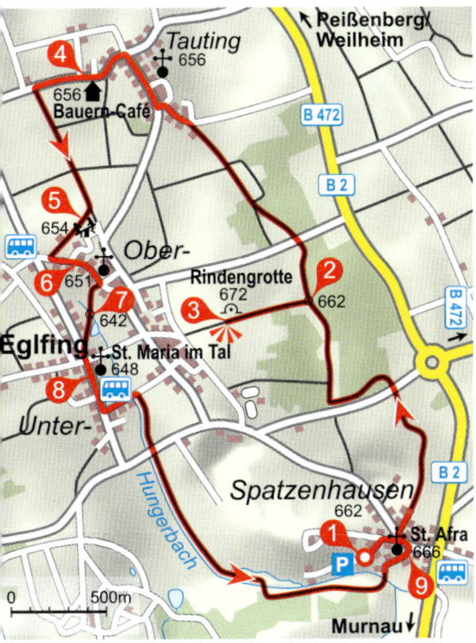

Ausgangspunkt: Parkplatz (662 m) beim Haus des Gastes in der Angerstraße in Spatzenhausen (Navi: 82447 Spatzenhausen, Angerstr. 9), Bushaltestelle zwischen Kirche und Rathaus (RVO-Linie 9601 Weilheim Bf. – Murnau Bf., häufigerer Halt in Unter- und Obereglfing).
Höhenunterschied: 70 m.
Anforderungen: Keine. Eben und sehr gut beschildert.
Einkehr: Bauern-Café Tauting.
Tipp: Der Natur-Erlebnis-Spielplatz Moosbrunnen in Obereglfing.

In **Spatzenhausen (1)**, 662 m, parken wir am großen Parkplatz beim Haus des Gastes und spazieren über die Angerstraße Richtung Ortsmitte. An der Einmündung gehen wir kurz links und biegen gleich rechts in den Auweg ein. Dieser führt uns aus dem Ort hinaus. Der anschließende Feldweg geleitet uns an Weiden vorbei zur Staatsstraße, die wir überqueren. Nun wandern wir gleich nach links auf einem Wiesenweg kurz durch einen kleinen Fichtenforst und dann an der Straße entlang. An der Einmündung gehen wir rechts und folgen dem gekiesten Spurweg durch Wald und Wiese. Der Hohe Peißenberg und der Kirchturm von Obereglfing spitzen hervor. An einer **Wegkreuzung (2)**, 662 m, weist ein Schild auf einen Abstecher hin. Der leichte

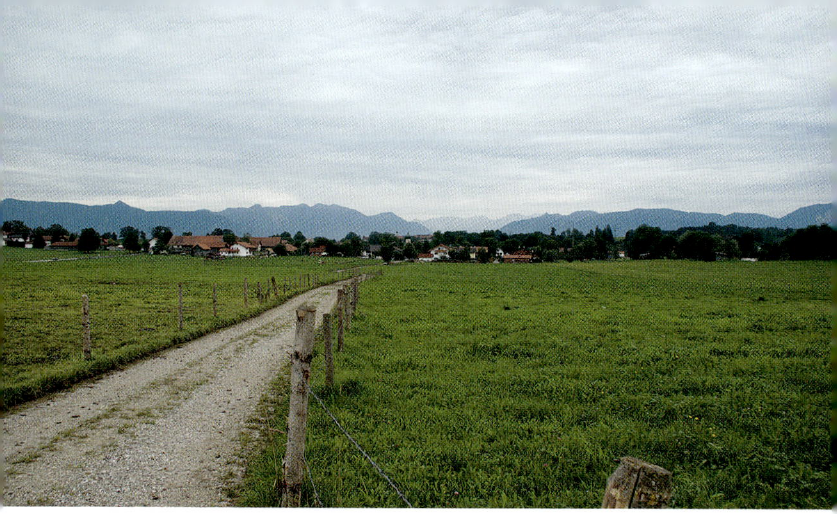

Blick zurück nach Spatzenhausen. Der zweite Kirchturm dahinter gehört zum etwas höher gelegenen Waltersberg.

Anstieg zur **Rindengrotte (3)**, 672 m, lohnt sich, denn hier bietet sich ein großartiges Alpenpanorama. Das Sträßchen nach Eglfing überqueren wir, der Feldweg geradeaus bringt uns zwischen zwei niedrigen Moränenzügen hindurch sanft hinauf nach **Tauting**. Hier biegen wir nach einer Linkskurve sogleich nach rechts in die Dorfstraße ein. An prächtigen Bauernhäusern vorbei erreichen wir die Huglfinger Straße, die uns nach links an den Dorfrand bringt. Hier laden **Bauern-Café (4)**, 656 m, und Bauernladen mit regionalen Produkten (Volkskunst und Lebensmittel) zur Einkehr ein.
Dann gehen wir noch ein Stück die Straße Richtung Huglfing entlang und folgen gegenüber einem Aussiedlerhof mit Zimmerei dem Feldweg nach links. Geradewegs wandern wir, vor uns das weite Alpenpanorama, durch die Flur auf **Eglfing** zu. Noch vor den ersten Häusern biegen wir rechts ab und kommen am **Natur-Erlebnis-Spielplatz (5)**, 654 m, vorbei. Dann gehen wir geradeaus weiter und biegen links in die Hauptstraße ein. Sogleich gelangen wir am **Freskenhof (6)**, 651 m, vorbei, der 1762 von einem sogenannten Kraxenträger, der Hinterglasmalereien und Holzschnitzereien aus der Staffelseegegend in ganz Europa verkaufte, erbaut worden ist. Dieser Joseph Dichtl war sehr erfolgreich, unterhielt sogar Filialen in Moskau und St. Petersburg und wurde von der Zarin zum Großbankier ernannt. Im Alter zog es ihn aber schließlich wieder hierher in seinen Geburtsort zurück. Der Freskenhof kann auf Anfrage besichtigt werden. An der spätgotischen Kirche St. Martin gehen wir rechts weiter. Ein von Bäumen begleiteter Fußweg

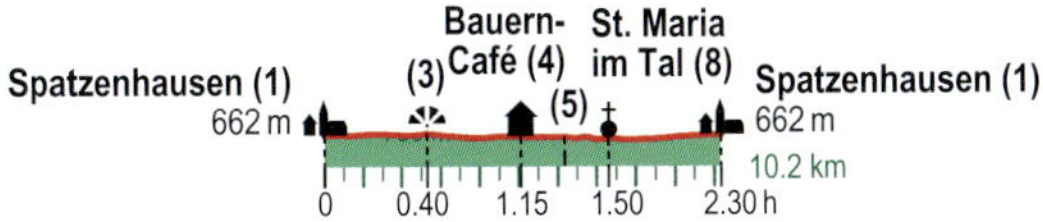

bringt uns über den **Hungerbach (7)**, 642 m, und an einem Biotop vorbei nach **Untereglfing**. Der Talstraße folgen wir nach links, an einem mit Tuffsteinen umrahmten Brunnen und an der **Kirche St. Maria im Tal (8)**, 648 m, vorbei, und nehmen dann die Bachstraße nach links. Am Hungerbach biegen wir rechts ab und wandern auf befestigtem Wege südwärts. Nach Überquerung der Staatsstraße geht es weiter am Hungerbach entlang. Rechter Hand ein Moränenzug, in den Schmelzwassertälchen eingetieft sind. Schließlich geht unser Feldweg in einen Wiesenweg über, wir überqueren den Hungerbach und setzen unseren Weg, wie uns das Schild weist, nach links fort. An Weiden vorbei wandern wir durch das Tal des Hungerbachs weiter. Schließlich bringt uns ein befestigter Flurweg am Sportplatz vorbei nach **Spatzenhausen**. An der **Pfarrkirche St. Afra (9)**, 666 m, mit Zwiebelturm und Tuffsteinmauer gehen wir links und gelangen auf schon bekanntem Wege über die Angerstraße zurück zum **Ausgangspunkt (1)**.

Auf dem Natur-Erlebnis-Spielplatz in Obereglfing: ein Paradies für Tiere und Kinder.

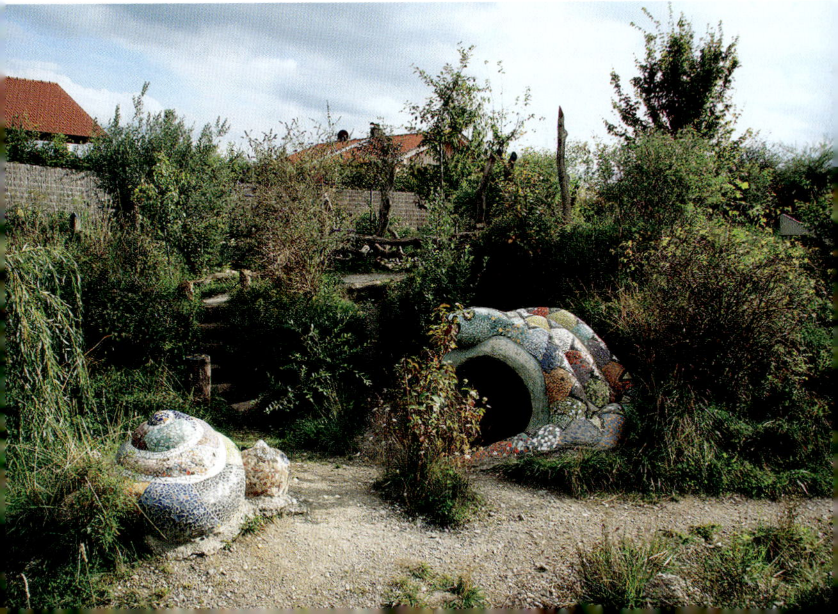

34 Von Schöffau zum Rantscher Weiher

3.30 Std.

Auf schattigen Wegen zum idyllisch gelegenen Rantscher Weiher

Dies ist eine Wanderung, die sich besonders für heiße Tage eignet; denn es geht überwiegend durch Fichtenforst sowie an einigen Streuwiesen vorbei. Gleich nach dem schmucken Dorf Schöffau, in dem es in Klosterzeiten vor Künstlern und Kulturschaffenden nur so sprühte, gelangen wir in den Weiler Kalkofen. Hier ist auf dem Blaslhof ein Paradies für Kinder zu finden. Es gibt unter anderem eine Ponyreitbahn, einen Lagerplatz mit Feuerstelle, Kletterbäume und Tiergehege. Außerdem veranstaltet der Bauer ein Puppentheater, für Erwachsene werden Stücke auf einer Freilichtbühne aufgeführt. Heute wie damals sind es die einfachen Leute, die hier Kultur schaffen.

Ausgangspunkt: Schöffau Kirche (719 m) (Navi: 82449 Schöffau, Kirchplatz 1).
Höhenunterschied: 200 m.
Anforderungen: Problemlose Wanderung überwiegend auf Forstwegen.
Einkehr: Gasthaus Lieberwirth in Schöffau.
Variante: Abstecher zur Waldschlucht (waldschlucht.de, Öffnungszeiten: Do und Fr ab 17 Uhr, Sa ab 14 Uhr, So 12–18 Uhr).

Blick über die Streuwiesen zu den Flyschbergen der Hörnlegruppe bei Bad Kohlgrub.

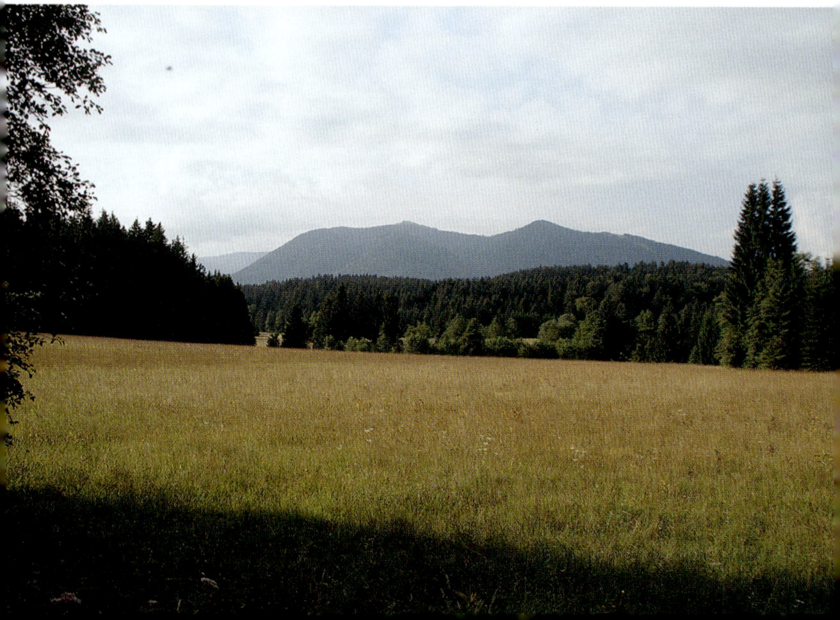

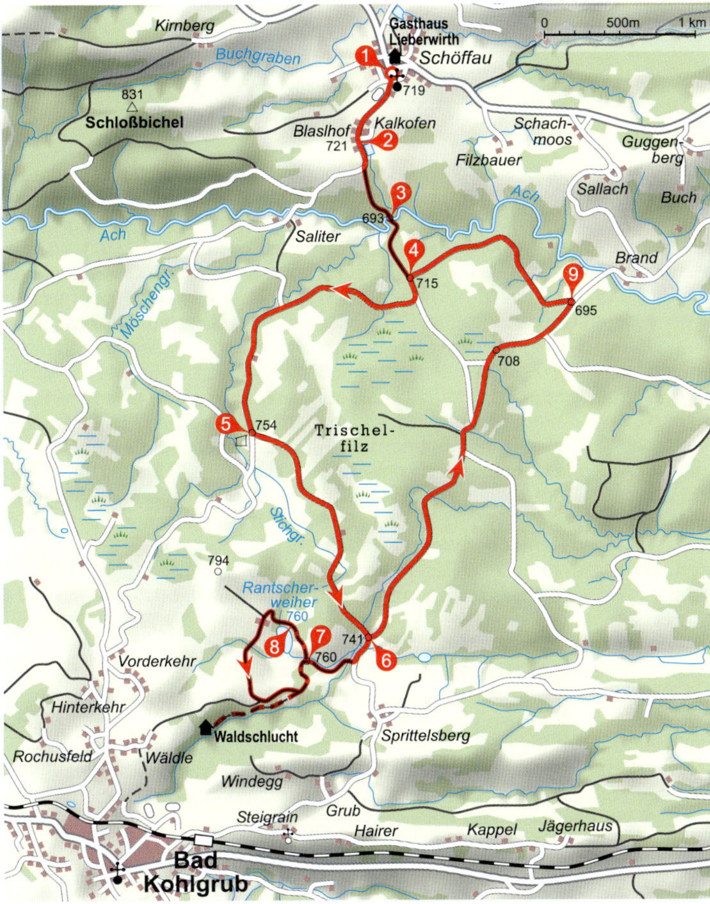

Von der Kirche St. Anna in **Schöffau (1)**, 719 m, aus gehen wir links am Sportplatz und dem ehemaligen Schulhaus mit Zeltdach vorbei und gelangen nach Kalkofen. Am **Blaslhof (2)**, 721 m, und einem Weiher vorüber, wandern wir in einer Rechtskurve halb links weiter. Nun geht es auf einem Schotterweg durch den Wald hinunter zur **Ach (3)**, 693 m, die hier bei mittlerem Gefälle Prall- und Gleitufer ausbildet. Diese queren wir auf einer Brücke und

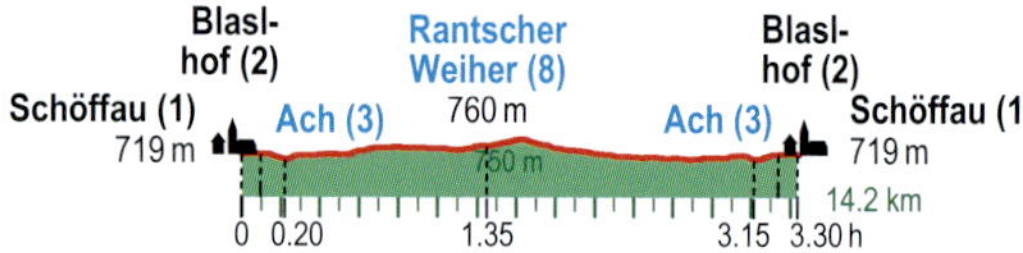

wandern auf der anderen Seite wieder hinauf. Durch den Wald geht es geradeaus weiter. An einer **Wegkreuzung mit Unterstand (4)**, 715 m, halten wir uns rechts Richtung Bad Kohlgrub, ebenso bei der nächsten Weggabelung. Sämtliche Abzweigungen ignorierend, folgen wir dem breiten Forstweg mit der Markierung Nr. 21 bzw. 22 durch den Wald. Schließlich öffnet sich dieser und gibt den Blick auf das Hörnle frei, den Hausberg von Bad Kohlgrub. Wir erreichen einen weiteren **Unterstand (5)**, 754 m. Hier biegen wir links ab, der Beschilderung nach Bad Kohlgrub folgend. Nun kommen wir immer wieder an Streuwiesen mit Orchideen und kleinen Spirkenhochmooren vorbei. Schließlich öffnet sich der Wald wieder, und der Blick fällt auf das auf der Höhe gelegene Spritelsbach. An der **Wegkreuzung (6)**, 741 m, gehen wir für einen Abstecher zum Rantscher Weiher nach rechts und biegen bei der nächsten Gelegenheit an einem Unterstand gleich wieder rechts ab. Wir passieren ein großes Viehgatter und wandern weiter, rechter Hand von einem Graben begleitet. An der nächsten **Weggabelung (7)**, 760 m, biegen wir rechts ab und gelangen so zum idyllisch gelegenen **Rantscher Weiher (8)**, 760 m. Dieser ist in einer Senke angestaut, von Nass- und Streuwiesen umgeben und wird als Fischteich genutzt. Dahinter ragt wieder das Hörnle auf. Uns stets links haltend (Markierung Richtung Bad Kohlgrub), umrunden wir ihn. Wenn uns nach einer Einkehr ist, dann können wir einen Abstecher zur Waldschlucht machen (10 Min.).
Wieder an der **Weggabelung (7)**, 760 m, angelangt, wandern wir auf bekanntem Weg bis zur **Wegkreuzung (6)**, 741 m, zurück. Nun geht es halb rechts weiter auf sanft fallendem Weg durch den Wald, stets der Markierung 21a Richtung Brand/Uffing folgend – anfangs entlang eines mäandrierenden Grabens, den wir später überqueren. Durch den Wald und an einigen Pfeifengras-Streuwiesen vorbeigehend, ignorieren wir sämtliche Abzweigungen. Haben wir ein weiteres **Spirkenhochmoor** mit angrenzenden Streuwiesen und einen Holzlagerplatz passiert, öffnet sich der Wald und lässt einen Blick auf den gegenüberliegenden Molasserücken zu. Im Bereich einer weiteren Streuwiese biegen wir an der **Wegkreuzung (9)**, 695 m, scharf links ab und folgen dem Weg Richtung Schöffau. Dieser führt uns in einem Bogen an einem weiteren Spirkenhochmoor vorbei durch den Wald zu der uns schon bekannten **Kreuzung mit Unterstand (4)**, 715 m. Rechts eingebogen, wandern wir hinab, über die **Ach** und dann hinauf nach **Kalkofen**. Weiter geht's nach **Schöffau (1)**, wo das Gasthaus Lieberwirth zur Einkehr lädt. Mit Fassadenmalerei und Traufbundwerk ausgestattet, steht es zusammen mit dem gegenüberliegenden Stadel, der teils in verschalter Ständerbauweise um 1800 errichtet worden ist, unter Denkmalschutz.

Von Uffing nach Bad Kohlgrub

Moore und Molasserippen

Durch das Naturschutzgebiet »Westlicher Staffelsee mit angrenzenden Mooren« führt uns diese Wanderung über die Molasserippen nach Bad Kohlgrub. Der Ortsname geht zurück auf die Köhler, die einst in den ausgedehnten Wäldern Holzkohle herstellten. Mit »-grub« ist die in West-Ost-Richtung verlaufende Mulde gemeint. Heute ist der Ort Moorheilbad – für Anwendungen wird das wertvolle Bergkiefern-Moor verwendet. Die Mönche des Klosters Ettal dagegen nutzten zur Heilung verschiedener Krankheiten das eisen- und manganhaltige Wasser. 1870 wurde ein Kurbad eröffnet. Der Umstieg auf die Moortherapie und der Bahnanschluss ab 1900 haben die Entwicklung vom Gebirgsdorf zum beliebten Kur- und Wintersportort begünstigt. 1948 erhielt das »Stahl- und Moorbad« Kohlgrub das Prädikat »Bad«.

Ausgangspunkt: Bahnhof Uffing (666 m) (Navi: 82449 Uffing, Am Bahnhof 1).
Zielpunkt: Bad Kohlgrub (816 m). Von hier aus Rückfahrt mit der Bahn über Murnau.
Höhenunterschied: 290 m im Aufstieg, 140 m im Abstieg.
Anforderungen: Etwas Ausdauer erforderlich.
Einkehr: Unterwegs keine. Einkehrmöglichkeiten in Bad Kohlgrub.

Vom Bahnhof **Uffing (1)**, 666 m, aus wenden wir uns nach rechts und gelangen, wieder rechts abgebogen, über die Bahnhofstraße nach Uffing hinein. Wir folgen der Hauptstraße nach links an der Kirche vorbei. Am Verkehrsamt gehen wir wieder links und verlassen die Murnauer Straße nach rechts über die Kirchtalstraße Richtung Strandbad/Seerestaurant Alpenblick. Kurz vor diesem folgen wir der Beschilderung **»Kleine Staffelseeschleife«** nach

Der Verlandungsbereich des Staffelsees; hinten links die Hörnlegruppe mit dem Rißberg.

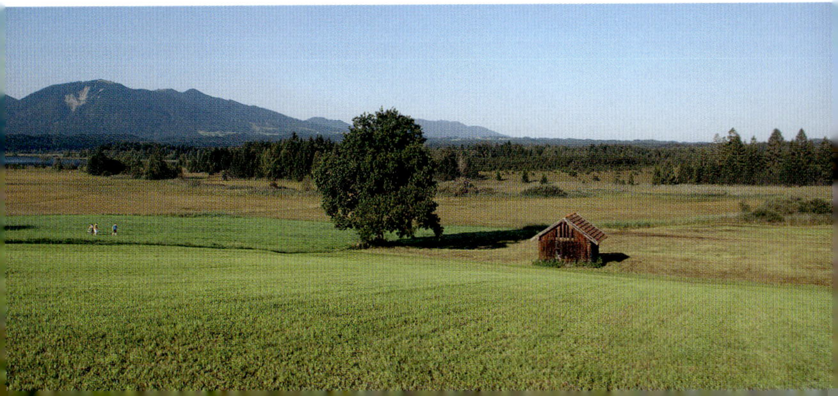

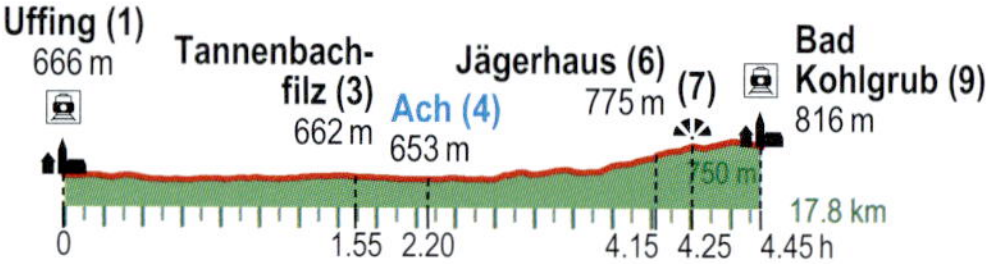

rechts. An der **Birkenallee** gehen wir geradeaus weiter und gelangen am Badeplatz Obersee mit Ausblick sowie an orchideenreichen Wiesen vorbei ins Naturschutzgebiet. An der nächsten **Kreuzung (2)**, 653 m, wandern wir halb links weiter und überqueren den Tannenbach. Direkt nach dem im Gehölz versteckten Röthenbach folgen wir dem Wegweiser **»Staffelsee-Rundweg«** nach rechts auf einem Kiesweg. Dieser mündet bald in ein Asphaltsträßchen, das uns an Wiesen vorbei zu einer mächtigen Eiche bringt. Nun wandern wir in spitzem Winkel gemäß dem Wegweiser nach Kohlgrub in südwestliche Richtung weiter durch die wellige Moränenlandschaft. Mit Blick auf die Berge erreichen wir den **Tannenbachfilz (3)**, 662 m, den wir auf einem gekiesten Geh- und Radweg durchwandern. Licht mit Spirken bestanden, ist der östliche Teil noch recht naturnah. Nach dem bewaldeten Bereich wandern wir an der Wegkreuzung halb links weiter, dem Wegweiser »Seerundweg« folgend. Mit Blick auf den See geht es an Wiesenbrütergebieten vorbei. Haben wir die **Ach (4)**, 653 m, mit ihrem braunen Moorwasser erreicht, überqueren wir sie bald nach rechts auf einer Holzbrücke. Wir folgen nun stets dem Wegweiser »Staffelsee-Rundweg« auf einem Kiesweg etwas hinauf, hinter einer Molasseerhebung vorbei, die in ihrer Fortsetzung einen Teil der Staffelseeinseln bildet, und bald wieder etwas hinab in südliche Richtung durch das **Obernacher Moos**, wo unter anderem Sonnentau und Enziane zu finden sind. Am Waldrand gehen wir ein Stück weit den breiten Weg nach Osten entlang, bis wir zu einer Kreuzung gelangen. Hier biegen wir scharf nach rechts Richtung Bad Kohlgrub ab.

Den bewaldeten Molassezug hinauf; an einem **Heustadel (5)**, 690 m, wählen wir den Weg 27a nach links einen Wiesenhang hinauf an einer Rastbank vorbei. Der Pfad bringt uns durch vermoorte und trockenere Bereiche im Wald aufwärts. In leichtem Auf und Ab stets der Markierung 27a folgend, geht er in einen gekiesten Forstweg über. Dieser führt uns hinab zum **»Teufels Seelein«**, einem Moor, das sich in der Mulde zwischen zwei Molasserippen gebildet hat. An dessen Rand wandern wir entlang, wieder etwas aufwärts, am Hocheck vorbei. Auch hier folgen wir stets der Markierung 27a. Bald geht es wieder etwas hinab, und wir erreichen nahe einer überdachten Rastbank einen weiteren Forstweg, in den wir nach links einbiegen.

Direkt vor der Eisenbahnlinie folgen wir dem Wegweiser nach rechts über Weiden hinauf. Rechts zieht eine oben bewaldete Molasserippe mit Magerrasen an den Hängen entlang. Nach einem Landhaus sowie einem Reiterhof gelangen wir zur ehemaligen Gaststätte **Jägerhaus (6)**, 775 m. Von dort aus hat man einen herrlichen Blick auf die Hörnlegruppe und das Estergebirge.

Die besondere Lage hat bereits der Abt des Klosters Ettal, Roman Schretter, erkannt und 1689 ein Erholungsheim für seinen Konvent errichten lassen. Man kann die Tour bereits hier beenden – die Bahn-Haltestelle »Jägerhaus« befindet sich nur wenige Meter unterhalb. Ansonsten geht es geradeaus auf dem Wanderweg 9 über den bald sehr aussichtsreichen Höhenrücken Richtung Bad Kohlgrub/Steigrain weiter, an Gebüschgruppen und Magerrasen vorbei. Dann folgen wir dem Spurweg (9a) halb rechts hinter den Gehöften hinauf, der in einen Wiesenweg übergeht. Bald erreichen wir einen **Aussichtspunkt (7)**, 822 m, mit Bank. Nach einem Stück über die kleinen, beweideten Hügel wandern wir an der Wegkreuzung nach links Richtung Bad Kohlgrub/Steigrain weiter. Nun geht es bald auf einem Betonsträßchen nach rechts weiter, das uns schließlich hinauf nach **Steigrain (8)**, 840 m, bringt. An der Weilerkapelle Heilig Kreuz wandern wir geradeaus an weiteren schmucken Bauernhäusern vorbei. Das Sträßchen führt uns hinab nach **Bad Kohlgrub**. Jenseits der Schienen nehmen wir den gekiesten Pfad nach links, der uns zum **Bahnhof Bad Kohlgrub (9)**, 816 m, bringt.

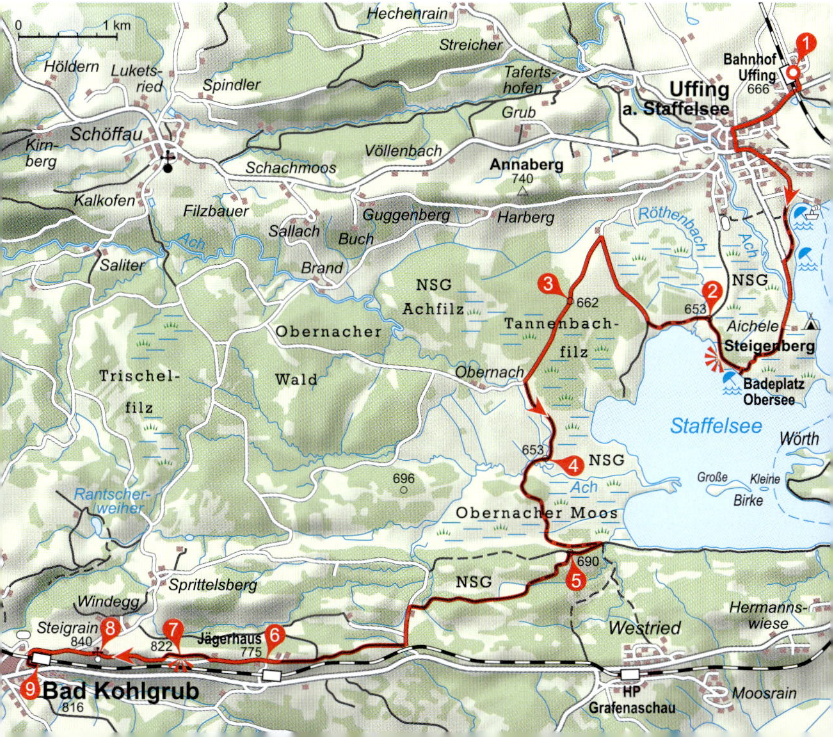

TOP **36**

Brünstelskopf und Vorderer Felderkopf, 1928 m

7.50 Std.

Die Tour für Gipfelsammler

Diese aussichtsreiche Wanderung führt über den Höhenzug, der zwischen Notkarspitze und Kramerspitz liegt. Mit Brünstelskopf, Großem Zunderkopf, Vorderem Felderkopf und Felderkopf lassen sich gleich vier Gipfel erklimmen, bevor es über die Enning-Alm zurück nach Farchant geht. Dieser Teil des Ammergebirges ist wenig erschlossen und sowohl als Naturschutzgebiet als auch als FFH- und Vogelschutzgebiet ausgewiesen. In den Bergwäldern und felsigen Gipfelbereichen kommen zahlreiche seltene Pflanzen- und Tierarten vor. Bedeutend sind die Hang-Schluchtwälder mit ihrer wärmeliebenden Vegetation. In diesen Lebensräumen sind auch einige Reliktpflanzen anzutreffen, die ihren Verbreitungsschwerpunkt in wärmeren bzw. kälteren Zeitabschnitten der jüngeren Erdgeschichte hatten, hier im Ammergebirge aber noch in einer Nische überleben können. Auch für Vögel bietet diese Bergregion wertvolle Lebensräume, beispielsweise für Wanderfalke, Uhu und verschiedene Spechtarten.

Ausgangspunkt: Parkplatz Friedhof Farchant (671 m) (Navi: 82490 Farchant, Brünstlkopfweg), oder Bahnhof Farchant, von hier aus der Wanderwegweisung folgend durch den Ort und bei Wegpunkt 2 einsteigen.
Höhenunterschied: 1400 m.
Anforderungen: Für den oberen Teil des Anstieges zum Brünstlkreuz mit zum Teil steilen und schmalen Pfaden braucht man eine gute Kondition. Der weitere Verlauf des Weges entlang des Kammes führt auf schmalen, aber ungefährlichen Pfaden. Der Abstieg über die Enning-Alm und Reschbergwiesen ist nicht so steil wie der Aufstieg, zieht sich dafür jedoch in die Länge.
Einkehr: Enning-Alm bei Almbetrieb, die Diessener Hütte ist nicht bewirtschaftet.
Variante: Über Pflegersee nach Farchant (Bade- und Einkehrmöglichkeit), ca. 1,5 km zusätzlich.

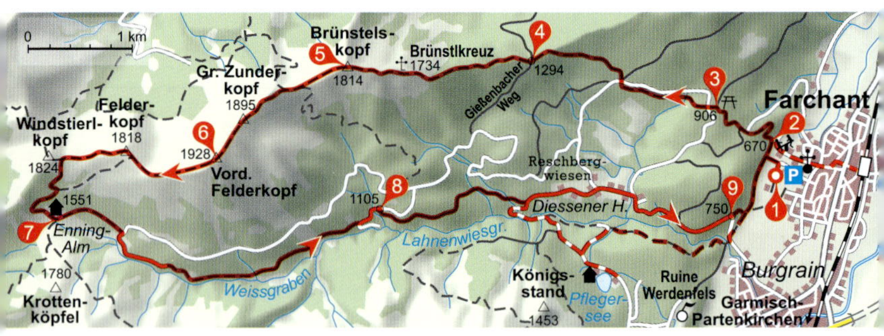

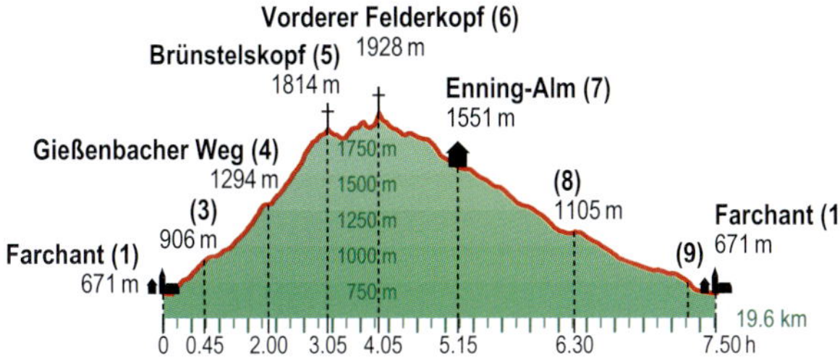

Vom Parkplatz Friedhof **Farchant (1)**, 671 m, aus gehen wir links an der Friedhofsmauer entlang bis zum Waldrand, wo wir rechts in den Waldsaumweg einbiegen. Nach einem kurzen Stück folgen wir der grünen Markierung (Pfeil) auf gelbem Hintergrund (»Bergziele Ammergebirge«) nach links – rechts ist ein **Spielplatz (2)**, 670 m. Anfangs in Serpentinen steigen wir auf dem Pfad durch den mit einigen Laubbäumen durchsetzten Nadelwald immer bergan. Gleich nach einer ausholenden Rechtskehre liegt rechter Hand ein Bereich, der in der späten Hallstattzeit Brandopfer- und Handwerkerplatz gewesen ist, von dem aber heute oberirdisch nichts mehr zu sehen ist.

Wir folgen stets der Markierung zum Brünstelskopf. Nach Querung des zweiten Forstweges steht ein einzelner mannshoher Felsen mit einer Bank davor, in die **»Wasserrinnen« (3)**, 906 m, eingraviert ist. Die Bezeichnung des Rastplatzes ist treffend, da die Rinnen im Fels das Produkt von Lösung und Abtragung durch Regenwasser sind. Weiter bergan kommen wir an der Quelle des Bachgrabens vorbei. Zwischen den Bäumen hindurch lässt sich schon das Brünstlkreuz erkennen. Der Markierung folgend queren wir zwei Wege. In einer Höhenlage von 1100 m passieren wir eine wenig ergiebige Quelle mit dem Hinweisschild »letzte Quelle vor dem Gipfel«. Nach dem steilen Anstieg verbreitert sich der Weg, und wir stoßen auf den **Gießenbacher Weg (4)**, 1294 m, den wir überqueren. Wir folgen weiter geradeaus dem Pfad, der je nach Witterung anfangs etwas morastig sein kann. Durch Bergmischwald und unregelmäßig beweidete Flächen wandern wir weiter und steigen schließlich zum **Brünstlkreuz**, 1734 m, hinauf. Der nördliche Abhang wird vom Krummholzgürtel mit Latschen und Alpenrosen gebildet, der vor allem im unteren Bereich von Erosionsrinnen durchzogen wird. Dem Steig weiter folgend gelangen wir zum grasbewachsenen **Brünstelskopf (5)**, 1814 m, von dem man schon einen wunderbaren Rundblick hat. Danach führt uns der Wiesenpfad auf und ab, den Hinweisschildern folgend, zwischen Latschen hindurch hinauf zum **Großen Zunderkopf**, 1895 m, und weiter zum höchsten Punkt der Tour, dem **Vorderen Felderkopf (6)**, 1928 m. Von hier aus hat man bei schönem Wetter einen großartigen Rundblick, unter anderem auf Ammer-, Ester- und Wettersteingebirge, das Karwendel sowie ins Loisachtal.

Weiter geht es über den grasbewachsenen **Felderkopf**, 1818 m. Nachdem im Bereich eines Sattels, ca. 1760 m, die Latschen wieder angefangen haben, nehmen wir nach ca. 200 m den linken Pfad hinab in Richtung Enning-Alm. Am Anfang ist der Pfad nicht eindeutig erkennbar, man geht am besten über die Wiese entlang der Weidezaunpfosten, die nicht weit von der Hangkante entfernt stehen. Sobald wir in den Wald kommen, ist der Pfad deutlich zu erkennen und wir erreichen nach einigen Kehren die bei Almbetrieb bewirtschaftete **Enning-Alm (7)**, 1551 m. Auf diese wird im Sommer das Jungvieh aus Garmisch getrieben. Sie ist nicht nur bei Wanderern, sondern auch bei Mountainbikern beliebt.

Nach ca. 800 m stoßen wir auf einen Forstweg, dem wir nach rechts folgen. Nach etwa der gleich langen Strecke geht dieser in einen Wanderweg über. Augenfällig sind im Tal des Sulzgrabens die Hanganrisse. Nach ca. 45 Minuten Gehzeit treffen wir wieder auf einen Forstweg, den wir ca. 250 m nach links gehen, bis rechts bergab ein **Pfad (8)**, 1105 m, abzweigt. Wir halten uns immer geradeaus und stoßen, nach ca. 20 Minuten und der Überquerung des **Herrentischgrabens** mittels einer kleinen Brücke, auf einen Forstweg, dem wir links in Richtung **Reschbergwiesen** folgen. Diese Lichtung weist entlang des Weges einige Heustadel auf. Bei den Weiden handelt es sich wohl um Buckelwiesen, welche durch Frosthub oder Lösungsprozesse entstehen. Am Ende der Lichtung biegt der Forstweg nach rechts ab, vorbei an einer Kneippstelle am Bachgraben. Nach weiteren rund 20 Minuten biegt der Weg wiederum rechts ab. Wir folgen jedoch dem **Pfad (9)**, 750 m, der geradeaus hinunter geht, und nehmen nach links den Waldsaumweg, der uns zum **Ausgangspunkt (1)** bringt.

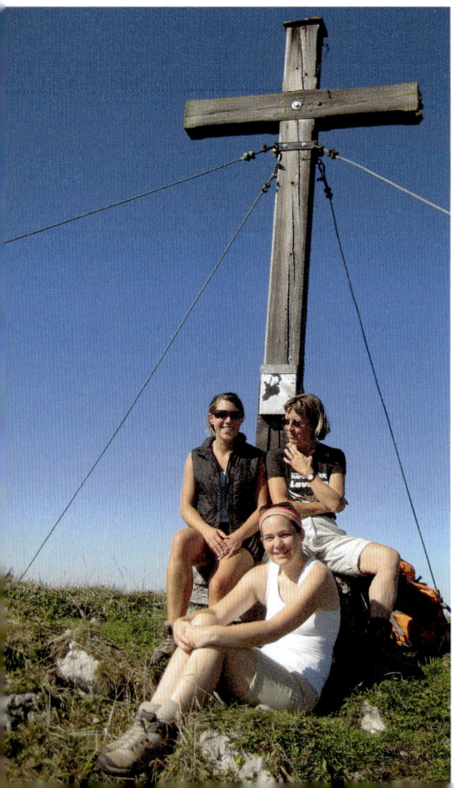

Am Gipfelkreuz des Vorderen Felderkopfs.

5.00 Std.

Laber, 1682 m, und Ettaler Manndl

37 TOP

Aussichtsreicher Berg und kleine Kletterei

Der Laber ist wegen der Bergbahn ein viel besuchtes Ausflugsziel. Trotz seiner geringen Höhe von »nur« 1682 m bietet er dank seiner exponierten Lage einen fantastischen Rundblick. Bei guter Fernsicht reicht der Blick vom Alpenvorland mit seinen zahlreichen Seen bis über München hinaus, sowie von den Chiemgauer Alpen über Ester-, Karwendel- und Wettersteingebirge bis zu den Lechtaler und Allgäuer Alpen. Der Laber ist außerdem ein weithin bekannter Startplatz für Drachen- und Gleitschirmflieger. Bei besonders guter Thermik sind sogar Flüge bis zum Lago Maggiore in Italien möglich!

Ausgangspunkt: Parkplatz bei der Talstation der Laber-Bergbahn (900 m) (Navi: 82487 Oberammergau, Ludwig-Lang-Str. 59), RVO-Bushaltestelle Aufackerstraße (Linie 9606 Garmisch-Partenkirchen Bf. – Füssen Bf.).
Höhenunterschied: 910 m.
Anforderungen: Für den oberen Teil des Weges bis zur Bergbahn erfordert der zum Teil schmale und an einigen Stellen durch Drahtseil gesicherte Pfad Trittsicherheit und ist deshalb nur Geübten zu empfehlen. Wenn man nicht einen Abstecher auf das Ettaler Manndl machen will, ist der weitere Weg bei ausreichender Trittsicherheit nicht schwierig. Das Ettaler Manndl (1633 m) kann hingegen nur über einen steilen Anstieg, der mit Ketten gesichert ist, erstiegen werden. Schwindelfreiheit und Trittsicherheit sind hier gefragt (Klettersteig). Ungeübte sollten ein Klettersteigset benutzen.
Einkehr: Berggaststätte der Laber-Bergbahn, Soile-Alm.
Varianten: Man kann die Tour an der Laber-Bergstation beenden und mit der Gondel ins Tal zurückkehren. Abkürzung direkt zum Soilesee (ohne Ettaler-Manndl-Runde). Oder nur Abstecher auf das Ettaler Manndl (Klettersteig) auslassen.

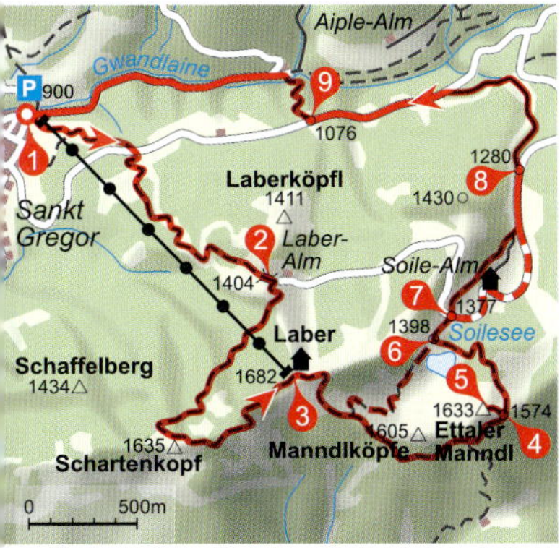

Von der **Talstation der Laber-Bergbahn (1)**, 900 m, geht es schräg über die Straße zur Wegweisung »Laber über Schartenkopf«. Hier folgen wir dem Pfad bergan. Ein gut ausgebauter Wanderweg führt uns über Weideflächen und durch Nadelwald hinauf. Mündet er in eine Forststraße, so folgen wir der Beschilderung nach rechts, um dann gleich nach ca. 20 m einen nicht gekennzeichneten Pfad nach links zu nehmen. In einer meist feuchten Mulde steigen wir über Weideflächen und später durch Fichtenwald

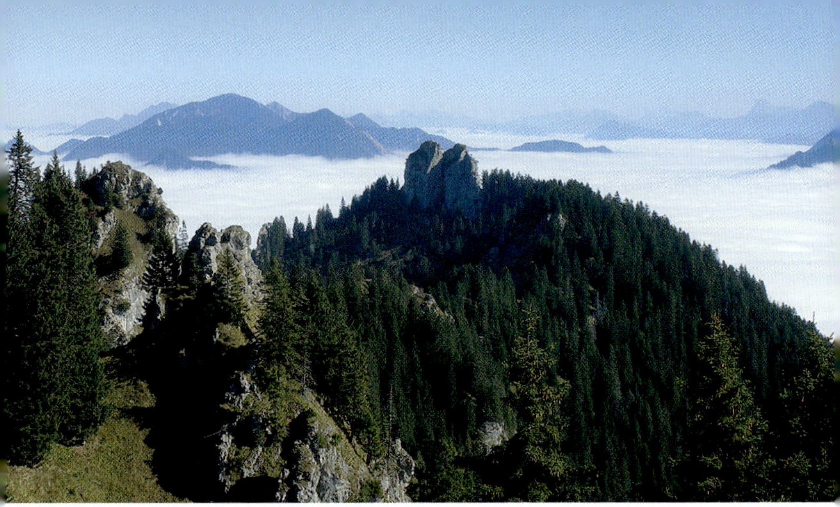

Blick auf das Ettaler Manndl, ein Ziel unserer Tour.

stetig bergauf bis in einen kleinen **Sattel (2)**, 1404 m. In unserem Rücken, etwas bergan, liegt die unbewirtschaftete Laber-Alm. Wir folgen dem Schild nach rechts, wobei die Angabe »1 Stunde« Gehzeit bis zum Gipfel als zu knapp erscheint. Durch Fichtenwald steigen wir den Pfad weiter bergauf und queren die Seilbahntrasse. Langsam wird der Weg steiler und führt über einen Bergrücken und Felspassagen hinauf. Trittsicherheit und gute Kondition wegen der teils hohen Stufen sind in diesem felsigen Gelände gefragt. Einige wenige Stellen sind auch mit Drahtseil gesichert. Die Verschiedenheit der Gesteine aus Trias, Jura und Kreide ermöglicht hier eine ebenso reiche Pflanzenwelt – einzelne Pflanzengesellschaften sind sogar eng an die jeweilige geologische Formation geknüpft. Der Hauptdolomit, aus dem auch das Ettaler Manndl besteht, bildet aufgrund der Verwitterung bizarre Felsformationen aus.
Nach dieser aussichtsreichen Strecke gehen wir unterhalb des Labergipfels zur **Bergstation (3)**, 1682 m. Von der Sonnenterrasse der daneben befindlichen Berggaststätte aus können wir bei schönem Wetter das ganze Alpen-

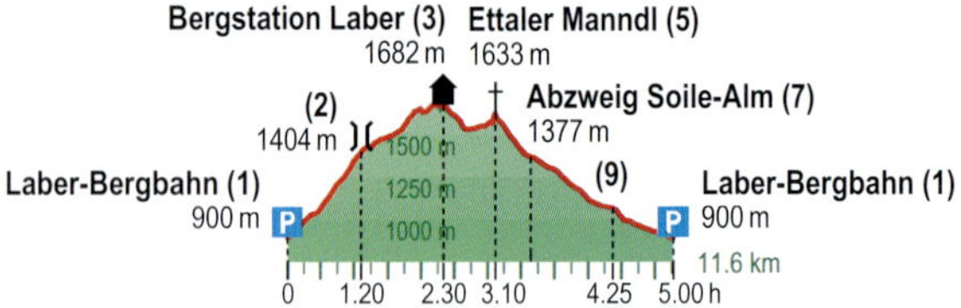

panorama genießen oder den Drachen- und Gleitschirmfliegern bei ihren waghalsigen Manövern zuschauen. Wen es nach dieser 2,5-Stunden-Tour schon wieder ins Tal zieht, der kann die Bergbahn benutzen. Wir jedoch gehen weiter in Richtung Ettaler Manndl. Nach ca. 10 Minuten können wir eine **Abkürzung** nach links nehmen, die uns direkt hinab zum Soilesee bringt. Zum Ettaler Manndl wandern wir weiter geradeaus. Der Weg geht erst ein wenig bergab, um dann wieder anzusteigen. Kurz nach dem Abzweig Richtung Ettal erreichen wir den mit Ketten gesicherten **Klettersteig (4)**, 1574 m. Auf- und Abstieg vom **Ettaler Manndl (5)**, 1633 m, wofür gewöhnlich etwa 35 Minuten zu veranschlagen sind, können sich bei schönem Wetter etwas in die Länge ziehen, da auf die anderen, unterschiedlich trittsicheren Gipfelstürmer Rücksicht zu nehmen ist.
Auf diesen Abstecher kann man aber auch verzichten, gleich das Manndl umrunden und nach ca. 15 m links den Pfad zum meist ausgetrockneten **Soilesee (6)**, 1398 m, hinabsteigen. Entstanden ist dieser See mit großem Verlandungsbereich wohl in einer Großdoline, die von Gletschereis überprägt worden ist. Aufgrund der starken Wasserspiegelschwankungen und wegen des fehlenden oberirdischen Abflusses ist von einem unterirdischen auszugehen. An der Wegkreuzung, an der links die oben genannte Abkürzung einmündet, wenden wir uns nach rechts. Stoßen wir nach ca. 5 Minuten auf einen breiten **Forstweg (7)**, 1377 m, so nehmen wir den Pfad geradeaus durch die Wiese (oder als Alternative die Forststraße nach rechts zur **Soile-Alm** mit Einkehrmöglichkeit, bis sich beide wieder treffen).
Weiter auf der Forststraße gegangen, biegt nach ca. 280 m links als Abkürzung ein **Pfad (8)**, 1280 m, mit der Beschilderung »PP Laber Bergbahn« ab, dem wir durch Wald und Wiesen folgen, bis er wieder auf die Forststraße trifft. Auf dieser geht es nach links weiter bis zu einer beschilderten **Abzweigung (9)**, 1076 m, an der wir ins Tal wandern. Nachdem wir die Gwandlaine über eine Brücke gequert haben, biegen wir links ab. Nun gehen wir der **Gwandlaine** folgend auf der Forststraße zurück zum **Ausgangspunkt (1)**.

Beim Abstieg vom Ettaler Manndl.

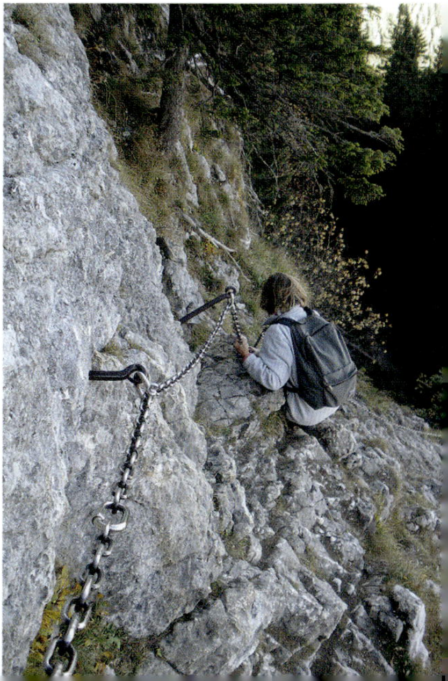

38 Von Oberammergau nach Linderhof

3.30 Std.

Durch das Graswangtal

Von Oberammergau aus führt uns diese Wanderung ins Naturschutzgebiet Ammergebirge, das sich als größtes Bayerns zwischen Oberammergau, Garmisch-Partenkirchen, Füssen und Halblech erstreckt. Seine Unberührtheit und geringe Besiedlungsdichte verdankt es dem Wildreichtum: Zu Beginn des 19. Jahrhunderts machte der königlich-bayerische Hof das ehemals zum Kloster Ettal gehörende Gebiet zu seinem Jagdgebiet. Bezeichnet wird das Ammerlängstal, das die Vorberge im Norden von den eigentlichen Kalkhochalpen im Süden trennt, nach dem Hauptort als Graswangtal. Unser Ziel ist Linderhof, die einzige Schlossanlage, die der Märchenkönig Ludwig II. in vollendetem Zustand erlebte. Das einstige Försterhäuschen seines Vaters Maximilian II. ließ er ausbauen und zwischen 1869 und 1885 zu einem Königsschloss mit großzügigem Park und zahlreichen Bauwerken erweitern.

Ausgangspunkt: Bahnhof Oberammergau (834 m) (Navi: 82487 Oberammergau, Bahnhofstr. 1).
Zielpunkt: Schloss Linderhof – Bushaltestelle (938 m), RVO-Linie 9622 Linderhof – Oberammergau.
Höhenunterschied: 300 m im Aufstieg, 200 m im Abstieg.
Anforderungen: Der Wegverlauf ist ausgeschildert. Gut gepflegte Wanderwege.
Einkehr: Fischerwirt und Gröblalm in Graswang.
Variante: Für besonders ausdauernde Wanderer Rückweg über Dickelschwaig auf dem Radweg nach Oberammergau (ca. 14,5 km). Abkürzung dabei über mehrere Bushaltestellen möglich.

Vom Bahnhof **Oberammergau (1)**, 834 m, aus halten wir uns kurz links und queren die Straße im Bereich der Brücke mittels eines Zebrastreifens. Nun wandern wir nach rechts die begradigte Ammer entlang flussaufwärts. Wir kommen am »Ammerschlössl« vorbei, das sich am Ufer gegenüber befindet. Diese Villa mit Turm und Zinnen wurde 1899 im neugotischen Stil erbaut. Dahinter ragt der markante Kofel auf, der Hausberg Oberammergaus. Mündet unser Weg in die König-Ludwig-Straße, queren wir wiederum die Ammer und wandern auf der anderen Seite Richtung Linderhof flussaufwärts. Kurz bevor unser Weg unter einer Ammerbrücke hindurchführt, verlassen wir ihn nach rechts. Am **Friedhof (2)**, 837 m, folgen wir der Beschilderung »Kofel über Grottenweg« nach rechts. Nun geht es durch den Wald etwas aufwärts, an der Einmündung wandern wir links weiter. Bald erreichen wir eine flache Höhle mit Mariengrotte. Am Friedhofszaun entlang gelangen wir zu einer Bank mit Aussicht auf das Hillern-Schlössl, ein Landhaus mit Fachwerk und Erkertürmchen, das Wilhelmine von Hillern, die Autorin der Geier-Wally, 1886 bauen ließ. Bald mündet unser Pfad in einen gekiesten Weg. Hier steht eine

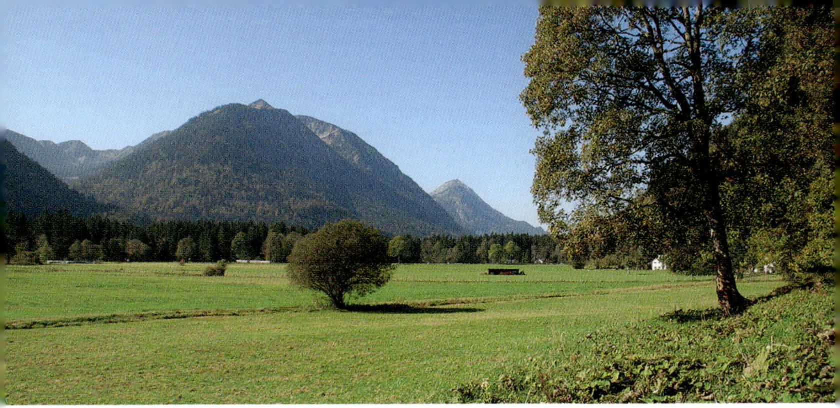

Im Graswangtal mit Blick auf die Ammergauer Alpen.

Tafel, die uns über die besondere Bedeutung des **Döttenbichls (3)**, 844 m, linker Hand aufklärt. Auf diesem befand sich, als die Römer 15 v. Chr. über die Alpen kamen, bereits ein keltischer Opferplatz. Möglicherweise kam es hier auch zu kriegerischen Auseinandersetzungen.
Für uns geht es geradeaus über die Kälberplatte genannte Weidefläche weiter. Am Schützenhaus vorbei, stoßen wir bald auf die asphaltierte Arme-See-

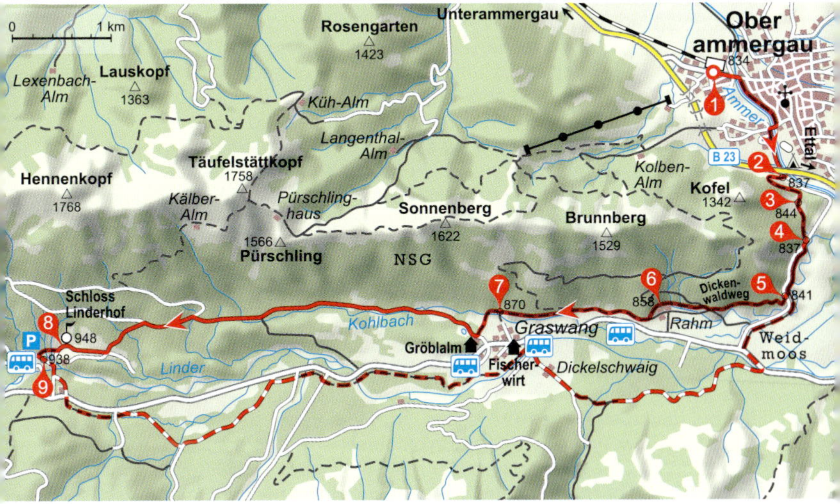

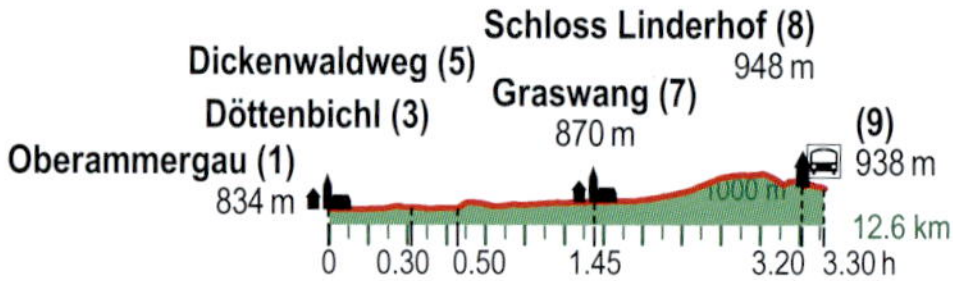

len-Straße. Dieser folgen wir nach halb rechts auf dem Geh- und Radweg. Links begleitet uns ein Stück weit die Kleine Ammer, immer wieder sind Blicke ins **Weidmoos (4)**, 837 m, mit den **Ammerquellen** möglich. Ihr Wasser erhalten sie aus den Quellbächen der Linder. Dieses versickert im durchlässigen Neualm- und Lindergrieß und tritt hier in Form von Gumpen wieder an die Oberfläche. Zweigt nach rechts der anfangs mit einem Holzgeländer gesicherte **Dickenwaldweg (5)**, 841 m, ab, so folgen wir diesem durch den Wald hinauf. Selbiger ist hier als Schluchtwald ausgebildet und besteht hauptsächlich aus Esche, Ahorn und Ulme, die auf den gut mit Wasser und Nährstoffen versorgten Böden am besten gedeihen. Der Pfad führt an bemoosten Felsen vorbei und bringt uns schließlich hinab zu einer Einmündung. Hier wandern wir nach rechts auf dem Sonnenweg am Waldrand entlang weiter. An den **Rahmbauernhöfen (6)**, 858 m, vorbei und mit Blick auf Graswang gehen wir dann nahe dem Kohlbach wieder ein Stück durch den Wald. So gelangen wir schließlich im Bereich einer Weide zu einer Abzweigung, an der wir nach links einen Abstecher nach **Graswang (7)**, 870 m, mit seinen prächtigen Bauernhäusern im Ammergauer Stil machen können. Der Fischerwirt lädt dort zur Einkehr. Für den Weiterweg passieren wir zwei Weidegatter, dann queren wir den Kohlbach mittels einer Furt bzw. einer Brücke. An einigen Felsen mit Kreuz und Bank vorbei kommen wir im Bereich eines weiteren Weidegatters an eine Wegkreuzung. Mit der **Gröblalm** am westlichen Ortsrand bietet sich hier eine weitere Einkehrmöglichkeit.
Ansonsten geht es nach rechts weiter und am Entenweiher vorbei, an dem einst eine Kalkbrennerei stand. Die Holzkohle dafür wurde bis 1890 im anschließenden Kohlbachtal gewonnen. Bald geht es wieder entlang des Kohlbachs sanft aufwärts durch den lichtungsreichen Wald. Rechts ragt das felsige Ammergebirge auf. Wir kommen an mehreren Bildstöcken und Kreuzen vorüber. Schließlich gelangen wir zu einer Einmündung, an der wir links Richtung Linderhof weiterwandern. Bald haben wir das Tor zum **Schlosspark** erreicht – ein detaillierter Plan verschafft uns einen Überblick. Wir folgen der Beschilderung Richtung Schloss/Kasse und spazieren an der ehemaligen Bauhütte vorbei zum **Schloss Linderhof (8)**, 948 m. Links fällt der Blick auf das Wasserparterre über die Terrassengärten zum Venustempel hinauf. Rechts davon steht die Königslinde. Nun folgen wir stets der Beschilderung »Ausgang bzw. Parkplätze« an Königshäuschen, Marokkanischem Haus und Schwanenweiher vorbei. Nach der geschlossenen Gastwirtschaft gehen wir rechts hinab zur **Bushaltestelle (9)**, 938 m, direkt bei den Parkplätzen.

5.00 Std.

Pürschling und Teufelstättkopf, 1758 m

39

Durch die Schleifmühlenklamm und zurück über die Küh-Alm

Haben einzellige Lebewesen, die vor etwa 150 Millionen Jahren im Meer lebten, tatsächlich jahrhundertelang einen wesentlichen Beitrag zum Lebensunterhalt der Unterammergauer geleistet? Ja, denn die Reste des kieselsäurehaltigen Skeletts von Radiolarien geben den einst in der Tiefsee abgelagerten Kalken die Härte, die für ihre Verwendung als Wetzsteine nötig ist. Zu deren Herstellung eignet sich aber nur ein geringer Teil des gebrochenen Materials, wovon die zahlreichen Abbaustellen und die großen Schutthalden am Schartenköpfl zeugen. Vom 16. bis Mitte des 20. Jahrhunderts wurde hier diese Gesteinsformation der Ammergauer Schichten abgebaut und durch die Kraft der Schleifmühllaine zu Wetzsteinen weiterverarbeitet.

Ausgangspunkt: Unterammergau, am Pürschling-Parkplatz (874 m) (Navi: 82497 Unterammergau, Pürschlingstr.) oder Bahnhof Unterammergau (20 Min.).
Höhenunterschied: 900 m.
Anforderungen: Für den Anstieg zum Teufelstättkopf sowie den Abstieg über die Küh-Alm mit teils schmalen Pfaden bzw. einem nicht zu schmalen Grat ist Trittsicherheit gefragt. Am Gipfel leichte Kletterei mit Stahlseil.
Einkehr: Langtalalm, Pürschlinghaus.
Tipp: Dorf- und Wetzstoamuseum im alten Forsthaus.

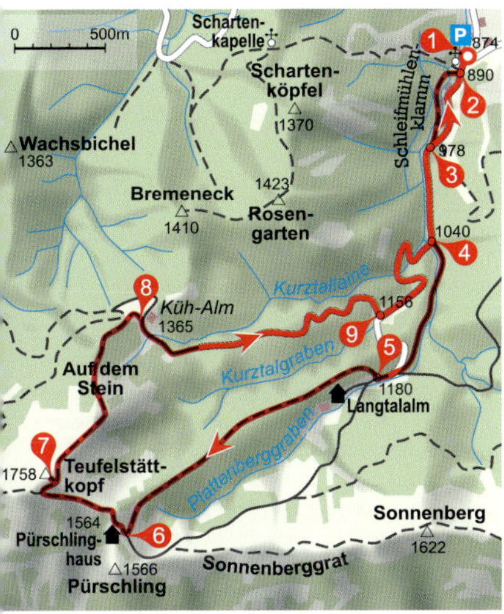

Vom **Pürschling-Parkplatz (1)**, 874 m, bei Unterammergau aus folgen wir der Beschilderung Richtung Pürschling vorbei an einem Bildstock. Nach ca. 80 m biegt der Weg Nr. 22 rechts ab in die **Schleifmühlenklamm (2)**, 890 m. Kurz danach ist auf der rechten Seite des Weges eine Wetzsteinmühle neu aufgebaut worden, in der Wetzsteine auf alte Art und Weise herausgesägt werden. Auf einem Lehrpfad zu Geologie und Geschichte durchwandern wir die wildromantische Klamm mit ihren kleinen Wasserfällen, Gumpen und Strudeltöpfen. Wir kommen an weiteren Mühlen vorbei, in denen

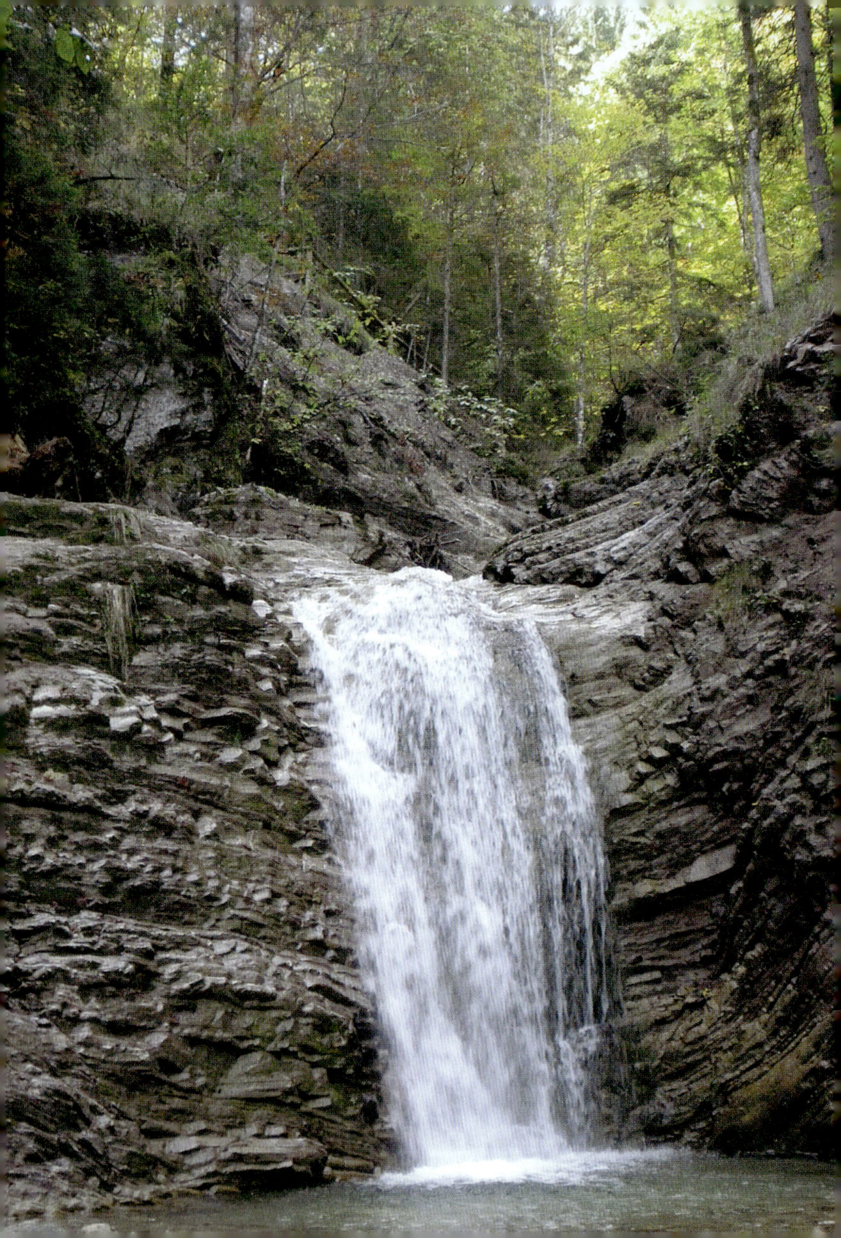

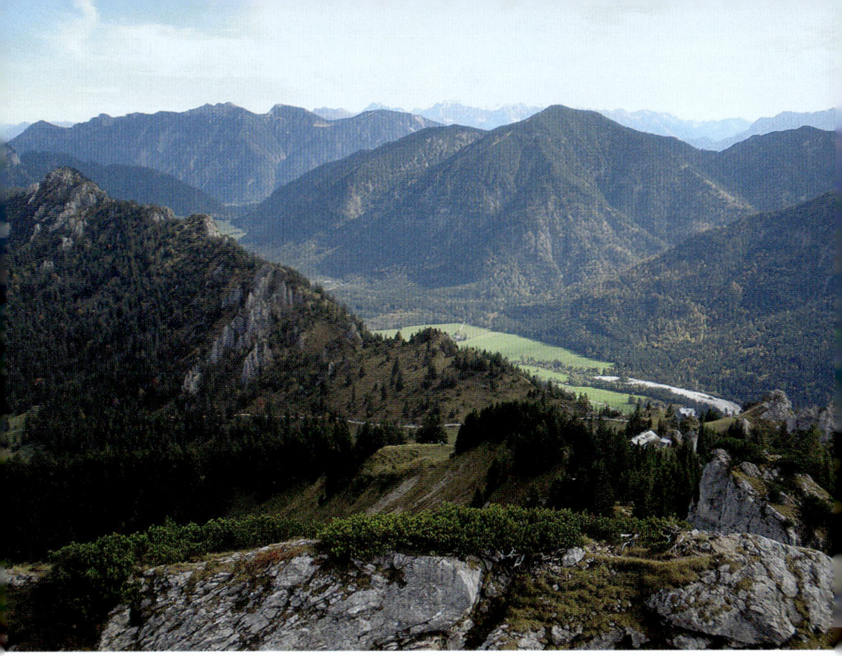

Blick vom Teufelstättkopf ins Lindertal.

früher Wetzsteine geschliffen wurden – einst gab es über 30. An mehreren Stellen kann man die Gesteinsschichten für die Gewinnung der Wetzsteinkalke erkennen. Je nach Farbe und Ausbildung des Gesteins unterschied man früher über 100 verschiedene Qualitäten von Wetzsteinen – geprüft wurde teils sogar mithilfe der Zunge.
Der Pfad führt über Stege und Brücken, teils ist er auch durch Stahlseil gesichert. Am Ende der Klamm stoßen wir wieder auf den **Pürschlingweg (3)**, 978 m, dem wir nach rechts folgen, bis die Beschilderung in Richtung Pürschling bzw. **Maximiliansweg E4 (4)**, 1040 m, nach halb links weist. Den breiteren Pürschlingweg lassen wir rechts liegen und wandern weiter an der Schleifmühlenlaine entlang. An einem Marterl vorbei gelangen wir zu einer Wegekreuzung (Gatter). Wir gehen noch ca. 90 m geradeaus weiter, bis ein beschilderter **Pfad (5)**, 1180 m, nach rechts abzweigt, der uns zum Teil durch ehemaligen Hochwald über den Plattenberggrat hinauf zum **Pürschlinghaus (6)**, 1564 m, führt. Es handelt sich hierbei um eine ehemals

Immer wieder treffen wir auf kleine Wasserfälle in der Klamm der Schleifmühllaine.

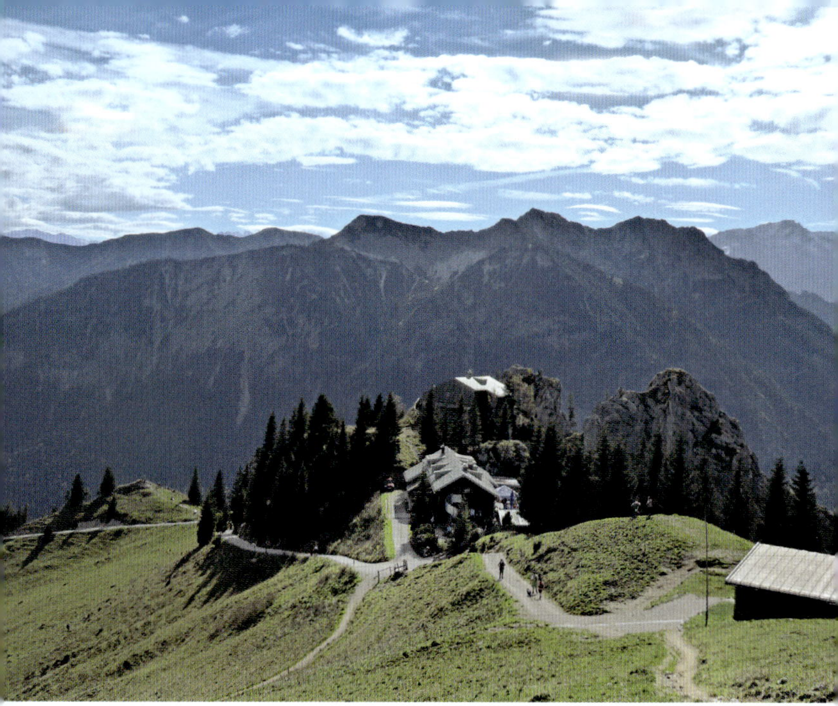

Hinter dem Pürschlinghaus (August-Schuster-Haus) erhebt sich auf der anderen Seite des Lindertales die Notkarspitze – im Hintergrund rechts die Zugspitze.

spartanisch eingerichtete Jagdhütte des jagdfreudigen Königs Maximilian II., der ab 1865 jährlich ein paar Tage im Juni hier verbrachte. Heute gehört das Pürschlinghaus der Sektion Bergland des Deutschen Alpenvereins und wird nach deren Gründer auch August-Schuster-Haus genannt.
Dann nehmen wir den Pfad nach rechts, der uns ca. 200 Höhenmeter steil hinauf zum Teufelstättkopf führt. Erreicht der Steig einen Sattel, so halten wir uns rechts, wobei uns die markante Felsenspitze ohne Schwierigkeiten den Weg weist. Haben wir den Fuß des Teufelstättkopfes erreicht, geht es für die Gipfelstürmer in leichter Kletterei (zum Teil mit Drahtseil gesichert) in wenigen Minuten hinauf zum Gipfelkreuz des **Teufelstättkopfes (7)**, 1758 m, von wo sich bei schönem Wetter ein fantastischer Rundblick bietet.
Wer gleich zur Küh-Alm weitergehen möchte, folgt dem am Fuß des Teufelstättkopfes abbiegenden Steig nach rechts, der anfangs mit einem roten Dreieck auf weißem Grund markiert ist. Er führt abwechslungsreich über

Felsgrate, Latschenfelder und Wiesen und vorbei am Vorgipfel »Auf dem Stein« in ca. 60 Minuten hinunter zur Weggabelung im Bereich der **Küh-Alm (8)**, 1365 m. Wir nehmen den Fahrweg nach rechts und folgen dem Sträßchen an der Almhütte vorbei weiter bergab, überwiegend durch Fichtenwald und an einer Bergwacht-Hütte vorbei. An der **Einmündung (9)**, 1156 m, biegen wir links ab, kurz darauf sehen wir rechts den neu angelegten **Wasserspeicher** für die Beschneiungsanlage in Unterammergau. Weiter dem Pürschlingweg folgend, gelangen wir zu dem Abzweig, an dem wir beim Aufstieg abgebogen sind. Nun können wir die gleiche Strecke über die Schleifmühlenklamm zurückwandern oder den direkten Fahrweg zum **Ausgangspunkt (1)** zurück wählen.

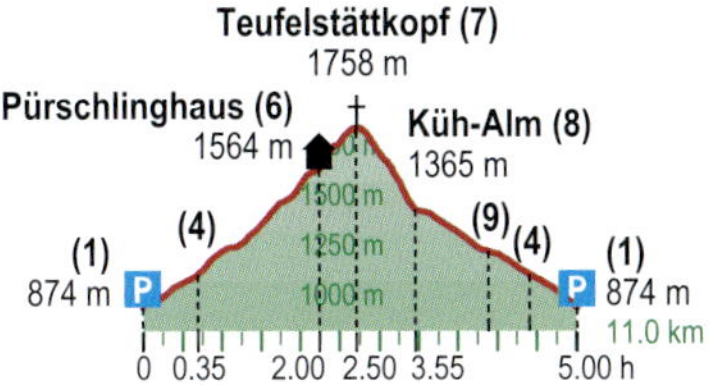

Blick unterhalb des Teufelstättkopfs in Richtung Westen über die Ammergauer Alpen.

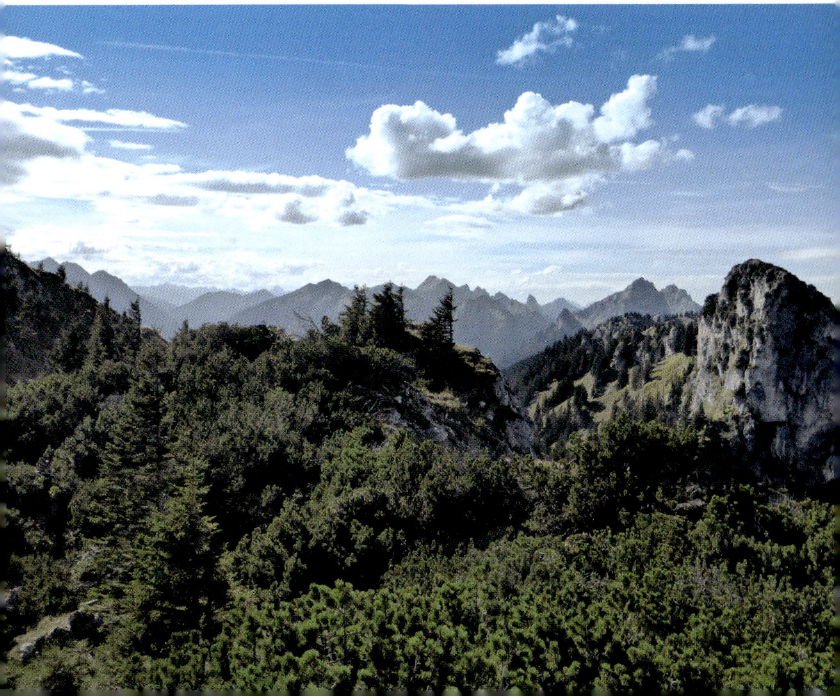

40 Die Ammer entlang und durch das Pulvermoos

2.10 Std.

Von Altenau über Unter- nach Oberammergau

Der markante Berg, auf den wir zuwandern, ist der Kofel, der sagenumwobene Hausberg Oberammergaus. Hier soll zwischen Wald und den schroffen Felsen die Kofelhexe hausen. Außerdem wird hier oben alljährlich am 24. August, dem Vorabend des Geburtstages von Ludwig II., ein Feuer entzündet – ein Brauch, den dieser schon zu Lebzeiten eingeführt hat. Das Brennholz dafür wird in Form einer acht Meter hohen Königskrone direkt auf dem Gipfel und als Holzkreuz auf dem darunterliegenden Kofelfleck aufgeschichtet und angezündet. Auch an sechs weiteren Stellen rund um Oberammergau werden Ludwigsfeuer entzündet.

Ausgangspunkt: Bahnhof Altenau (837 m), keine Parkmöglichkeit. Anreise mit dem Zug von Oberammergau, dort Parkplätze am Bahnhof.
Zielpunkt: Bhf. Oberammergau (834 m).
Höhenunterschied: 40 m im Aufstieg, 40 m im Abstieg.
Anforderungen: Einfache Wanderung auf überwiegend flachen Wegen.
Einkehr: Altenauer Dorfwirt (Di und Mi Ruhetag). Gaststätten und Restaurants in Unter- und Oberammergau.

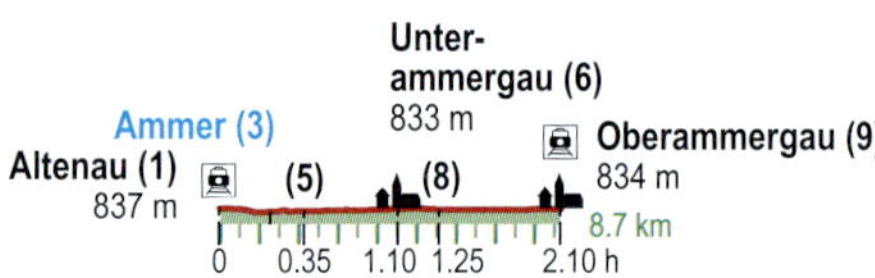

Am **Bahnhof Altenau (1)**, 837 m, halten wir uns links und gehen in einer Unterführung unter der Eisenbahnlinie hindurch. Nach der Kirche St. Anton wenden wir uns am Brunnen nach links und machen einen Links-Rechts-Schlenker. Nun folgen wir stets dem Eckweg aus dem Ort hinaus. Bei den letzten Häusern geht es, jetzt dem Wegweiser nach Unterammergau folgend, nach links weiter. Bei der wallförmigen Erhebung links, welche beweidet wird, handelt es sich um eine **Endmoräne (2)**, 826 m. Der Weg führt uns weiter an einer Kiesgrube vorbei zur **Ammer (3)**, 819 m, hinunter. An dieser wandern wir nun in südlicher Richtung entlang. Rechter Hand fallen jenseits des Flusses große Hanganrisse ins Auge. Solche sind an den instabilen Hängen der Flyschberge – hier des Hochschergen – keine Seltenheit. Bald geht es in einem Fichtenforst etwas hinauf, die Ammer macht in diesem Bereich einen Knick. Der Grund dafür ist sehr wahrscheinlich eine **Bergsturzmasse (4)**, 820 m, die, vom Hochschergen herabkommend, hier im Bereich des Kochelfilzes abgelagert worden ist. In diese hat sich die Ammer später eingeschnitten.

Von nun an stets dem roten Pfeil folgend, verlassen wir auf dem anfangs wurzeligen, bald wieder kiesigen Weg schließlich wieder den Wald. Nun öffnet sich links das **Kochelfilz (5)**, 823 m. Als Naturschutzgebiet ausgewiesen, beherbergen seine Hochmoorflächen, Schwingrasen und Streuwiesen zahlreiche seltene Pflanzen- und Tierarten. Mit Blick auf die Ammergauer Alpen – der markante Berg rechts ist der Kofel – wandern wir weiter. Im Be-

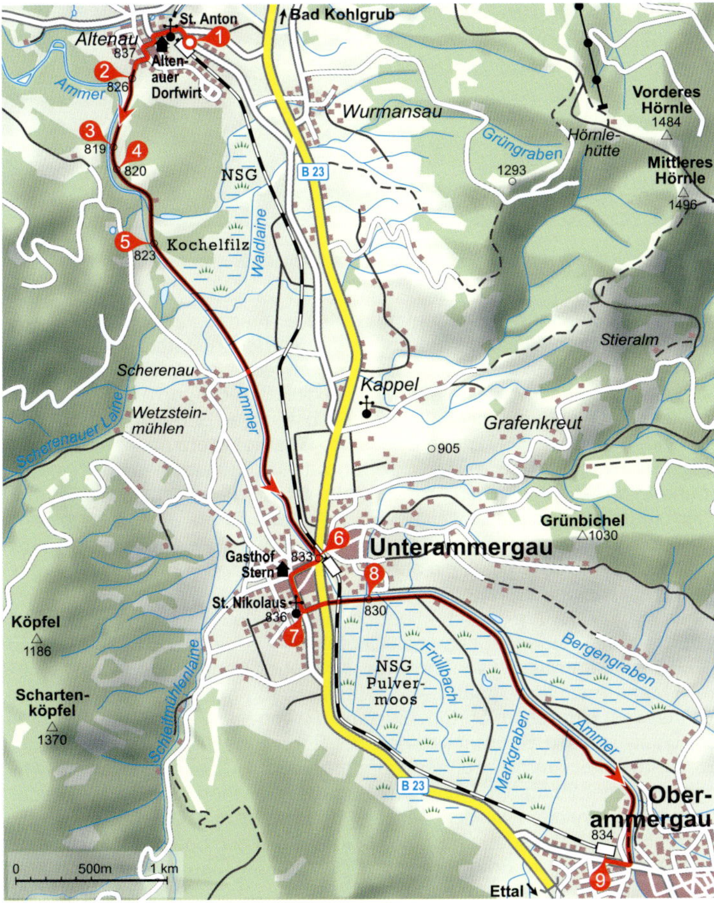

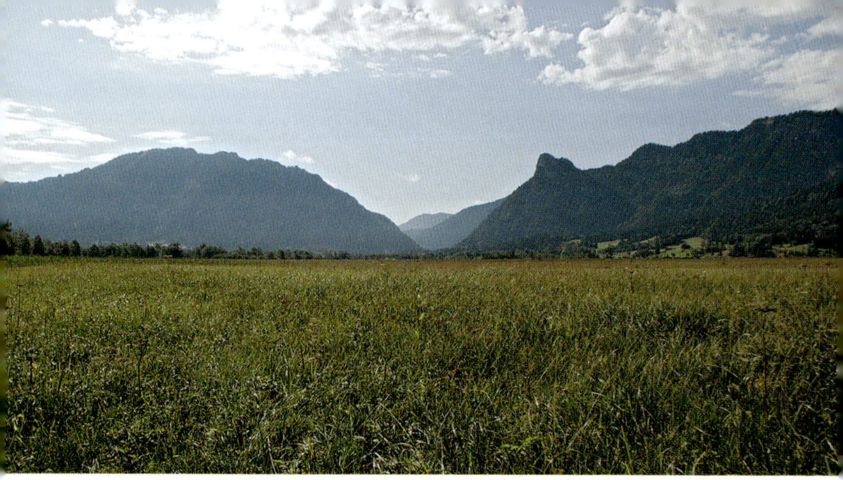

Blick über das Pulvermoos zum markanten Kofel. Links der Laber.

reich von Scherenau (Wetzsteinmühlen) überqueren wir eine Straße. Nun geht es auf asphaltiertem Weg an Weiden vorbei. In **Unterammergau (6)**, 833 m, treffen wir auf die B 23, mit der wir nach rechts die Ammer queren. Diese viel befahrene Straße verlassen wir auch gleich wieder und gehen nach halb rechts durch die Pürschlingstraße mit ihren prächtigen Bauernhäusern. An deren Ende – hier befindet sich der imposante **Gasthof Stern** sowie ein Brunnen – wandern wir nach links weiter. Über Dorfplatz und Dorfstraße mit Rathaus und Tourist-Information gelangen wir zur **Kirche St. Nikolaus (7)**, 836 m.
Hier biegen wir, dem Wegweiser »Fußweg nach Oberammergau« folgend, links ab. Wir überqueren erneut die B 23 und wandern wieder an der Ammer entlang. Rechts liegt gleich die ehemalige Badeanlage von Unterammergau, heute ein natürlich wirkender Weiher. Dann gelangen wir ins **Pulvermoos (8)**, 830 m. Als großes Talbodenquellmoor, entstanden durch die Verlandung des Ammertal-Sees nach der letzten Eiszeit, ist es besonders wegen seiner Streuwiesen von bayernweiter Bedeutung. Der Torfkörper ist bis zu 9 Meter mächtig! Genährt wird das Moos von artesisch aufdringenden, kalkhaltigen Quellen im Süden, die auch die Vegetation bestimmen. Mit freiem Blick über die Streuwiesen und die Röhrichtbestände hinweg auf das Panorama des Ammergebirges wandern wir auf Oberammergau zu. Hier geht es weiterhin an der Ammer entlang bis zur Bahnhofstraße. Kurz rechts gegangen, erreichen wir den Bahnhof **Oberammergau (9)**, 834 m, wo das ehemalige Bahnhofsgebäude, ein dreigeschossiger Bau mit Schopfwalmdach und hölzernem Erkervorbau aus den Jahren 1898/99, Beachtung verlangt.

3.40 Std.

Von Bad Bayersoien bis zur Scheibum

41 TOP

Von Bad Bayersoien um die Ammerschlucht herum

Die Tour führt uns auf Pfaden meist oberhalb der Ammerschlucht entlang, die durch Schmelzwässer des Ammergletschers geschaffen wurde und heute Naturschutzgebiet ist. Es ist eine einmalige Wildflusslandschaft, die geprägt ist durch die Gesteine, in die sich die Ammer eingeschnitten hat. Sie stellt mit ihren urwaldartigen Hangwäldern und strukturell abwechslungsreichen Flussabschnitten eine bedeutende Biotopbrücke zum Ammersee dar. Ein besonderes Highlight ist die Scheibum, wo man den Ammerdurchbruch mit seinen bizarren Felsformationen bestaunen kann.

Ausgangspunkt: Wanderparkplatz Ludwigstraße Bad Bayersoien (804 m) (Navi: 82435 Bad Bayersoien, Ludwigstraße), RVO-Bushaltestelle Gasthaus Weißes Roß (9606 Garmisch-Partenkirchen Bf.–Füssen Bf., Mo–Fr ca. 1x pro Stunde).

Höhenunterschied: 370 m.
Anforderungen: Trittsicherheit nötig.
Einkehr: Wirtshaus Acheleschwaig (wirtshaus-acheleschwaig.de, Fr–Mo und feiertags 12–18 Uhr), Gaststätten in Bad Bayersoien.

Auf dem Weg nach Acheleschwaig mit Blick auf die bewaldeten Flyschberge.

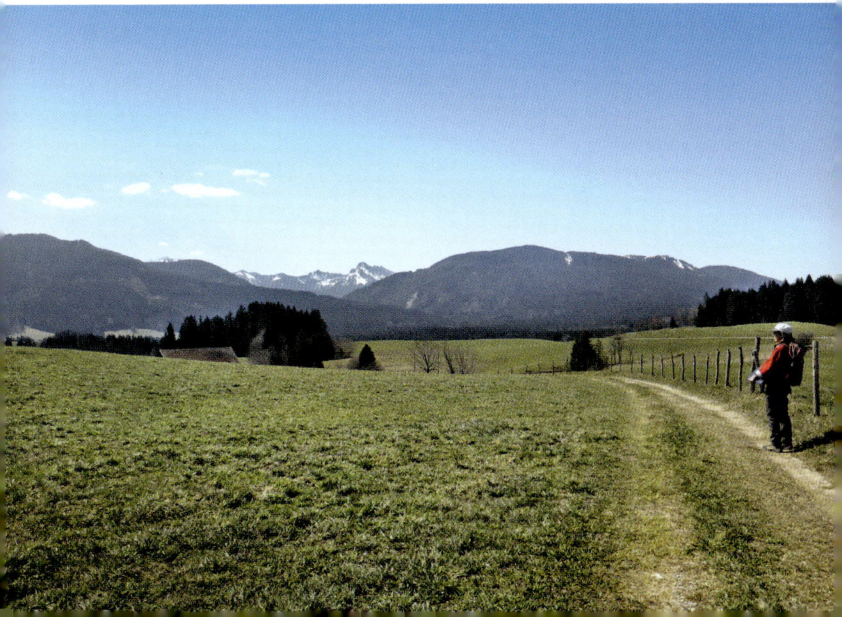

Vom Parkplatz an der Ludwigstraße in **Bad Bayersoien (1)**, 804 m, wandern wir westwärts, stets der Beschilderung »Soier Mühle, Ammerschlucht« folgend. Bald darauf biegt ein Fußweg nach links ab und gibt den Blick in eine Senke frei, in der sich einst der Obere Soier See befand und die heute von verschiedenen Moorgesellschaften eingenommen wird. Am Ende des Weges führt in einer Rechts-Links-Kombination ein beschilderter Asphaltweg zu einer Gehölzgruppe hinauf, wo uns ein Wegweiser nach links in Richtung »Saulgrub/Achele« leitet. Vor uns liegt eine unregelmäßig geformte, wellige Grundmoränenlandschaft, in der einst Eisbrocken des Ammergletschers lagen.

Die Scheibum (Ammerdurchbruch) bei Niedrigwasser.

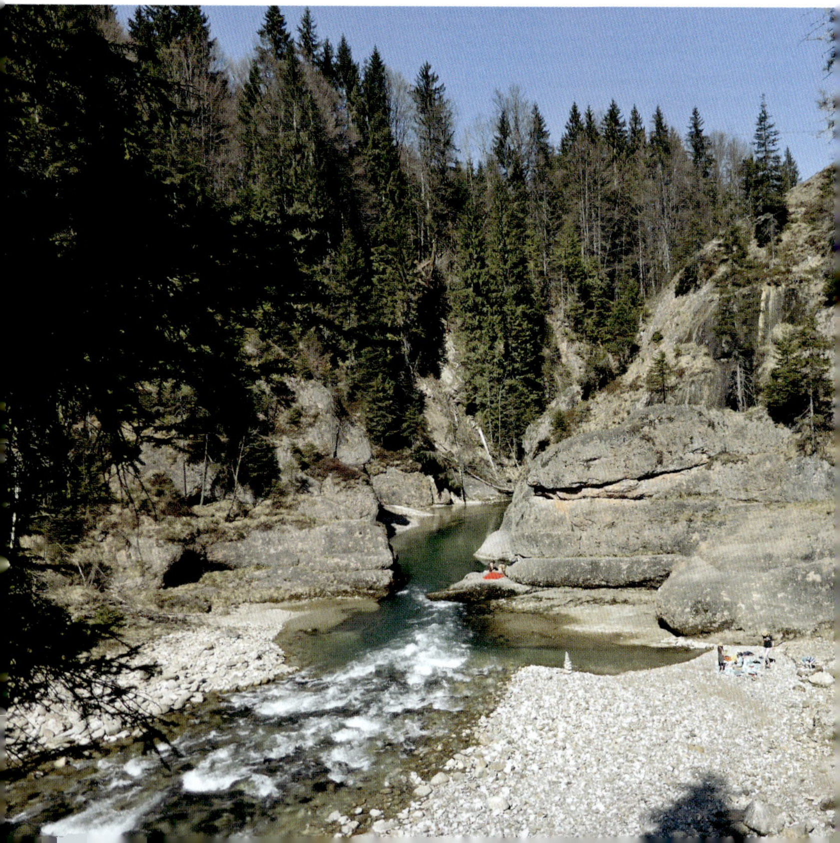

Wir wandern auf einem Feldweg hinab bis zur nächsten **Markierung (2)**, 815 m, wo unser eigentlicher Rundweg beginnt. Nach links folgen wir dem Wegweiser »Saulgrub/Achele« oberhalb der Ammerschlucht entlang. Der anfängliche Forstweg leitet in einen mit Genuss zu wandernden Wiesen-Waldpfad über, der zu einem spektakulären **Aussichtsplatz (3)**, 820 m, in die Ammerschlucht, mit Infotafel und Bänken, führt. Weiter geht es durch Wald leicht auf und ab, bis wir auf einen Forstweg stoßen, der nach rechts – rechts liegt eine eingezäunte Weide mit Stall – führt. Wir folgen ihm bis an sein **Ende (4)**, 844 m. Dort geht es einen markierten Pfad links die Moräne hinauf zum nächsten Forstweg und dort weiter nach rechts in Richtung der Wegweisung »Achele«. Nachdem wir ein kurzes Stück durch den Wald gegangen sind, gelangen wir auf einem Pfad in ein durch vereinzelte Heustadel gespicktes, weites Wiesenareal. Hier heißt es aufgepasst, damit man die bald darauffolgende **Wiesenpfadkreuzung (5)**, 880 m, nicht versäumt, die nach rechts in den Wald leitet (»gelbe Markierung«). Nach ca. 130 m folgt die

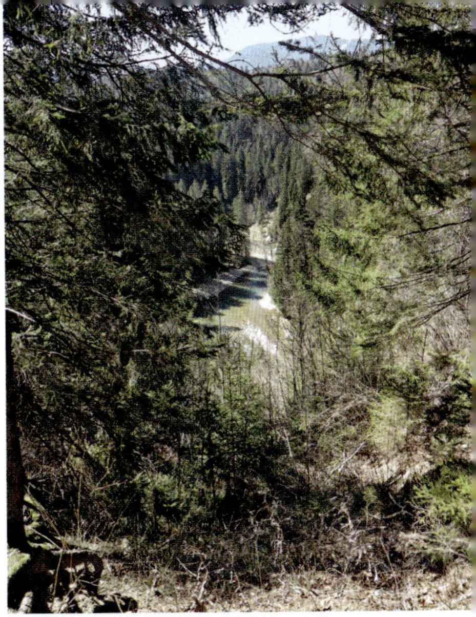

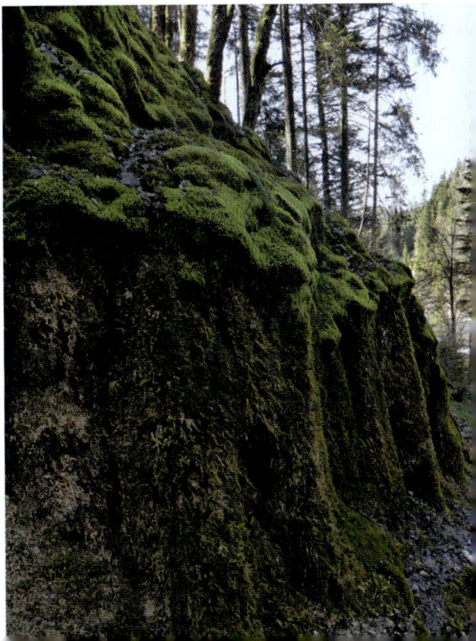

Oben: Die Ammer ist der letzte größere deutsche Alpenfluss, der kaum verbaut ist.
Unten: Versinterungen (Kalkausfällungen) kurz vor der Soyernmühle.

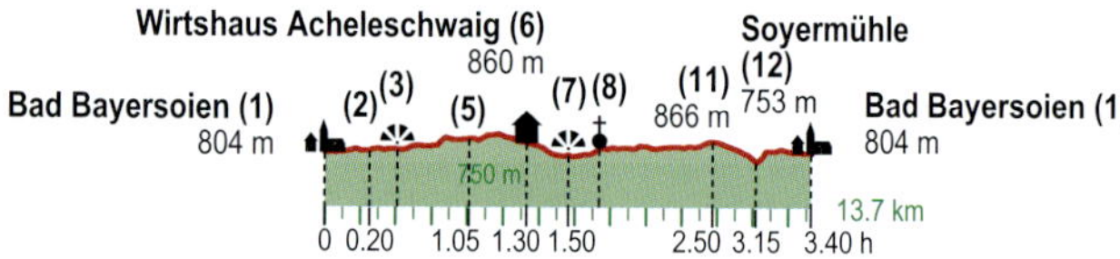

nächste für uns relevante Hinweistafel »Achele«, der wir durch Wald und Wiesen folgen, bis man auf ein Asphaltsträßchen trifft. Hier zeigt die Beschilderung unser nächstes Ziel an, die »Scheibum«.

Vorbei an dem **Wirtshaus Acheleschwaig (6)**, 860 m, geht es hinab zur Ammer. Kurz vor der Kammerlbrücke folgen wir für einen Abstecher der Markierung nach rechts, um auf einem Pfad zum Aussichtspunkt des Ammerdurchbruchs, der **Scheibum (7)**, 791 m, zu gelangen. Die engste Stelle dieses Geotops bilden die roten, steilstehenden Nagelfluhbänke (Untere Meeresmolasse). Wieder zurück, geht es über die Brücke links vorbei am unter Denkmalschutz stehenden **Wasserkraftwerk Kammerl**, das einst Bahnstrom erzeugte, den Terrassenhang hinauf. Dort halten wir uns rechts, überqueren den Kanal, um danach das Tälchen des **Leitenwiesgrabens** zu passieren. In dessen Bachbett kann man schön die fast senkrecht einfallenden, älteren Tonmergel-Schichten (Untere Meeresmolasse), schmalen Rippen gleich, erkennen. Danach geht es die bewaldete Ammerflanke, teils über Treppen, steil hinauf, bis wir den Waldrand erreichen. Links steht ein eingewachsenes **Marterl (8)**, 830 m, rechts weist uns die Beschilderung zurück nach Bad Bayersoien. Der wurzelige Pfad geht relativ eben meist durch Wald. Da er nicht so gut ausgebaut und beschildert ist, sollte man aufmerksam bleiben, um den Pfad nicht zu

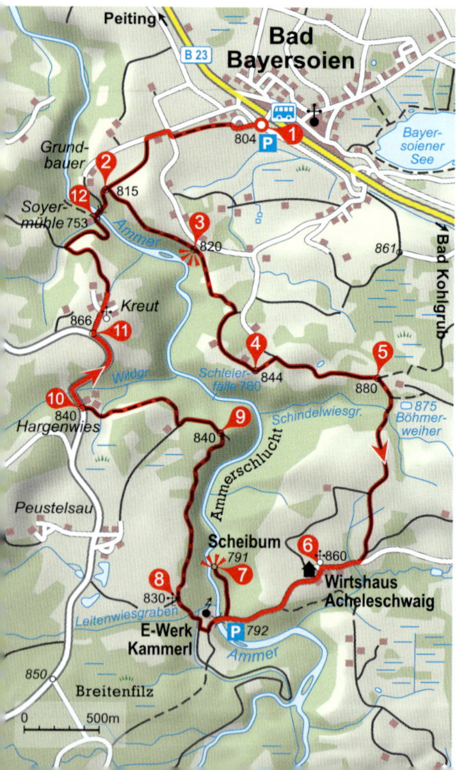

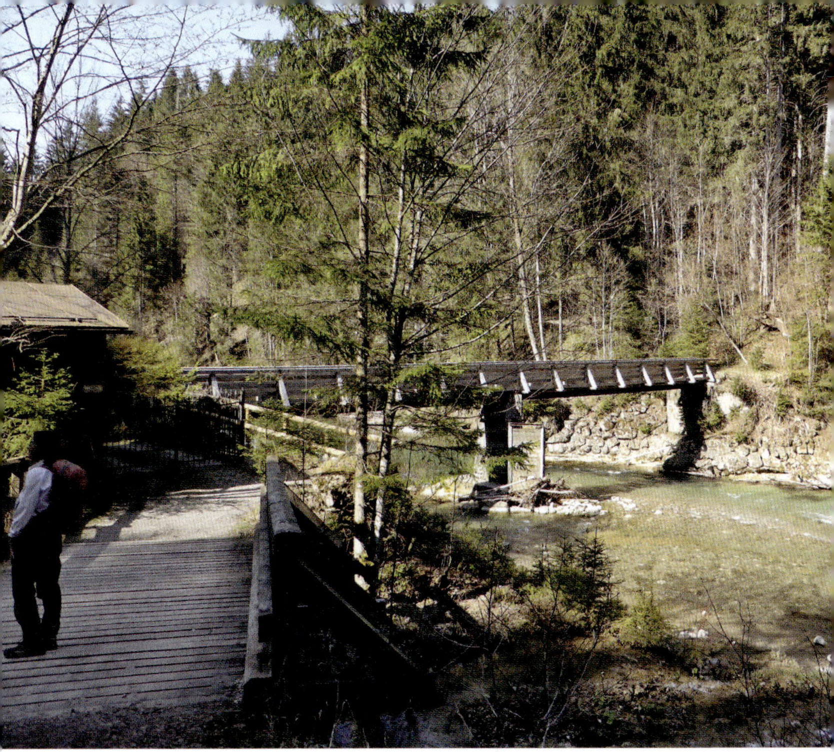

Fußgängerbrücke über die Ammer bei der Soyermühle.

verlieren. Nach ca. 30 Minuten gelangt man auf einen **Forstweg (9)**, 840 m, dem wir nach links folgen, bis wir zu unserem Wegweiser »Bad Bayersoien über Hargenwies« kommen. Entlang des Waldrands und über Weiden geht es nach **Hargenwies (10)**, 840 m, wo uns ein Sträßchen nach rechts bis zur Abzweigung nach **Kreut (11)**, 866 m, führt. Nach rechts folgen wir dem Schild »Soier Mühle«, queren dabei den Weiler und gehen auf einem Forstweg hinab in die Ammerschlucht. Kurz vor der **Soyermühle (12)**, 753 m, kann man linker Hand die Kalkablagerungen bewundern, die durch das Überrieseln der Moose entstanden sind – ähnlich den nicht mehr begehbaren Schleierfällen. Mittels des Steges überqueren wir die Ammer und gehen über die steilen Treppen den bewaldeten Hang hinauf, wo wir bei der **Markierung (2)**, 815 m, wieder auf unseren Hinweg stoßen, dem wir zurück zum Ausgangspunkt **Bad Bayersoien (1)** folgen.

42 Von Bad Bayersoien zur Ach

4.15 Std.

Durch stille Wälder und an der aussichtsreichen Kropfleite entlang

Bad Bayersoien taucht als »Seun« erstmals in der Geschichte auf. Diese keltische Ortsbezeichnung bezieht sich auf den oberen und den unteren See. Ersterer, einst jenseits der heutigen B 23 gelegen, ist allerdings 1803 zur Streugewinnung trockengelegt worden, um zweiteren führt heute ein informativer Naturlehrpfad. Seit 1996 darf der Ort das Prädikat »Moorheilbad« tragen. Der Zusatz »Bayer« dient der Unterscheidung zu dem jenseits des Lechs gelegenen Schwabsoien. Mit dem überwiegenden Verlauf durch stille Wälder auf einsamen Sträßchen und Wegen ist dies eine ideale Wanderung für warme Sommertage. Auch der fast obligatorische Gebirgsblick ist dabei. Für Erfrischung sorgt das anschließende Bad im Bayersoiener See.

Ausgangspunkt: Wanderparkplatz Ludwigstraße Bad Bayersoien (804 m) (Navi: 82435 Bad Bayersoien, Ludwigstraße), RVO-Bus 9606 Garmisch-Partenkirchen Bf. – Füssen Bf.
Höhenunterschied: 260 m.
Anforderungen: Etwas Kondition kann nicht schaden.
Einkehr: Keine direkt am Weg. Vom Saliter aus aber Abstecher nach Schöffau (ca. 1,2 km) möglich. Gasthäuser in Bad Bayersoien.
Tipp: Abstecher zur Badegelegenheit im Bayersoiener See mit Naturlehrpfad und Einkehrmöglichkeit im Fischerhäusl. Von der Badestelle direkter Rückweg zum Parkplatz über die Dorfstraße.

Vom Wanderparkplatz an der Ludwigstraße in **Bad Bayersoien (1)**, 804 m, aus überqueren wir mittels einer Brücke die B 23 und biegen dann am Brunnen rechts in die Dorfstraße mit ihren prächtigen Bauernhäusern ein. Sogleich geht es am Gasthof Weißes Roß (hier **Bushaltestelle**) vorbei. Kurz nach dem Metzgerwirt biegen wir an der **Säule (2)**, 808 m, die an die einst durch Bayersoien verlaufende Rottstraße erinnert, links ab (Schild »Zum See«). So kommen wir an der Kirche St. Georg, dem Pfarrhaus mit dem davor befindlichen Kurgarten sowie an der auf dem Eckbichl thronenden Kriegergedächtniskapelle vorbei. Die Kirmesauer Straße bringt uns am 1974 eröffneten Moorkurbad vorbei aus dem Ort hinaus. An der nächsten **Kreuzung (3)**, 796 m, halten wir uns links. Von hier fällt der Blick auf das spirkenreiche Hochmoor (Lambachmoos) sowie den Soyer See mit seinem

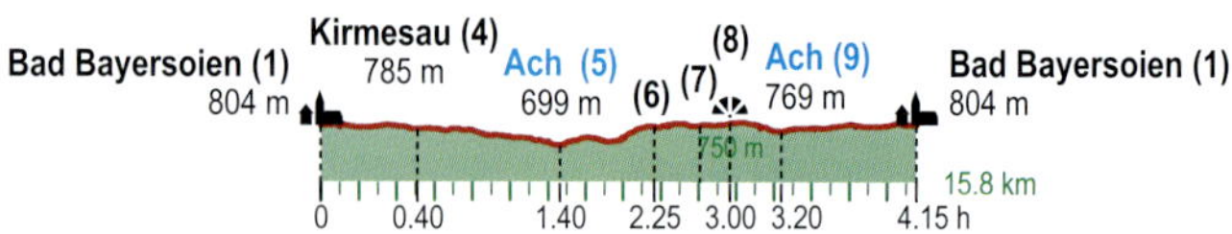

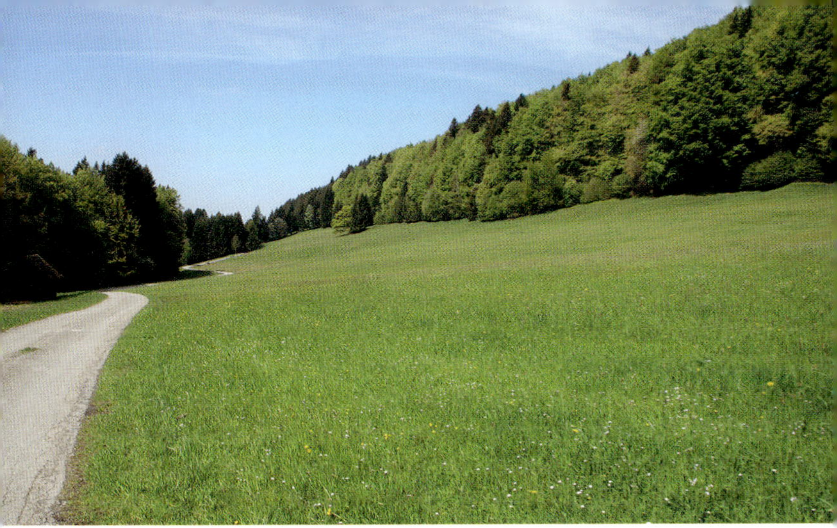

Frühling an der Kropfleite. Die Bäume haben ihr frisches Laub entfaltet.

Verlandungsbereich. Das Sträßchen führt uns an einem kleinen Friedhof und weiteren vermoorten Flächen mit typischen Pflanzen wie der Rauschbeere vorbei nach **Kirmesau (4)**, 785 m, das als Kolonie um 1807/10 entstanden ist und deren Güter bis 1832 steuerfrei waren. Wir erreichen den Weiler im Bereich der Ach, die hier noch als unscheinbares Bächlein ausgebildet ist.
Geradeaus weitergewandert, gelangen wir zu einer neugotischen Kapelle, die im Kern aus dem Anfang des 17. Jahrhunderts stammt, später aber umgestaltet wurde. Auf dem nun unasphaltierten Sträßchen wandern wir Richtung Schöffau durch den Wald auf und ab. Im Bereich einer größeren Lichtung kommen wir an einer Schutzhütte vorbei. Weiter geht es durch Wälder und über Rodungsinseln mit Wiesen und Weiden, bald wieder auf asphaltiertem Weg, stets abwärts. Grenzen Weiden an den Waldrand, so ist an den Bäumen eine deutliche Fraßkante erkennbar. Auch ein Blick auf das Hörnle ist möglich. Schließlich erreichen wir beim Saliter die **Ach (5)**, 699 m. Hier wohnte einst der Saliter, der Salpeter zur Herstellung von Schießpulver zu sammeln hatte. Nach der Brücke wandern wir kurz steil hinauf und biegen dann an der nächsten Wegkreuzung, dem Schild **Kirnberg-Rundweg** folgend, links ab. Haben wir aber eine Einkehr nötig, so folgen wir dem Sträßchen nach Kalkofen bzw. weiter nach Schöffau.
Ansonsten geht es wieder auf unbefestigtem Weg durch den Fuchswald genannten Fichtenforst erst etwas hinauf, später wieder hinab. Nach Querung eines Grabens steigt der Weg wieder ordentlich an. Des Weiteren folgen wir

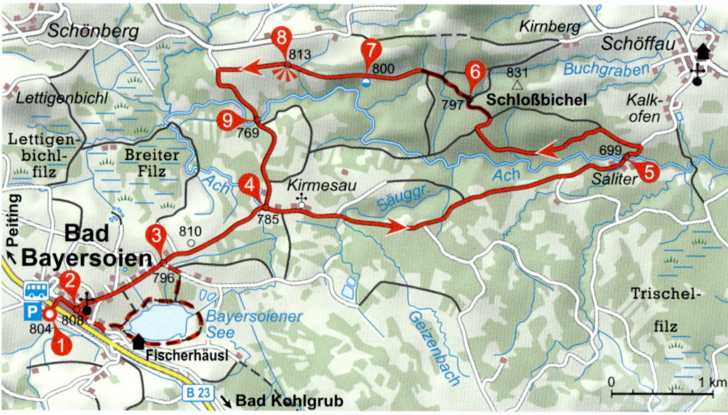

der Beschilderung Kropfleite bzw. Kirnberg-Rundweg in einer Kehre. Sodann erreichen wir eine **Weggabelung (6)**, 797 m, an der wir, jetzt nur noch dem Wegweiser »Kropfleite« folgend, nach links weiterwandern. Hin und wieder überqueren wir kleine Gräben. Mündet im Bereich einer Lichtung ein Forstweg von links ein, so gehen wir geradeaus weiter. Nach einem weiteren kurzen Stück durch den Wald wandern wir, bald auf asphaltiertem Weg, über die Wiesen der Kropfleite an einem **Brunnen (7)**, 800 m, vorbei westwärts weiter. Nach der Querung von zwei weiteren Gräben gelangen wir schließlich etwas hinauf zu einem **Aussichtspunkt (8)**, 813 m, mit Bank. Von hier aus hat man einen herrlichen Blick auf die Ammergauer Alpen sowie auf die bewaldeten Flyschberge davor. Zu letzteren zählen von Ost nach West das Hörnle, der Hochschergen sowie der Hohe Trauchberg.

Auf dem weiteren Weg an den Weiden vorbei fällt der Blick bald auch auf das hoch gelegene Schönberg. An der Kreuzung knapp nach dem Jägerstand folgen wir dem Schild »Bayersoien« nach links. Nun wandern wir meist am Waldrand entlang auf unbefestigtem Weg hinab zur **Ach (9)**, 769 m. Um letztere zu überqueren, haben wir zwei Möglichkeiten: Entweder wir waten durch die Furt oder wir nehmen den Steg. Nun wieder etwas aufwärts geht es ein kurzes Stück durch den Wald und durch ein stark beeinträchtigtes Spirkenfilz weiter. Wir erreichen **Kirmesau** im Bereich des Sägewerkes, wo bereits vor der Anlage des heutigen Weilers eine Sägmühle stand, die aber 1808 neu errichtet worden ist. Hier gehen wir rechts weiter zu der uns schon bekannten **Kreuzung (4)**, 785 m. Von hier aus geht es auf gleichem Weg zum **Ausgangspunkt (1)** zurück, wobei in Bad Bayersoien darauf zu achten ist, dass man nicht auf die abwärtsführende Köchelstraße gerät, sondern auf der etwas ansteigenden Kirmesauer Straße bleibt.

3.10 Std.

Von Böbing auf die Brombergalm

43

Über den aussichtsreichen Kirnberg

Dieser Höhenrücken bietet eine herrliche Aussicht auf den Großteil des Alpenpanoramas. Der Blick geht vom Karwendel über das Wettersteinmassiv mit der Zugspitze bis in die Allgäuer Berge. Auch weit über das Alpenvorland schweift der Blick, der Hohe Peißenberg ist auf dem Rückweg immer wieder zu sehen. Den Nordhang des Kirnbergs prägen Gehölzstrukturen, die die eingetieften und nur zeitweise wasserführenden Bachtobel begleiten. Stattliche Bauernhöfe und Getreidekästen liegen verstreut auf dem Höhenrücken.

Ausgangspunkt: Grotte von St. Georg in Böbing (739 m) (Navi: 82389 Böbing, Kirchstr. 7), Bushaltestelle kurz nach Kreuzung Richtung Rottenbuch (RVO-Linie 9651 Weilheim Bf. – Füssen Bf.).
Höhenunterschied: 300 m.
Anforderungen: Größtenteils markiert mit B3 bzw. Nr. 87, nur an wenigen Stellen fehlen Hinweisschilder. Besonders geeignet für Kinder, da es über Weiden mit Kühen geht und man über Weidezäune mit Überstiegshilfen klettern muss.
Einkehr: Brombergalm, Gasthäuser und Biobäckerei und Café Tralmer in Böbing.

Von der Grotte der Kirche St. Georg in **Böbing (1)**, 739 m, gehen wir in südliche Richtung und folgen stets der Beschilderung B3 bzw. Nr. 87 Brombergalm. Auf Pfaden und kurzen Abschnitten auf Asphaltstraßen gelangen wir zum Ortsrand. Bald queren wir den Röthenbach und wandern an einem Feldkreuz vorbei. Im Wald passieren wir ein **Marterl** und stoßen bald danach

Mit weiter Fernsicht ins Alpenvorland geht's hinab zur Brombergalm. Im Sommer weiden hier Kühe, im Winter kann man Ski fahren.

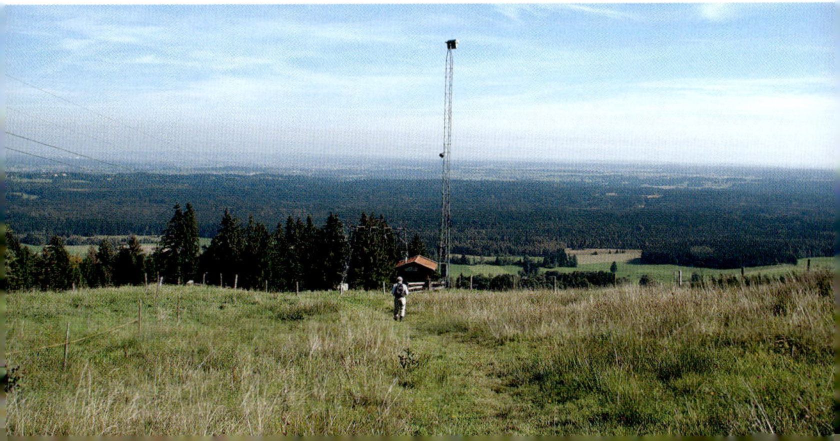

auf einen markierten, nach rechts abgehenden **Weg (2)**, 765 m. Oben angelangt, folgen wir einem Spurweg über eine Wiese an einem Weiher vorbei. An einem Hochstand halten wir uns links und wandern schließlich nach **Vorderkirnberg (3)**, 840 m, hinauf, welches schon von Weitem sichtbar ist. Hier biegen wir links ab und gehen weiter sanft ansteigend über den Bergrücken des Kirnbergs. Das Sträßchen führt uns an Weiden vorbei und eröffnet herrliche Ausblicke auf Teile der Alpenkette. Dreht man sich um, kann man auch den Auerberg sehen. Die Abzweigung nach Geigersau ignorieren wir. Für uns geht es weiter, bis ein **Wegweiser (4)**, 935 m, zur Brombergalm nach links zeigt. Mittels der hölzernen Trittstufen übersteigen wir den Weidezaun und wandern weiter hinauf bis zum Bänkchen. Von hier aus bietet sich ein weiter Blick auf die Alpen sowie ins Ammertal. Gehen wir weiter, so erreichen wir am nächsten Weidezaun (auch hier Überstiegshilfe) eine weitere **Bank (5)**, 917 m, mit Blick auf das Voralpenland. Links ist der Hohe Peißenberg zu sehen, die Parabolantennen von Raisting oder die Stadt Weilheim sind auszumachen, vor uns liegen die Wälder und Moore im Bereich der Eyach. Weglos geht es im Bereich der Pfosten des Schleppliftes, der winters in Betrieb ist, den steilen Grashang hinab auf die Brombergalm zu. Bei Nässe ist Vorsicht geboten. Für eine Einkehr führt uns ein Sträßchen nach rechts zur **Brombergalm (6)**, 814 m. Diese ist noch jung: 1969 wurde ein Skilift mit Liftgebäude errichtet, 1971 die Gastwirtschaft.

Für den Weiterweg folgen wir dem Wegweiser und wandern am Rande des Gehölzsaums entlang hinab, wobei wir zwei weitere Weidezäune mit Überstiegshilfen passieren. Eine kleine Brücke führt uns schließlich über den Bach. Schon haben wir bei **Sprengelsbach (7)**, 765 m, den Jägerhof erreicht, wo einst drei Höfe standen, die als Schwaigen zum Kloster Rottenbuch gehörten und wohl im 17. Jahrhundert abgebrochen wurden. Auf dem vorgezeichneten Pfad gehen wir zwischen den Pferdekoppeln unterhalb der Höfe, bis wir wieder auf den ausgebauten Weg gelangen. Sanft etwas hinauf, dann wieder hinab, mal über Gräben, mal über Wiesen und Weiden wandern wir in nordwestliche Richtung weiter. Immer wieder ist rechts der Hohe Peißenberg zu sehen. Nach der Querung von Pferdekoppeln gehen wir in einem Wäldchen nach links leicht bergan und überqueren danach weglos eine weitere Wiese, indem wir auf die **Schilder (8)**, 772 m, zuhalten. Hier geht es links weiter. Wir kommen an einer Bank mit einem großen Findling vorbei, die beim Pierlinghof steht. Nach einem Graben gehen wir unterhalb des nächsten Anwesens in gleicher Richtung weiter. Auf unserem weiteren Weg passieren wir weitere Gehöfte der Streusiedlung **Kirnberg (9)**,

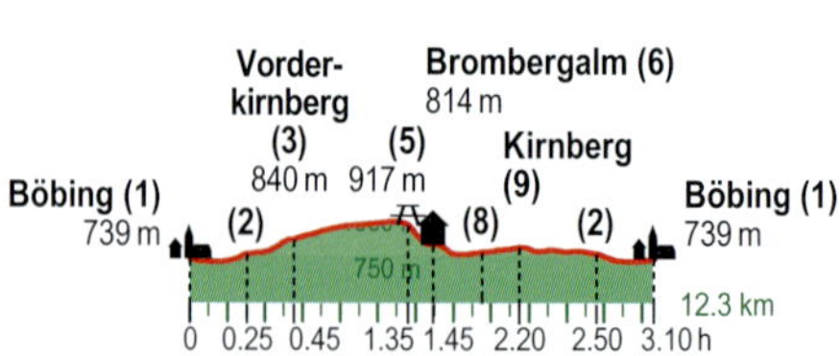

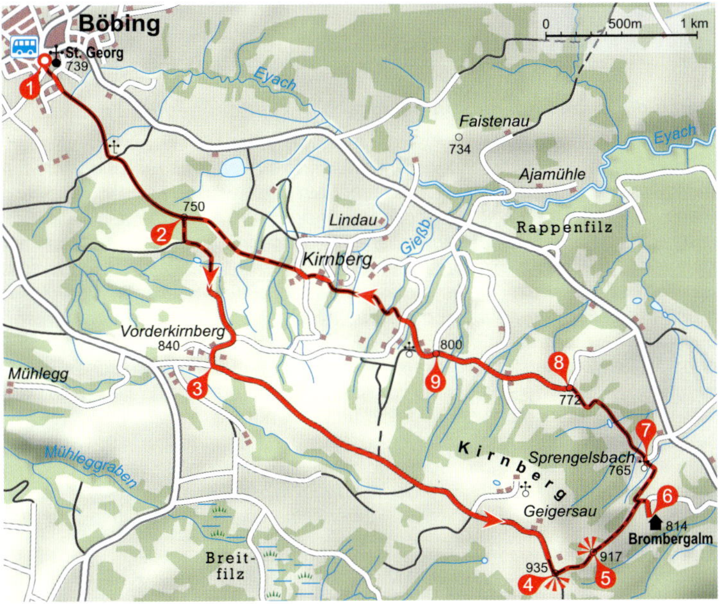

800 m. Hier geht es in einem Links-Rechts-Schlenker weiter, stets der Beschilderung folgend. Links steht die 1978 neu errichtete Steinlekapelle, die alte Kapelle aus dem Jahr 1844 ist heute im Freilichtmuseum Glentleiten. In dem Anwesen davor (Haus-Nr. 26) wurde 1580 der Bildhauer und -schnitzer Bartolomäus Steinle geboren, dessen Werke in den Kirchen von Böbing, Rottenbuch, Hohenpeißenberg oder Polling zu bewundern sind. Sein berühmtester Altar allerdings befindet sich in Stams (Tirol).
Weiterhin das Asphaltsträßchen hinab, gehen wir an der nächsten Wegkreuzung geradeaus auf einem Wiesenweg weiter. Kurz nach rechts an Weidezaun und Waldrand entlang, dann überqueren wir den von einem Gehölzsaum begleiteten Gießbach und wandern weiter über Wiesen und Gräben. Haben wir das nächste Anwesen erreicht, passieren wir es linker Hand. Dann folgen wir dem nächsten Sträßchen kurz hinab, bevor es für uns nach links – der Wegweiser »Böbing« ist links an einem Strommast – wieder über eine Wiese weitergeht. Nach weiteren Gräben, Wiesen, Weiden und Anwesen gelangen wir nach Erreichen von **Wegpunkt (2)** wieder in den Wald. Vorbei an Marterl und Feldkreuz wandern wir auf bekanntem Weg zurück zu unserem **Ausgangspunkt (1)**.

44 Von Wildsteig nach Schönegg

2.50 Std.

Durch die eiszeitlich geprägte Landschaft zur Schönegger Käsealm

Die Landschaft um Wildsteig ist geprägt von einer Vielfalt an Oberflächenformen, die mit der Alpenbildung und besonders mit der eiszeitlichen Überformung zusammenhängen. Von einem erhöhten Punkt wie der Mühlegg aus kann man sich einen Überblick verschaffen. Da wären zum einen die den Kalkhochalpen vorgelagerten Flyschberge, deren Gesteine in einem Tiefseegraben abgelagert und später in die Alpenfaltung miteinbezogen worden sind. Ebenfalls gefaltet worden ist ein Teil der Molasse, die von aus den aufsteigenden Alpen mündenden Flüssen abgelagert worden ist. Dazu zählen neben der Mühlegg auch Schneidberg und Groß-Bicheleck. Auch Schönegg liegt auf einem solchen Molasserücken. Dann wären da noch die Moränen als Gletscherablagerungen – beispielsweise steht die Wildsteiger Kirche auf einer Wallmoräne – sowie Toteislöcher südlich von Wildsteig und Schmelzwassertäler. Den Ort Wildsteig gibt es übrigens noch nicht lange. Über Jahrhunderte war »die Wildsteig« die Bezeichnung dieser Landschaft, in der zahlreiche Orte, Weiler und Einöden zerstreut lagen. Erst als 1971 die Gemeindegebietsreform drohte, wurde der Ort aus Kirchberg und Ried neu kreiert. Später kamen die weiteren Ortsteile dazu.

Ausgangspunkt: Schule Wildsteig (mit Wandertafel) (882 m) (Navi: 82409 Wildsteig, Kirchbergstr. 30, Parkmöglichkeit am Rathaus, Kirchbergstr. 20a), RVO-Bus 9651 Weilheim Bf. – Füssen Bf. oder 9822 Schongau Bf. – Steingaden, mona-Bus 73 Füssen Bf. – Steingaden (bzw. Garmisch-Partenkirchen Bf.).
Höhenunterschied: 200 m.

Anforderungen: Keine.
Einkehr: Schönegger Käse-Alm, Pizzeria Mamma Lucia mit Biergarten in Morgenbach, Gasthof Zum Strauß und Gasthof Kirchberger in Wildsteig.
Tipps: Bademöglichkeit im Schwaigsee; Pfaffenwinkler Milchweg; Schönegger Alm mit Schaukäserei (Mai–Okt. Do 11 Uhr, im Juli und August zusätzlich dienstags).

Von der Kirche St. Jakob in **Wildsteig (1)**, 882 m, aus führt uns ein Fußweg, etwas versetzt beginnend bei einer Sommerlinde (Naturdenkmal), steil hinab. Es geht mit Blick auf ein breites Schmelzwassertal an der großen Grotte vorbei, die 1908 aus Kalktuffsteinen der Ammerschlucht erbaut wurde. An der Einmündung halten wir uns rechts und wandern an einem kleinen Fischteich vorüber. Auch hier folgen wir der Straße rechts hinauf und am Gasthof »Zum Strauß« vorbei. An der nächsten Straßenkreuzung gehen wir links weiter und gelangen zu einem mächtigen Bergahorn. Hier biegen wir Richtung Mühlegg wie-

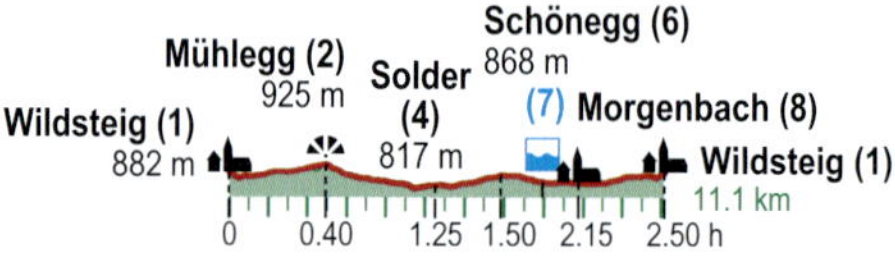

der links ab und erreichen bald die Staatsstraße. Diese überquert, führt uns das Sträßchen mit Blick auf Wildsteig zum Weiler **Schlossberg** hinauf und weiter an Wiesen, Weiden und Feldscheunen sowie am Mühleckfilz vorbei. Schließlich macht der Weg eine Rechtskurve und bringt uns erst als Kies-, dann als Grasweg auf die **Mühlegg (2)**, 925 m, hinauf. Von hier aus ist bei guter Fernsicht die Alpenkette von der Benediktenwand bis zur Alpspitz zu sehen – eine Panoramatafel ermöglicht die Identifizierung der Gipfel. Dann folgen wir dem Wiesenweg, der schließlich in einen Feldweg übergeht. Kurz vor dem Talgrund zweigt ein weiterer **Feldweg (3)**, 886 m, in spitzem Winkel links ab, auf dem wir weiterhin sanft abwärts gehen. An der Einmündung wandern wir links Richtung Rottenbuch weiter. Es geht ein Stück durch den Wald, dann an einer Kapelle vorbei. An der nächsten Wegkreuzung biegen wir, den Wegweisern »Schellenhof« und »Kreit« folgend, rechts ab und nehmen dann gleich den links abzweigenden Kiesweg. Nun wandern wir mit Blick auf den Hohen Peißenberg und die Klosterkirche von Rottenbuch weiter sanft hinab. Der Weg führt uns über einen kleinen, eingeschnittenen **Bach**. Wir halten uns links, erreichen schließlich nach dem Wald den Talbach und gelangen bald zu einem Sträßchen, wo sich auch eine Station des **Pfaffenwinkler Milchweges** befindet. Hier biegen wir rechts ab und wandern in die Ortschaft hinein.

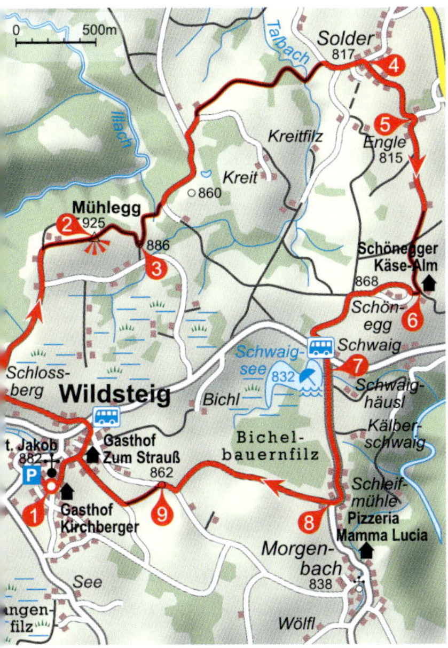

In **Solder (4)**, 817 m, nehmen wir die Haldenbergstraße nach rechts. Man beachte, dass die recht neuen Häuser hier ausnahmslos in regionstypischer Bauweise errichtet sind. Wir folgen dem Radwegweiser an weiteren Stationen des Milchweges vorbei nach **Engle (5)**, 815 m, mit seinen schmucken Bauernhäusern. Typischerweise sind hier Wohnung, Stall und Stadel unter einem Dach untergebracht. Nur der ehemalige Getreidekasten steht aus Brandschutzgründen abseits. Von hier aus folgen wir dem Sträßchen nach rechts weiter. Nun geht es stets nach Süden, linker Hand mit Blick über die bewaldete Ammerschlucht hinweg

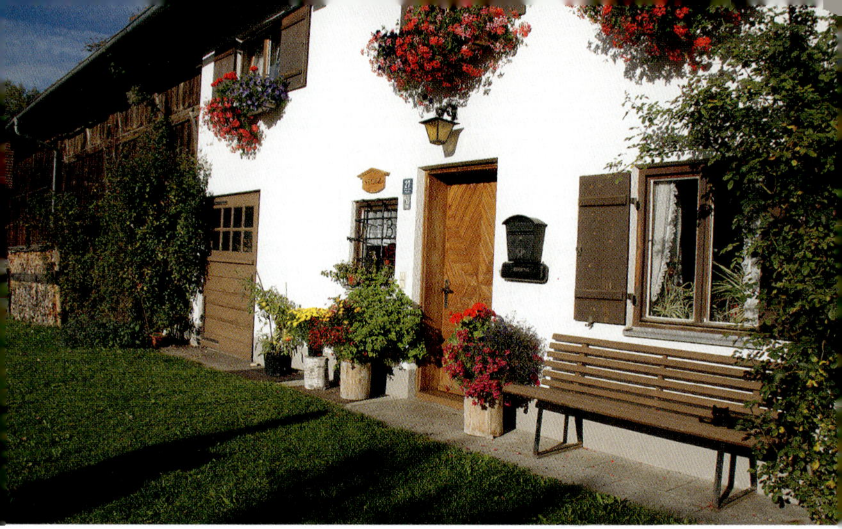

Oberbayerisches Bauernhaus – Wohnung, Stall und Stadel unter einem Dach.

nach Schönberg. Weitere Stationen des Milchweges begleiten uns bis **Schönegg (6)**, 868 m. Hier kann man einen Abstecher nach links zur **Schönegger Käse-Alm** machen. Ansonsten geht es rechts weiter, am Parkplatz vorbei. Dem Radweg folgend, wandern wir mit herrlichem Seeblick das Sträßchen hinab nach **Schwaig**. Hier überqueren wir die Staatsstraße und wandern am **Schwaigsee (7)**, 832 m, mit dem angrenzenden spirkenreichen Bichelbauernfilz vorbei, der sich in einer Moränenmulde entwickelt hat. Der 1663 künstlich angestaute, nur maximal 2,1 m tiefe See zeichnet sich besonders durch seine See- und Teichrosenbestände aus.
Wir wandern nun auf der wenig befahrenen Kreisstraße weiter nach Süden. Diese führt uns in die lang gestreckte Siedlung von **Morgenbach (8)**, 833 m, hinein, wo wir nach einer Rechtskurve in der unmittelbar folgenden Linkskurve rechts Richtung Wildsteig abbiegen. Das Sträßchen führt uns idyllisch an Weideflächen vorbei, auch das Bichelbauernfilz ist zu sehen. Nach Findlingen gehen wir an der Einmündung rechts – wir befinden uns nun in einem breiten, trockenen Schmelzwassertal. Dieses war zu einer Zeit durchflossen, als der abschmelzende Gletscher eine Weile bei Morgenbach lag. Gleich an der nächsten **Wegkreuzung (9)**, 862 m, biegen wir links ab und folgen dem Kiesweg an Weiden vorüber weiter durch das Schmelzwassertal. In einem Bogen erreichen wir **Wildsteig**, wo wir uns nach links wenden und zum **Gasthof »Zum Strauß«** gelangen. Hier geht es wieder links hinab und auf bekanntem Weg an der Grotte vorbei zum **Ausgangspunkt (1)**.

2.50 Std.

Steingaden und Wieskirche

45 TOP

Durch den Wiesfilz zur weltberühmten Wallfahrtskirche

Die Wallfahrt zur Wies geht zurück auf das Tränenwunder von 1738. Damals sollen der vormals bei Karfreitagsprozessionen mitgetragenen Christusfigur, die dann die Bäuerin auf der Wies, Maria Lory, als Geschenk erhielt, beim Abendgebet Tränen in die Augen getreten sein. Daraufhin wurde 1740 für die Statue die noch heute vorhandene Gnadenkapelle errichtet. Diese zog zahlreiche Wallfahrer an, sodass sie durch die Wieskirche ersetzt wurde. So entstand zwischen 1745 und 1754 in erstaunlich kurzer Zeit eine der schönsten Rokokokirchen Süddeutschlands. Als UNESCO-Weltkulturerbe lockt sie jährlich etwa 1 Million Besucher an. Umgeben ist sie von Mooren und bewaldeten Moränenzügen, die Rückzugsstadien des abschmelzenden Lechgletschers darstellen.

Ausgangspunkt: Steingaden, Parkplatz an der Kissingerstraße (762 m) (Navi: 86989 Steingaden, Kissingerstr.), RVO-Bushaltestelle bei Feuerwehrhaus an Lechbrucker Straße bzw. Ammergauer Straße (9821 Schongau Bf.–Steingaden oder 9822 Schongau Bf.–Steingaden), mona-Bus 73 Füssen Bf.–Steingaden (bzw. Garmisch-Partenkirchen Bf.)
Höhenunterschied: 150 m.
Anforderungen: Problemlose Wanderung. Bis zur Wieskirche gut beschildert (Markierung 2 bzw. Prälatenweg und König-Ludwig-Weg).

Einkehr: Gaststätten in der Wies und in Steingaden.
Tipp: Klostermuseum und Klostergarten Steingaden.

Vom Parkplatz an der Kissingerstraße in **Steingaden (1)**, 762 m, aus gehen wir kurz rechts und dann links zwischen Gasthof zur Post und ehemaliger Klosterschmiede hindurch auf den Marktplatz – einst Mittelpunkt der Klosterhofmark. Der Gasthof wurde als Herberge und Taverne für Durchreisende erbaut und beherbergte auch etliche Mitglieder des wittelsbachischen Königshauses, darunter den jungen Ludwig II.

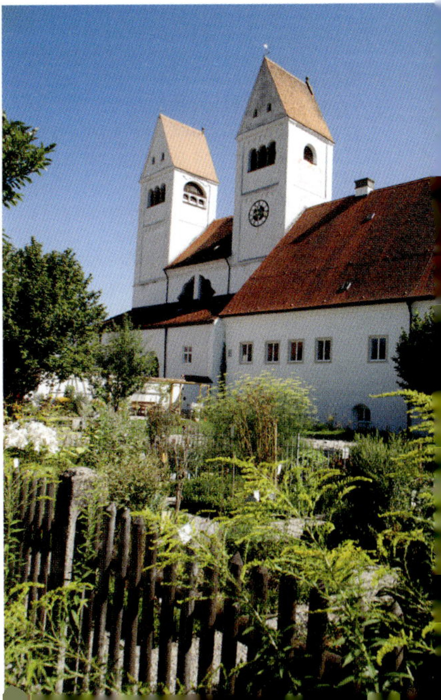

Die Klosterkirche von Steingaden.

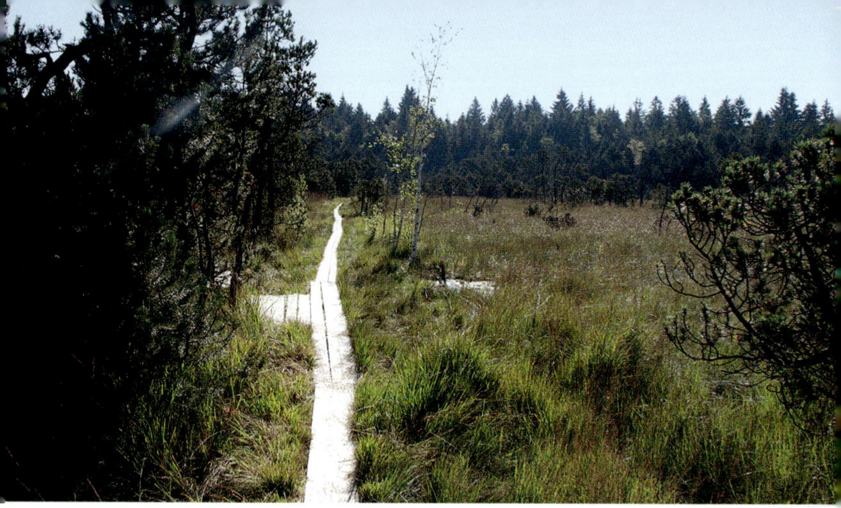

Auf dem Brettlesweg lässt sich der Wiesfilz erleben, ohne an der empfindlichen Vegetation Schäden anzurichten.

Wir halten uns links und gehen an der ehemaligen **Prämonstratenser-Stiftskirche St. Johannes der Täufer (2)**, 764 m, mit dem sehenswerten Klostergarten vorbei durch die Welfenstraße. Hier befinden sich weitere ehemalige Klosterbauten – Bräuhaus, Mühle, Marstall und Werkstätten. An der Einmündung mit dem großen Wegkreuz biegen wir rechts ab und gelangen zur Füssener Straße. Dieser folgen wir nach links südwärts. An der **Schlögelmühle (3)**, 775 m, verlassen wir die B 17 nach halb links. Unsere Straße geht bald in einen Kiesweg über. Den Bach entlang wandern wir erst durch den Wald, dann an Wiesen vorbei. Richtung Wieskirche geht es an einer **Weggabelung (4)**, 790 m, nach rechts über den Bach hinüber; dann passieren wir einen Weidezaun und ein Bildstöckl. Die Markierung 2 geleitet uns über die Weide. Bald geht es wieder durch den Wald. Dieser ist recht feucht, sodass hier Schachtelhalm, Moose und Farne wachsen. Ein Steg führt uns über einen kleinen Bach. Nun steigt der Weg an, es geht hinauf auf das **Haareck (5)**, 853 m. An der Einmündung wandern wir rechts, an der nächsten Abzweigung nach links weiter, der Beschilderung zur Wieskirche folgend. Ein wurzeliger Fußpfad geleitet uns noch ein Stück durch den Wald. Bald haben wir den Brett-

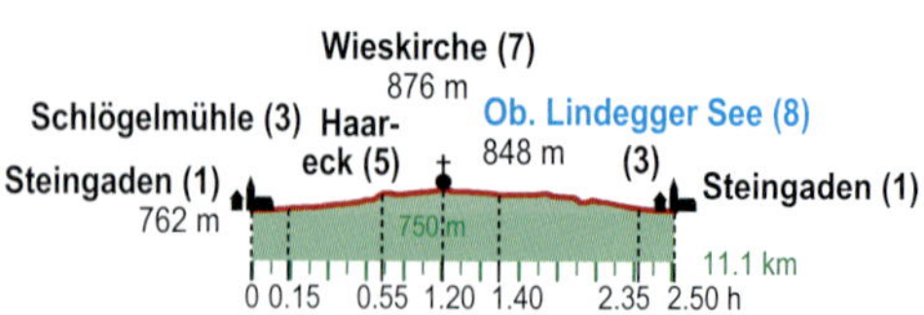

lesweg erreicht, der uns durch das **Naturschutzgebiet Wiesfilz (6)**, 855 m, führt. Dieser hat sich in einer Moränenmulde entwickelt und ist spirkenreich. Sieht man sich die Moospolster genau an, kann man den winzigen Sonnentau entdecken. Über Wiesen und Weiden geht es an einigen Häusern und der Wieskapelle vorbei zur **Wieskirche (7)**, 876 m, dahinter der Trauchberg mit der Hohen Bleick.

Dann setzen wir unsere Wanderung auf dem Sträßchen geradeaus fort, das uns am Rande des Wiesfilzes durch teils naturnahe Fichten-Erlen-Bruchwälder führt. An einer Weggabelung geht es halb rechts weiter. Wir gelangen am **Oberen Lindegger See (8)**, 848 m, vorbei, einem alten Stauweiher des Klosters Steingaden, gelegen in einer Moränenmulde. Dann steigt der Weg wieder etwas an und schlängelt sich zwischen Wiesen und Weiden hindurch. Halten wir uns weiter rechts, so kommen wir in den Weiler Hiebler. Hier geht es Richtung Steingaden links weiter. Mit Blick auf den Auerberg wandern wir steil zu einem in einer weiteren Moränensenke gelegenen Einzelhof hinab und dann wieder hinauf. An der nächsten **Wegkreuzung (9)**, 820 m, biegen wir rechts ab. Vor uns liegt der Biberschwöller See, dann folgt der Grabensee. Auf der Asphaltstraße geht es nun stets abwärts. Haben wir die B 17 erreicht, so folgen wir ihr nach rechts in den Ort hinein. Am Wegweiser nach Litzau gehen wir kurz rechts, bevor wir links abbiegen und an der **Klosterkirche (2)**, vorbei zum **Ausgangspunkt (1)** zurückwandern.

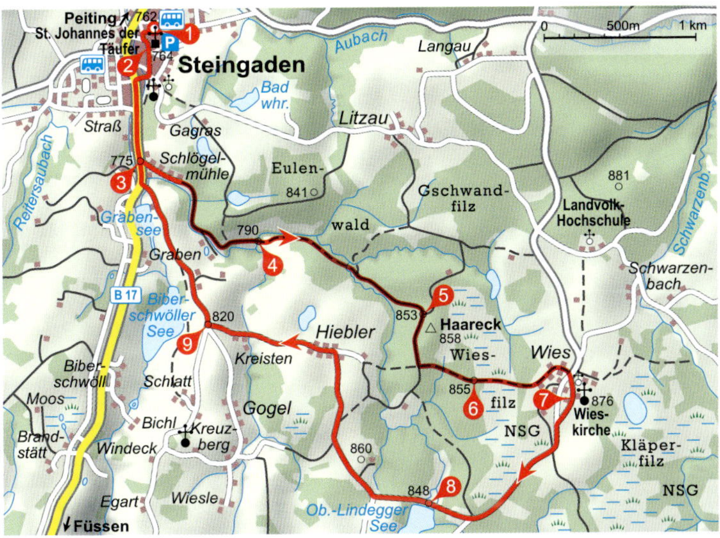

46 Premer Filz

1.50 Std.

Auf dem Lehrpfad durchs Moor

Die Entstehung des Premer Filzes setzte mit der ausgehenden Würmeiszeit vor ca. 15.000 Jahren ein. Damals zog sich der Lechgletscher immer mehr aus dem Alpenvorland zurück. Durch die in Ost-West-Richtung verlaufenden Molasserippen bei Lechbruck wurden die Schmelzwässer zum sogenannten Lechbrucker See aufgestaut. Mit der Zeit tiefte sich der Lech immer mehr ein, gleichzeitig transportierten einmündende Bäche Schotter in den See. So wurde der Ostteil des Seebeckens abgeschnitten und verlandete in der Folge. Über Jahrtausende hinweg entstand aus dem anfänglichen Nieder- ein Hochmoor. Als FFH-Gebiet steht es heute unter europäischem Schutz.

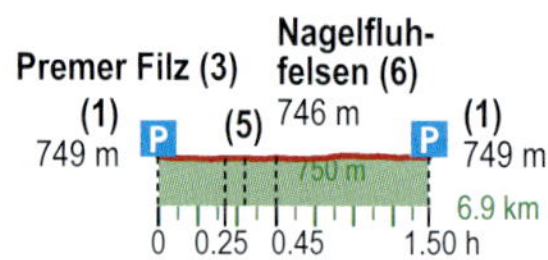

Ausgangspunkt: Ein Parkplatz (749 m) befindet sich bei der Tourist-Information beziehungsweise dem Rathaus am Schulweg in Prem (Hinweisschildern folgen) (Navi: 86984 Prem, Schulweg 6), RVO-Bus 9821 Schongau Bf. – Steingaden.
Höhenunterschied: 30 m.
Anforderungen: Keine.
Einkehr: Unterwegs keine.

Vom **Parkplatz (1)**, 749 m, bei der Tourist-Information in **Prem** aus gehen wir zur Kirche St. Michael und halten uns hier rechts. Wir folgen der Straße »Im Filz«, die dann bald in die »Röthenbachstraße« übergeht, nordwärts an zahlreichen sehenswerten Bauernhäusern vorbei. Kurz vor dem Ortsende nehmen wir den halb rechts abzweigenden **Moorweg (2)**, 742 m, und verlassen den Ort mit Blick auf den Hohen Trauchberg. An einer Feldscheune erklärt eine Tafel die Entstehung des Premer Filzes. Dann geht es durch eine kleine, vom Wasser geformte Mulde. Bald biegt der Wanderweg links ab, ein schmaler Pfad führt uns direkt auf eine schiefe Hütte zu. Hier steht eine Übersichtstafel zum **Premer Filz (3)**, 743 m, mit seinen orchideen- und enzianreichen Streuwiesen und den zentralen Hochmoorflächen. Bei Letzteren wechseln sich

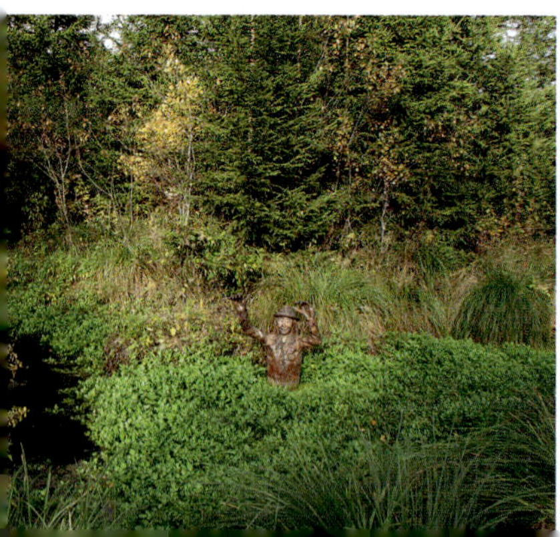

Der Moosriese Huidingerle soll früher Leute, die sich im Moor umsahen, mit sich in die Tiefe gezogen haben.

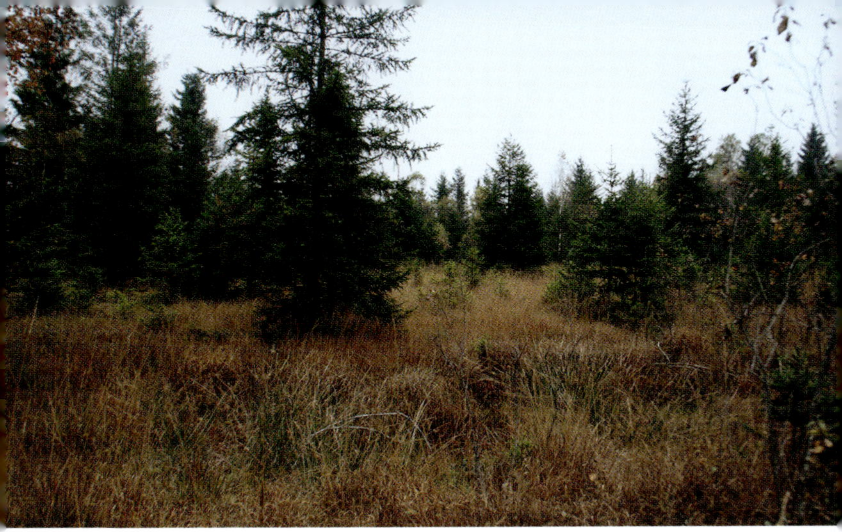

Der Premer Filz. Die Fichten gehören nicht zum ursprünglichen Pflanzenbestand.

intakte und abgetorfte Bereiche ab, die teils mit Moorwald bestanden sind. Wir wandern anfangs teils auf Hackschnitzeln, später auf einem Kiesweg durch den Premer Filz. Bald weist ein Schild nach rechts über einen Steg zu einem **Torfstich (4)**, 742 m, den wir nach ca. 40 m erreichen. Hier haben bis in die 1960er-Jahre hinein die Torfstecher in mühevoller Handarbeit diesen energiereichen Heizstoff abgebaut. Tafeln erläutern außerdem die verschiedenen Pflanzen. Wir folgen dem Pfad weiter und halten uns bei der Einmündung links. Wo rechter Hand der Moosriese Huidingerle aus dem braunen Wasser schaut, haben wir schon wieder den Hauptweg erreicht, dem wir weiter nach rechts folgen. Wenige Meter weiter steht die **Königsfilzhütte (5)**, 742 m, die zu einer Rast mit Gruselgeschichten einlädt. In dieser befinden sich Tafeln zum Torfstechen und dazu verwendete Werkzeuge.

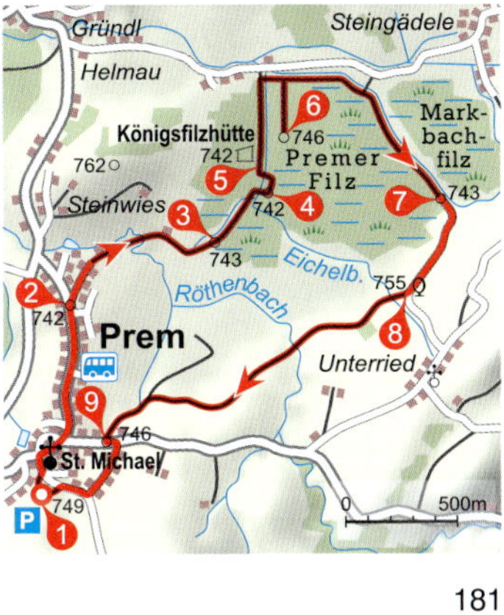

Nun geht es weiter am **Eichelbach** mit seinem braunen Wasser entlang. An der Wegkreuzung am

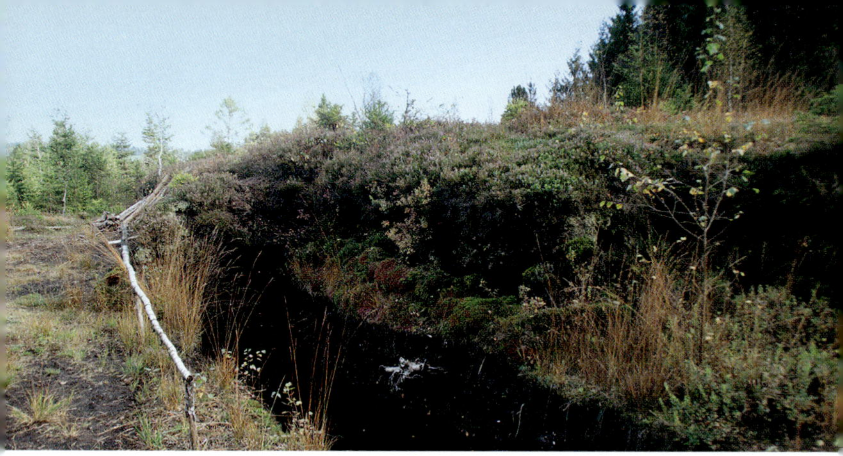

Ein Torfstich im Premer Filz. So wurde bis in die 1960er-Jahre Heizmaterial gewonnen.

Waldrand gehen wir gleich rechts weiter. Hier ist etwas Aufmerksamkeit angesagt, denn bereits nach etwa 100 m weist rechter Hand etwas zurückgesetzt ein braunes Holzschild zum Nagelfluhfelsen. Wir folgen diesem auf einem Pfad durch Moorwald und kurz durch einen hohen Schilfbestand. Dann sind wir schon am **Nagelfluhfelsen (6)**, 746 m, angelangt, der als Teil der in Ost-West-Richtung verlaufenden Molasserippe an dieser Stelle wegen seiner besonderen Härte als überwachsener Hügel aus dem Moor herausragt. Von hier aus kann man einen Teil des Premer Filzes überblicken. Auf gleichem Weg zurück, folgen wir dem Hauptweg weiter am Filzgraben entlang. Macht der Weg eine lange Rechtskurve, so beginnt jenseits der größtenteils abgetorfte **Markbachfilz**. Am Waldrand weist ein Schild auf die am **Premerfilzgraben (7)**, 743 m, aufgeschlossene Tonschicht hin, die einst im See abgelagert worden ist und, da wasserstauend, für die Entstehung des Moorgebietes verantwortlich ist. Der Forstweg geht nun in einen asphaltierten, etwas ansteigenden Weg über. Biegt dieser nahe einer mächtigen **Eiche (8)**, 755 m, links nach Unterried hinauf ab, wandern wir geradeaus auf dem Kiesweg weiter. Es eröffnen sich Blicke auf die bewaldeten Moorflächen und umgebenden Wiesen und Weiden, bald auch auf Prem und den Auerberg dahinter. Wir queren den Röthenbach am Nordrand der Premer Viehweide. An Streuwiesen vorbei folgen wir dem sich durch die Landschaft schlängelnden Kiesweg auf Prem zu. Haben wir die **Einmündung (9)**, 746 m, erreicht, so wandern wir kurz nach links und biegen dann gleich wieder rechts in den Schottweg ab. Mit Blick auf das obere Dorf mit der Kirche halten wir auf die Friedhofskapelle zu. An Weiden vorbei erreichen wir diese schließlich und gehen nach links zum **Ausgangspunkt (1)** zurück.

Kenzenhütte, 1294 m

Vom Halblech bis zum Kenzenbach – Wildbächen auf der Spur

Der Halblech zählt mit seinen Zuflüssen zu den aktivsten Wildbächen Bayerns. Überlässt man diese ganz sich selbst, kann es zu katastrophalen Überschwemmungen kommen, die Siedlungsbereiche gefährden. Nicht nur die Wassermassen, die man mithilfe von Stauseen zu regulieren und zu nutzen versucht, sondern auch die Mengen an mittransportiertem Material sind dabei das Problem. Dieses stammt von den Hängen, die zum einen aus rutschgefährdeten Gesteinen wie Flysch und lockeren Talverfüllungen bestehen, zum anderen durch die jahrhundertelange Holznutzung ihrer natürlichen Bewaldung beraubt worden sind. Neben der Umstellung auf einen naturnahen Waldbau wurden in den letzten 100 Jahren verschiedene flussbauliche Maßnahmen umgesetzt, um die Gefahren für die Bevölkerung zu reduzieren. Infotafeln am Startpunkt geben dazu Auskunft.

Ausgangspunkt: Der Wanderparkplatz Halblech (827 m) (Navi: 87642 Halblech, Am Mühlbach 45), RVO-Bus 9651 Weilheim Bf. – Füssen Bf., mona-Busse 72 und 73 Füssen Bf. – Steingaden (bzw. Garmisch-Partenkirchen Bf.)
Zielpunkt: Kenzenhütte (1294 m). Zurück mit dem Kenzenbus, Tel. +49 8368 550 bzw. halblech.de.
Höhenunterschied: 730 m im Aufstieg, 270 m im Abstieg.
Anforderungen: Dies ist eine Tour ohne Schwierigkeiten.
Einkehr: Kenzenhütte (Übernachtungsmöglicheit, siehe auch kenzenhuette.de).
Tipp: Wasserfall oberhalb der Kenzenhütte.

Vom **Wanderparkplatz Halblech (1)**, 827 m, aus queren wir über eine Brücke den Fluss und wandern dann auf dem Trauchgauer Höhenweg nach rechts. Nach gut 500 m verlassen wir den Fahrweg und nehmen den halb rechts abzweigenden Schwarzengrabenweg. Es geht am Zaun eines Wintergatters für Rotwild entlang. Rechts öff-

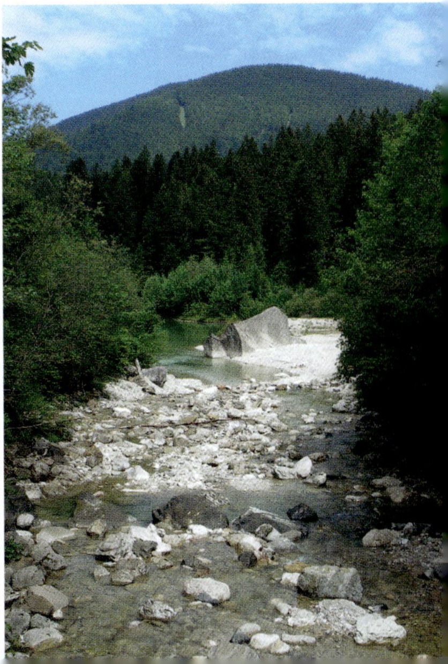

Das Lobental mit dem Lobentalbach kurz vor der Aufstauung.

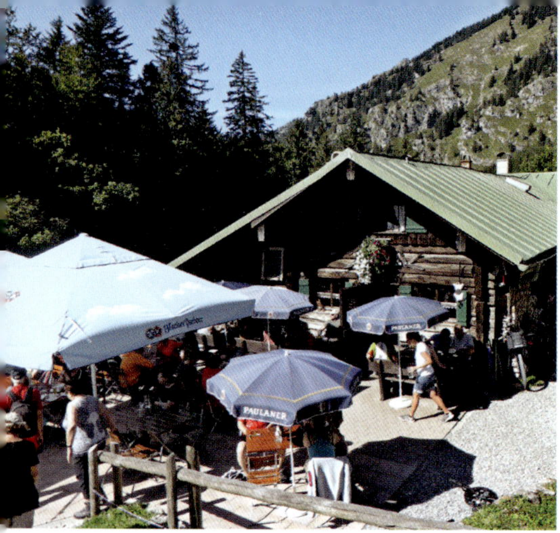

Die privat geführte Kenzenhütte (Einkehr- und Übernachtungsmöglichkeit) liegt eingebettet in den Bergen. Sie ist auch mit dem sogenannten Kenzenbus erreichbar.

net sich der Ausblick auf Bannwald- und Forggensee. Im Bereich einer Lichtung zweigt dann links der beschilderte **Schwarzengrabenweg (2)**, 981 m, ab; wir folgen ihm durch Fichtenhochwald hinauf. Der Schotterweg geht später in einen Pfad über. Dann queren wir den **Bärengraben (3)**, 1067 m, dem Ochsengrubenweg folgend. Hier sind links des Weges eindrucksvoll die schräggestellten Flyschschichten zu sehen. Nachdem unser Pfad wieder in einen Weg übergegangen ist, wandern wir an der nächsten Wegkreuzung nach rechts ins Halblechtal hinab. Dieses erreichen wir im Bereich eines Fahrweges, dem wir nach rechts folgen. Nun geht es am Halblech entlang, der hier, wie für einen Wildfluss im Oberlauf typisch, noch in mehreren Verzweigungen mit dazwischengeschalteten Kiesbänken verläuft. Nach ca. 500 m queren wir den **Halblech (4)**, 903 m, über die Bärengrabenbrücke – flussabwärts sind verschiedene Formen der Wildbachverbauung zu sehen, wie beispielsweise Uferbefestigungen, welche die Fahrstraße schützen sollen. Entsprechend der Beschilderung gehen wir auf der Straße bis zur Reiselsbergbrücke. Direkt vor dieser wenden wir uns nach rechts Richtung Wankerfleck/Kenzenhütte.

Auf einem befestigten Fahrweg wandern wir an dem zur Elektrizitätsgewinnung angelegten kleinen Stausee vorbei. Danach queren wir den Lobentalbach. Auffallend sind die großen Blöcke im Flussbett, die verdeutlichen, welche Kräfte bei Hochwasser wirken können. Vor dem nächsten **Stausee** hal-

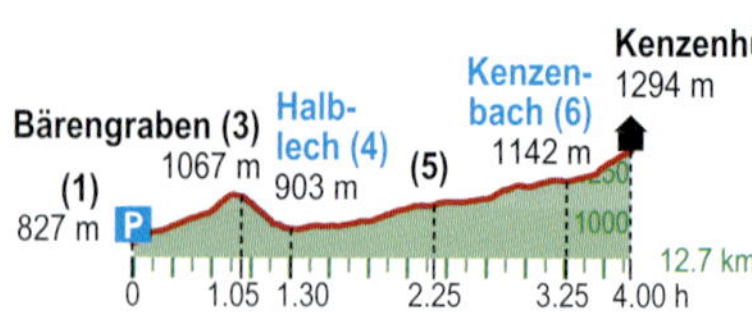

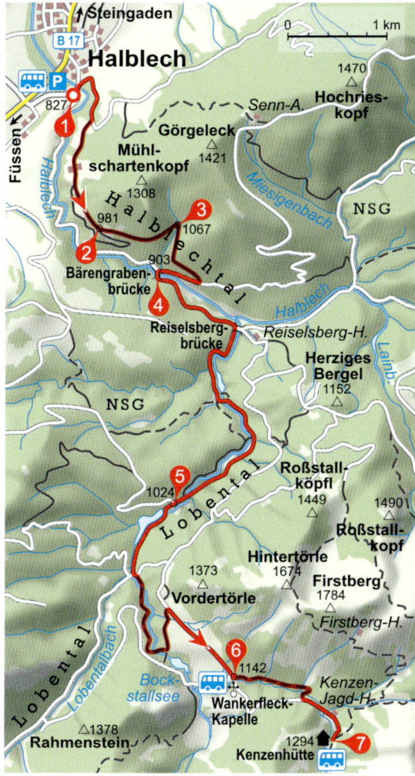

ten wir uns an der **Weggabelung** (**5**), 1024 m, links Richtung Hinteres Lobental. An der Staumauer entlang wechseln wir auf die andere Bachseite und folgen weiterhin stets der Beschilderung Richtung Wankerfleck/Kenzenhütte. Bald verlassen wir das Lobental und wandern durch die **Bockstallschlucht** aufwärts. Nach der zweiten Querung des Baches bringt uns der Weg zum Waldrand, an dem entlang wir nach links weitergehen, dem gelben Pfeil folgend. Haben wir ein asphaltiertes Sträßchen erreicht, biegen wir nach rechts in dieses ein. Bald kommen wir an einem Steinkreuz vorbei, das laut Inschrift an die in den beiden Weltkriegen gefallenen, in den Bergen verunglückten sowie alle verstorbenen Mitglieder des Vereins »Hochplatte« erinnert. Haben wir den noch unverbauten **Kenzenbach (6)**, 1142 m, erreicht, queren wir ihn und gelangen nach ungefähr 50 m zur **Wankerfleck-Kapelle**. Diese wurde im Jahr 1956 von der Alpenvereins-Sektion Peiting zum Gedenken an verunglückte Bergsteiger erbaut. Ein Gedenkbuch befindet sich in der Kapelle.

Wir gehen zurück über die Brücke und nehmen den nächsten Weg zur Kenzenhütte nach rechts, der uns entlang des Kenzenbachs durch den Jägerswald aufwärtsführt. Wir queren den wilden Kenzenbach, der oberhalb einen **Wasserfall** bildet. Wieder auf dem Sträßchen gehen wir weiter aufwärts und erreichen nach der Stationshütte der Bergwacht das ehemalige Jagdhaus des bayerischen Königs Maximilian II., in dem sich auch sein Sohn König Ludwig II. aufgehalten hat. Kurz darauf gelangen wir zur **Kenzenhütte (7)**, 1294 m, von wo aus wir mit dem Bus zurückfahren. Alternativ kann man den Wasserfall oberhalb aufsuchen oder auf der Kenzenhütte übernachten, um am nächsten Tag eine der zahlreichen weiteren Rundwanderungen zu unternehmen (siehe Tourenvorschlag 48).

TOP 48

Kesselrundweg ab Kenzenhütte

2.30 Std.

Unterwegs im Naturschutzgebiet Ammergebirge mit seinen landschaftsprägenden Formen

Die Kesselwanderung stellt eine kleine geomorphologische Bergexkursion in herrlicher Landschaft dar, die ideal ist, wenn man nicht zu lange unterwegs sein will. Wem die Runde zu kurz ist, kann diese Wanderung mit der Tour 47 kombinieren. Wir empfehlen, die Wanderung wegen des schöneren Einstiegs nicht nach der offiziellen Beschilderung gegen, sondern im Uhrzeigersinn gegenüber der Hütte am Parkplatz zu beginnen. Sie führt uns mit herrlicher Aussicht in die Berge und in das Lindertal zu einer Lokalität, die laut geologischer Karte »Im Kessel« genannt wird. Es ist ein sehr gut ausgebildetes Dolinenkar. Das Interessante ist, dass an der Entstehung des Kars zwei Prozesse gewirkt haben, wodurch es schwerfällt, die wirkliche Ursache oder deren Anteil an der Formgebung zuzuordnen. Zum einen führten und führen Lösungsprozesse in diesem kalkreichen Gestein zu dieser Hohlform mit unterirdischem Abfluss, der Doline. Zum anderen hat sich, vereinfacht gesagt, durch talwärts bewegendes, aushobelndes Gletschereis, ein Kar gebildet. Aufgrund von Gesteinsfunden im Ammergebirge ist anzunehmen, dass während der letzten Eiszeit das Eis bis zu einer Maximalhöhe von ca. 1450 m reichte. Das Kar ist wahrscheinlich schon im Verlauf vorhergehender Eiszeiten entstanden. Über zwei Sättel geht es dann zurück zur Kenzenhütte.

Ausgangspunkt: Kenzenhütte (1294 m), zu erreichen vom Wanderparkplatz Halblech (827 m) (Navi: 87642 Halblech, Am Mühlbach 45), RVO-Bus 9651 Weilheim Bf. – Füssen Bf., auch mit dem Kenzenbus, Tel. +49 8368 550 bzw. halblech.de.
Höhenunterschied: 500 m.
Tourlänge: 2.30 Std., auf der gelben Beschilderung sind 3.30 Std. angegeben, was deutlich zu lang erscheint.

Anforderungen: Da wir teilweise auf steilen Wiesenpfaden sowie über Geröll und Felsen wandern, ist Trittsicherheit erforderlich.
Einkehr: Kenzenhütte (Übernachtungsmöglichkeit, siehe auch kenzenhuette.de).
Tipp: Auch die Weitwanderwege Via Alpina und der Europäische Fernwanderweg E4 kreuzen sich hier.

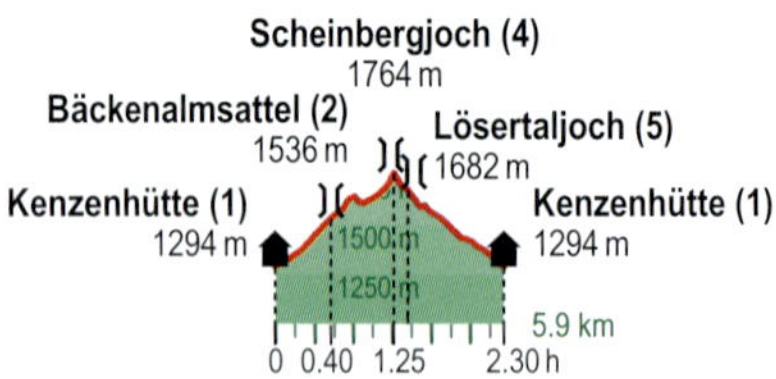

Vom Busparkplatz aus nehmen wir den ansteigenden Pfad gegenüber der **Kenzenhütte (1)**, 1294 m, auf den ein gelbes Schild in Pfeilform mit rot-weißer Markierung hinweist. Es geht durch Mischwald und über schöne Blumenwiesen stetig bergauf bis zum **Bäckenalmsattel (2)**,

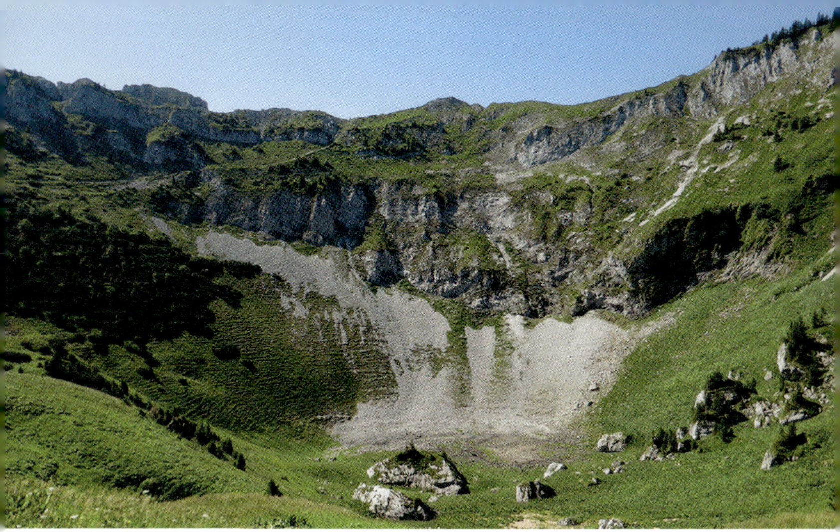

»Im Kessel«, ein Dolinenkar mit Bergsturzblöcken. Im Hintergrund ist der Pfad hinauf zum Scheinbergjoch zu erkennen.

1536 m. Hier folgen wir der gelben Markierung »Kessel-Rundweg«. Der Pfad führt uns in Serpentinen durch wunderbare Bergwiesen in Richtung Kesselwand, die wir rechts liegen lassen. Der Weg gibt uns unter anderem auch immer wieder die Sicht frei in das Lobental und auf das kleine Allgäuer Matterhorn, den Geiselstein. Bevor uns der Pfad hinab zum Kesselrand führt, haben wir von einer Anhöhe aus einen grandiosen Blick in die Ammergauer Berge und den »Kessel«. Sobald wir dessen Rand erreichen, eröffnet sich uns das **Dolinenkar (3)**, 1645 m, mit dem temporär vorhandenen See und den Bergsturz-Felsblöcken. Die Karschwelle liegt ca. 50 m über dem Dolinenboden.

Auf der anderen Seite des Kessels geht es schräg durch die Karrückwand bergauf zum **Scheinbergjoch (4)**, 1764 m, das den höchsten Punkt unseres Rundkurses darstellt. Danach geht es wieder steil bergab zum **Lösertaljoch (5)**, 1682 m. Ab hier halten wir uns immer auf dem markierten Pfad in Richtung **Kenzenhütte (1)**, die wir schließlich über einen Forstweg erreichen.

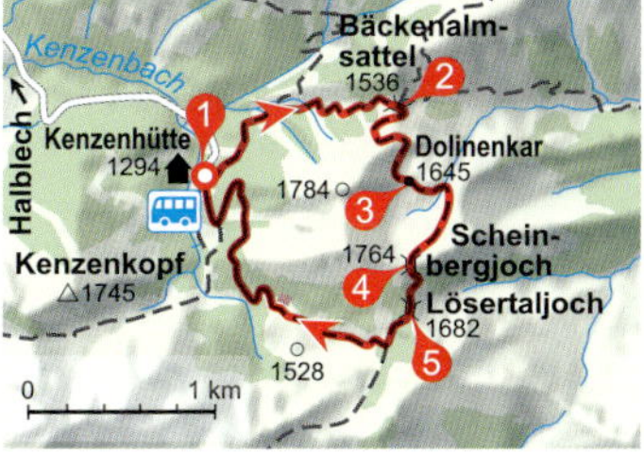

49 Schongau und Lech

2.15 Std.

Zum Lechstausee und zurück über Staffelau

Die Schongauer Altstadt liegt auf einem Umlaufberg, der einstmals vom Lech umflossen wurde. Es ist aber schon mehr als 5000 Jahre her, dass diese Schleife als Flussbett aufgegeben wurde. Damals durfte der Lech noch mäandrieren, das Wasser nagte an den Prallhängen beiderseits des Berges, die immer mehr zurück- und damit aufeinander zuverlegt wurden. Wohl bei einem einzigen Hochwasser wurde die schmal gewordene Verbindung durchbrochen, der Lech folgte von nun an dem kürzeren Lauf geradeaus und tiefte sich weiter ein. So war ein Umlaufberg mit steilen Flanken entstanden – ideal für eine Wehranlage. Bereits die Römer haben hier ihre Spuren hinterlassen, im Mittelalter führten die geschützte Lage sowie die Anbindung an den Lech und an wichtige Handelsstraßen zu einer Blüte der Stadt. Damals wichtiger Transportweg, dient der Lech heute, quasi zu einer Seenkette umgewandelt, der Erzeugung von Energie aus Wasserkraft.

Ausgangspunkt: Bahnhof Schongau (683 m) (Navi: 86956 Schongau, Bahnhofstr. 17).
Höhenunterschied: 130 m.

Anforderungen: Keine.
Einkehr: Gaststätten in Schongau.
Tipp: Altstadt von Schongau und Umlaufberg.

Am **Bahnhof Schongau (1)**, 683 m, wenden wir uns nach links und gehen die Bahnhofstraße südwärts. Nach der Post überqueren wir die Eisenbahnlinie nach links und gelangen über die Peitinger Straße zur **Lechbrücke (2)**, 678 m. Nun steigen wir die Stufen hinab und wandern dann links auf einem Fußweg flussabwärts. Es geht direkt am Ufer entlang, teils durch Auwaldreste. Stets geradeaus folgen wir dem Grasweg, immer wieder tun sich Ausblicke auf den Fluss auf. Schließlich macht der Weg eine Linkskurve und mündet in ein kaum befahrenes Asphaltsträßchen. Hier wandern wir nach rechts weiter am Lech entlang. Bald erreichen wir eine **Weggabelung (3)**, 668 m, wo wir auf dem mit einer Schranke versehenen Damm bis zur Kraftwerksanlage der **Staustufe 7 Rösenau (4)**, 668 m, weitergehen. Der Damm weist eine Magerrasenvegetation auf, jenseits des Asphaltsträßchens liegt eine Brenne, ein kiesiger Kleinstlebensraum. Sie ist verbuscht, ihre interessante Vegetation besteht aus Flachmoor- und Magerrasenarten. Wieder zurück, dann an der Schranke nach rechts und auf dem Kiesweg an dem Anwesen vorbei. Kurz darauf nehmen wir den links abzweigenden Weg, der uns über eine Kehre sanft bergauf

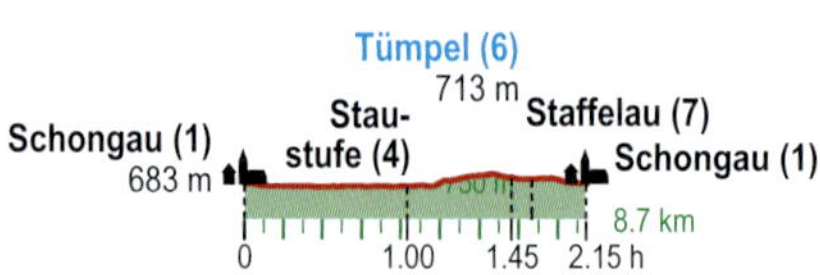

durch den feuchten Wald mit Schachtelhalm, Farnen und kleinen Rinnsalen führt.
Stets geradeaus gehend ignorieren wir sämtliche Abzweigungen. Dabei passieren wir einige quer verlaufende Dämme, die von Hangrutschungen stammen. Die Ursache hierfür liegt in den Mergeln der Oberen Süßwassermolasse, in die sich der Lech eingeschnitten hat. In Quellbereichen kommt es zu einer Aufweichung dieser tonhaltigen Gesteine und zu einer hangabwärtigen Bewegung an den steilen Hängen. An einer **Weggabelung (5)**, 731 m, an der der rechte Weg einen solchen Damm durchschneidet, wählen wir den linken. Sanft bergab durch einen Fichtenforst kommen wir an einer Stelle, an der heller braun-grauer Kalktuff ausgefällt wird, und an einem **Tümpel (6)**, 713 m, mit Wasserlinsen vorbei. Zu beachten sind in diesem Bereich das unruhige Relief im Wald und die quer verlaufenden Dämme. Bisweilen ist ein Blick auf den Lech hinunter möglich, einmal taucht auch der Hohe Peißenberg auf. Schließlich gelangen wir aus dem Wald heraus. Dem nun asphaltierten Weg folgen wir nach **Staffelau (7)**, 706 m. Am Waldrand kann man das unruhige Relief des ehemaligen Lechlaufs beobachten, ebenso die Ablagerungen auf der Terrasse, über die wir uns bewegen. Geradeaus auf Schongau zuhaltend, geht es schließlich leicht bergab.

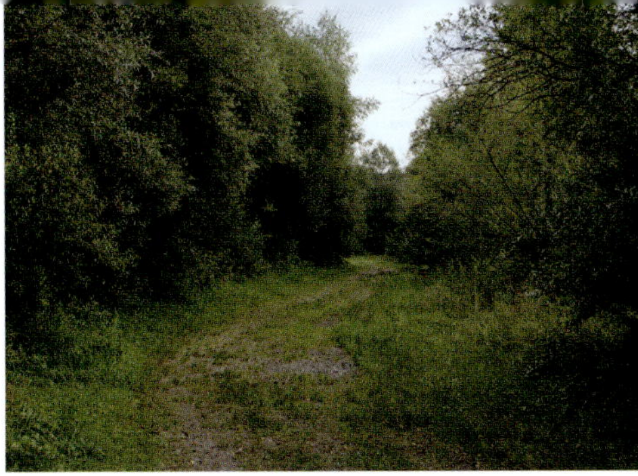

Auwaldreste am Lech.

An der **Weggabelung (8)**, 705 m, halten wir uns links und können die Lage der Altstadt auf dem Umlaufberg des Lechs nachvollziehen. Der Bahnhof liegt im ehemaligen Flussbett. Kurz nach rechts über die Perlachstraße und die Gleise, dann kehren wir zum Ausgangspunkt am Bahnhof in **Schongau (1)** zurück.

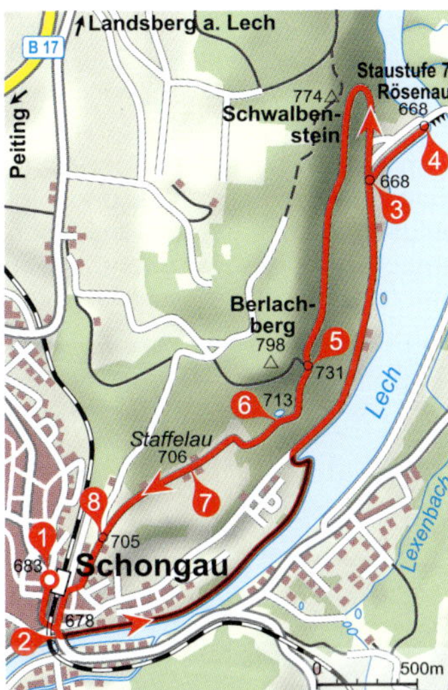

50 In die Schnalz bei Peiting

1.30 Std.

Natur und Kunst auf dem Ammerpfad

Ende der letzten Eiszeit sackte der im Osten liegende Loisachgletscher relativ schnell in sich zusammen und gab so den Weg für das abfließende Schmelzwasser frei. Die einst durch das Peitinger Becken fließende Ammer verlegte deshalb ihr Flussbett und bog nun Richtung Peißenberg ab. Mit dem weiteren Abschmelzen der Eismassen musste sie sich in die teils harten Molasseschichten eintiefen. So schuf sie zwischen Altenau und Peißenberg diese imposante, bis zu 80 Meter tiefe Schlucht. Diese wird zwischen Krummgraben westlich Böbing und Wörth bei Peißenberg im Volksmund Schnalz genannt. Auf dem Lehrpfad werden nicht nur die geologische Entstehung der Ammerschlucht sowie weitere Themen behandelt, sondern auch eine Symbiose zur Kunst hergestellt.

Ausgangspunkt: Wanderparkplatz Schnalz Peiting (729 m) (Navi: 86971 Peiting, Schnalzstraße 4), RVO-Bushaltestellen im Gewerbegebiet-Süd/Bergwerkstr. (Linie 9656 Weilheim Bf.–Schongau Bf. bzw. 9822 Schongau Bf.–Steingaden).
Höhenunterschied: 110 m.
Anforderungen: Kurze, problemlose Wanderung. Nur auf dem Pfad zur Ammer hinab ist, besonders bei Nässe, Vorsicht geboten.
Einkehr: Unterwegs keine.

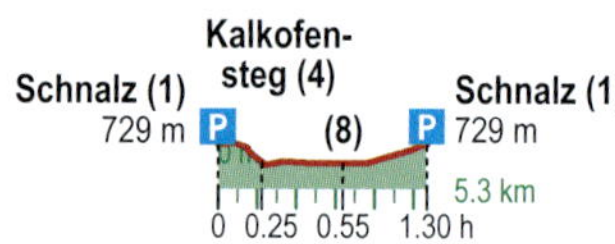

Vom **Wanderparkplatz Schnalz (1)**, 729 m, aus passieren wir die Einführungstafel des Lehrpfades und folgen dem links abbiegenden Pfad. Es geht an den renaturierten Abraumhalden des ehemaligen Bergwerks vorbei. Bald erreichen wir das **Naturschutzgebiet**, wo wir dem Wegweiser Richtung Ammer folgen. Bis zum Fluss ist Vorsicht geboten, denn es geht über Wurzeln und einzelne Stufen steil hinab, bei Nässe kann es rutschig sein. Rechts zweigt der **König-Ludwig-Weg (2)**, 685 m, ab, wir aber folgen weiter dem Pfad hinab. Dieser führt uns an weiteren Stationen des Ammerpfades wie den **Sinterterrassen (3)**, 668 m, vorbei. Wir halten uns links und steigen bis zur Ammer hinab, die wir am **Kalkofensteg (4)**, 645 m, er-

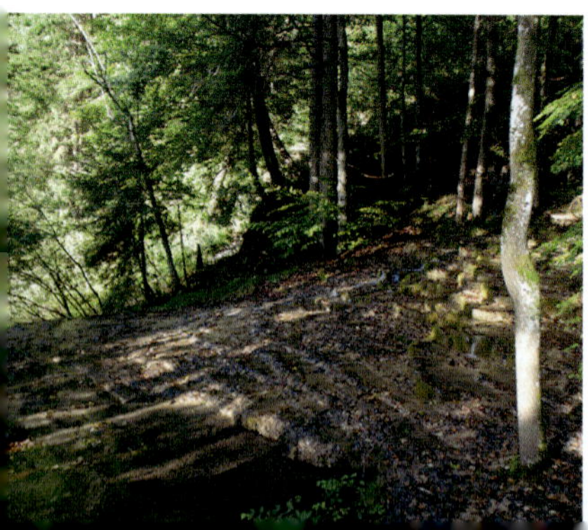

Natürliche Kalkgebilde: die Sinterterrassen.

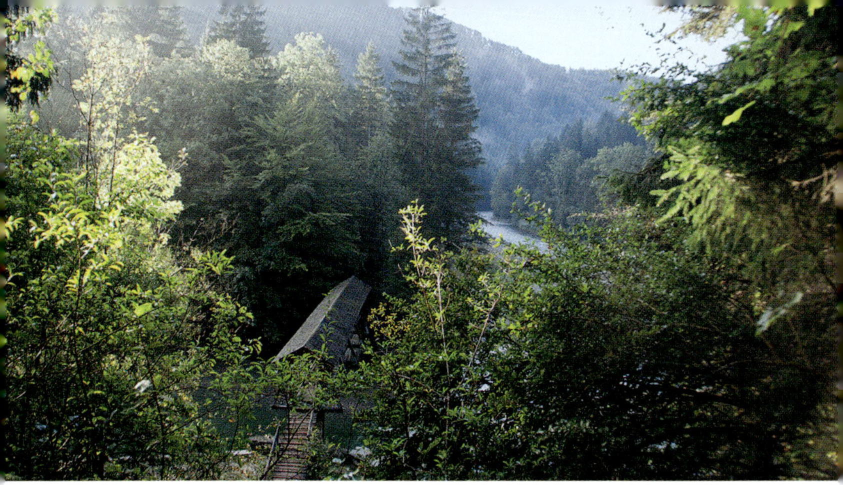

Die Ammerschlucht im Bereich des Kalkofenstegs.

reichen. Diesen überquerten die Bergleute aus Böbing täglich auf ihrem Weg zur Arbeit in die Peitinger Grube. Seinen Namen hat er von dem Kalkofen, der früher hier in der Nähe stand. Nun wandern wir nach links am Ammerufer entlang und kommen an **Infotafeln (5)**, 644 m, zu Flora und Fauna sowie zu den sagenumwobenen Schnalzhöhlen vorbei. Hier soll ein Pestweiblein gehaust haben, das ein auf dem Feld arbeitendes Mädchen mit der Pest angesteckt hat, worauf dieses und Tausende weitere starben. Im Bauernkrieg sowie im 30-jährigen Krieg sollen sich in ihnen neben der Bevölkerung auch die Rottenbucher Klosterbrüder versteckt haben. Schließlich erreichen wir das **Schnalzwehr (6)**, 641 m, mit Fischaufstiegshilfe. Wir wandern geradeaus weiter. Mündet ein **Forstweg (7)**, 637 m, mit der Markierung P 7 ein, folgen wir diesem weiter flussabwärts bis zur **Schnalz-Diensthütte (8)**, 637 m. Hier gab es einst wie am Kalkofensteg einen Bauernhof, dessen Felder nach dem Aufkauf durch den Staat aufgeforstet worden sind. Heute lädt der idyllische Platz zu einer Rast ein.

Für den Rückweg folgen wir ab der letzten **Einmündung (7)** dem Forstweg aufwärts und direkt zurück zum **Ausgangspunkt (1)**.

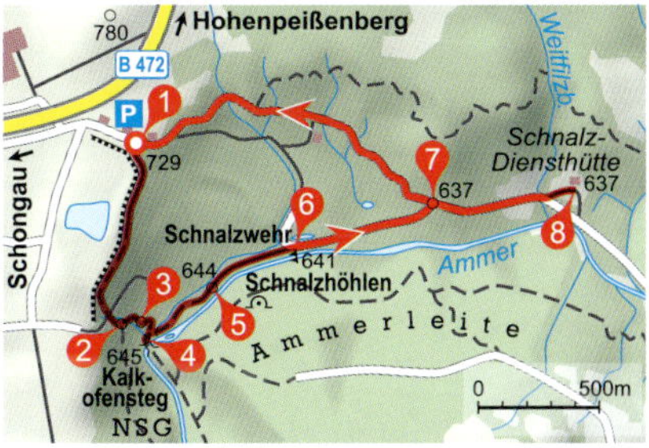

Stichwortverzeichnis

360°

HEIMAT**MOMENTE**

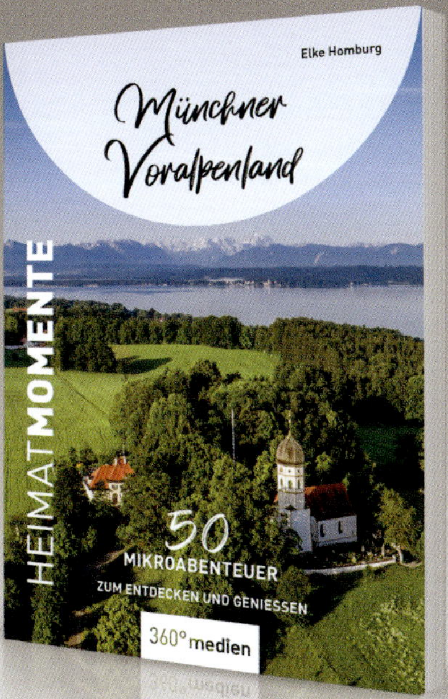

50 MIKROABENTEUER

ZUM ENTDECKEN
UND GENIESSEN

Elke Homburg
Format: 11,5 x 16,5 cm
ISBN 978-3-96855-203-3

16,95 €

HEIMAT**MOMENTE** legt den Fokus auf unvergessliche Momente und spannende Mikroabenteuer. Freuen Sie sich auf Tipps zu ausgefallenen und erlebnisreichen Ausflügen, kulinarischen Highlights sowie einzigartigen Kultstätten und anderen Kuriositäten.

Weitere Infos unter:
360grad-medienshop.de/hm-Muenchner-Voralpenland

Versandkostenfreie Lieferung innerhalb Deutschlands

Telefon: +49 2104 / 50631 00
Telefax: +49 2104 / 50631 56

360° medien

info@360grad-medien.de
www.360grad-medien.de

Noch mehr Wanderglück ...

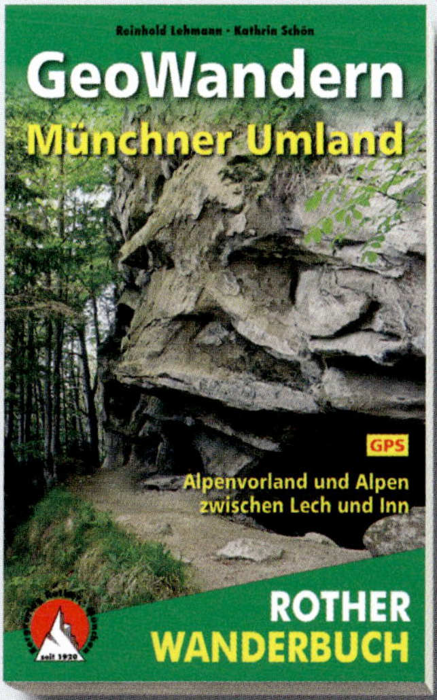

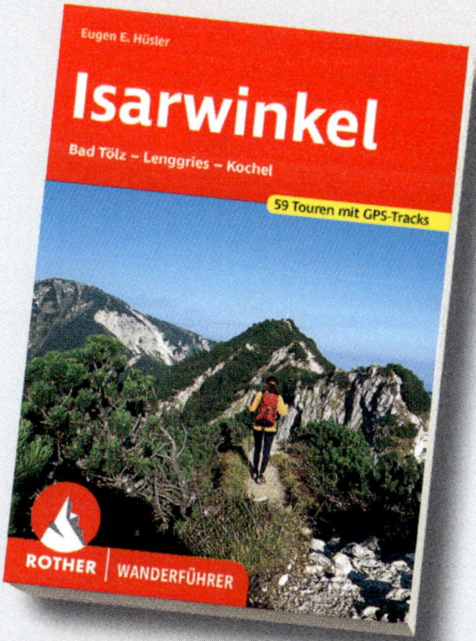

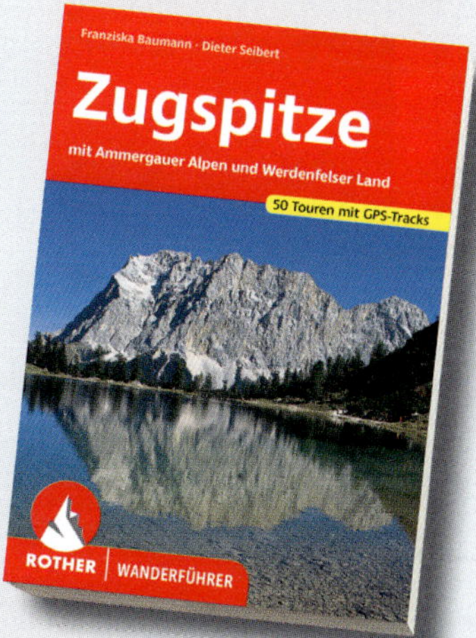

ROTHER | WWW.ROTHER.DE

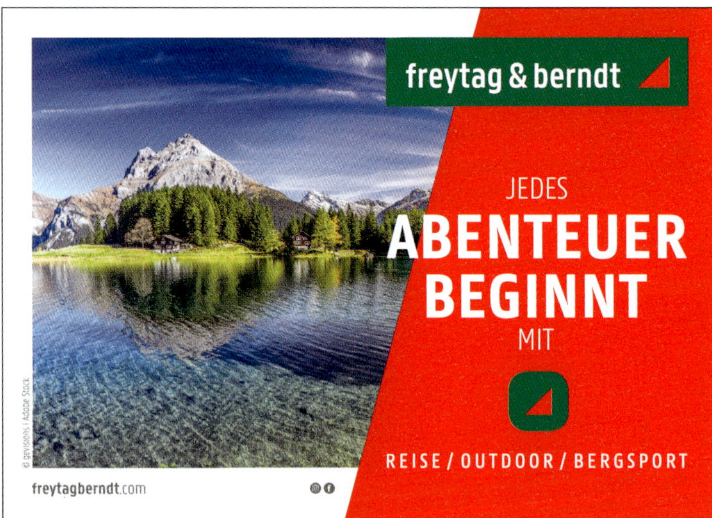
freytag & berndt
JEDES
ABENTEUER
BEGINNT
MIT
REISE / OUTDOOR / BERGSPORT
freytagberndt.com

Umschlagbild:
Blick vom Molasserücken östlich von Murnau über Hagen hinweg ins Murnauer Moos (Tour 27).

Bild im Innentitel:
Die Kirche von St. Johannisrain und Panorama mit dem Gletschertor bei Eschenlohe (Tour 19).

Alle 112 Fotos von den Autoren.

Kartografie:
50 Wanderkärtchen im Maßstab 1:50.000 und 1:75.000
© Bergverlag Rother GmbH, München
(gezeichnet von Barbara Häring und Martina Rieger, Gröbenzell),
zwei Übersichtskarten im Maßstab 1:400.000 und 1:800.000
© Freytag & Berndt, Wien

Werk-Nr.:
4418

Die Ausarbeitung aller in diesem Führer beschriebenen Wanderungen erfolgte nach bestem Wissen und Gewissen der Autoren.
Die Benutzung dieses Führers geschieht auf eigenes Risiko.
Soweit gesetzlich zulässig, wird eine Haftung für etwaige Unfälle und Schäden jeder Art aus keinem Rechtsgrund übernommen.

4., aktualisierte Auflage 2024
© Bergverlag Rother GmbH, München

ISBN 978-3-7633-4769-8

MIX
Papier | Fördert gute Waldnutzung
FSC® C147178
FSC www.fsc.org

Wir freuen uns über jeden Korrekturhinweis zu diesem Wanderführer!
Bitte per E-Mail an: leserzuschrift@rother.de

ROTHER BERGVERLAG· München
D-82041 Oberhaching · Keltenring 17 · Tel. +49 89 608669-0 · rother.de